法律人的第一本 DeepSeek 操作指南

手把手教你打造高效的 AI法律助手

杜欣宜 南钰彤 颜伯儒 梅江 岳翰逊 ◎ 著

电子工业出版社

Publishing House of Electronics Industry

北京·BEIJING

内 容 简 介

本书是一本系统化指导法律人掌握 DeepSeek 操作的实用指南。从基础操作到高阶应用，本书分为五个部分：第 1 部分详细介绍使用 DeepSeek 前的准备工作、法律人必学的五大 DeepSeek 基础技能；第 2 部分聚焦于诉讼业务与非诉讼业务的实战场景，内容涵盖起诉状生成、合同审查、合规管理等，也介绍法律人如何进行学术研究和与客户沟通；第 3 部分介绍个性化定制 AI 法律助手和 DeepSeek 与其他工具协同应用技巧；第 4 部分介绍法律人使用 DeepSeek 的常见问题及解决方案；第 5 部分帮助读者保持 DeepSeek 时代的竞争力。附录 A 为即查即用工具包，帮助用户高效指挥 DeepSeek 完成复杂任务。

本书以"技术赋能专业"为核心，通过大量真实案例与渐进式学习路径，将 DeepSeek 深度融入法律工作全流程，适合律师、法务人员、法律学者及所有希望借助 AI 技术突破效率瓶颈的法律人阅读。

未经许可，不得以任何方式复制或抄袭本书之部分或全部内容。
版权所有，侵权必究。

图书在版编目（CIP）数据

法律人的第一本 DeepSeek 操作指南 ：手把手教你打造高效的 AI 法律助手 / 杜欣宜等著. -- 北京 ：电子工业出版社，2025. 5. -- ISBN 978-7-121-50108-1
Ⅰ. D9-39
中国国家版本馆 CIP 数据核字第 2025ZP4164 号

责任编辑：石　悦
印　　刷：三河市华成印务有限公司
装　　订：三河市华成印务有限公司
出版发行：电子工业出版社
　　　　　北京市海淀区万寿路 173 信箱　　　邮编：100036
开　　本：720×1000　1/16　　印张：15.5　　字数：260.4 千字
版　　次：2025 年 5 月第 1 版
印　　次：2025 年 5 月第 1 次印刷
定　　价：79.00 元

凡所购买电子工业出版社图书有缺损问题，请向购买书店调换。若书店售缺，请与本社发行部联系，联系及邮购电话：（010）88254888，88258888。
质量投诉请发邮件至 zlts@phei.com.cn，盗版侵权举报请发邮件至 dbqq@phei.com.cn。
本书咨询联系方式：faq@phei.com.cn。

前　言

在 2025 年新春佳节之际，DeepSeek 爆火的消息犹如一颗重磅炸弹在科技界引发了巨大轰动，国内外瞬间掀起一股 DeepSeek 浪潮。DeepSeek 凭借其技术优势、开源、注册方便等在易用性上远超其他 AI 模型。在这股浪潮中，法律人也渴望通过 DeepSeek 提高工作和学习效率。正是在这样的背景下，本书应运而生。

本书与市面上大多数介绍 DeepSeek 的图书的最大区别是从法律人的视角介绍 DeepSeek 的使用方法，针对法律人的特定工作和学习场景，为法律人提供一套可操作、可复制的效率提升方案，帮助法律人在技术赋能下实现专业能力的进阶与突破，也给想要深入学习 DeepSeek 的法律人提供了进阶的教程和宝贵的建议。

本书从法律人使用 DeepSeek 的场景出发，按照必备基础、场景分类、进阶使用的逻辑由浅入深地进行"手把手式教学"，让每一个第一次使用 DeepSeek 的"小白"都能在"按步操作"后学会一项新技能。

人工智能与各行各业的深度融合已是不可逆的趋势。我们希望本书能起到"抛砖引玉"的作用，既能成为法律人使用 DeepSeek 的实用指南，也能作为 AI 从业者深入研究"人工智能+法律应用"的参考资料。同时，不得不说明，在本书的成书过程中，DeepSeek 不断迭代，所以部分内容可能存在不足，敬请读者不吝赐教。

在本书的创作历程中，我们心怀无尽感激，尤其要向北京大成（上海）律师事务所权益合伙人彭凯律师及其律师团队致以诚挚谢意。他们作为本书的技术顾问与法律顾问，凭借深厚的专业素养、丰富的实践经验，在成书的各个关键环节给予我们悉心指导。从对复杂法律概念的精准阐释，到对技术应用场景的细致剖析，每一处细节都离不开他们的专业付出。正是他们毫无保留的帮助，才使得本书的内容在准确性与可理解性上实现了质的飞跃，为法律与技术的融合呈现奠定了坚实基础。

我们也得到了众多法律界和 AI 领域杰出人士的支持。在此，我们向他们致以诚挚的谢意。

感谢大型跨国企业集团嘉吉中国区道德与合规负责人代智松先生；感谢未可知人工智能研究院院长、畅销书《DeepSeek 使用指南》作者杜雨博士；感谢上海市锦天城律师事务所合伙人、全网有 500 万个粉丝的头部商事法律 KOL 侯朝辉律师；感谢小红书商业部平台专家库伯先生；感谢法律领域"百万大 V"刘安琪老师；感谢幂律智能合伙人石玏先生；感谢秘塔科技首席运营官、B 站知名 UP 主"王一快"王益为先生；感谢复旦大学法学院熊浩副教授。我们非常感谢他们重磅推荐。这不仅是对本书价值的高度认可，而且是推动本书在法律与 AI 交叉领域产生更大影响力的强大助力。这也让本书得以在更广阔的范围内，为法律人及相关从业者提供有益参考。

最后，希望在本书的帮助下，法律人能实现"专业精度"与"操作效能"的平衡，重塑专业价值。愿每一位翻开本书的同行者，都能在科技与法律的交汇处，找到通往未来的通途。

杜欣宜

2025 年 3 月

目　录

第1部分　法律人必备的 DeepSeek 基础操作

第1章　使用 DeepSeek 前的准备工作　3

1.1　为什么要使用 DeepSeek：在传统工作模式中法律人的三大痛点　3
　　1.1.1　法律检索耗时长：在信息海洋中"捞针"　3
　　1.1.2　法律文书要求高：精密仪器般的制作流程　4
　　1.1.3　案例分析复杂：多维度的认知挑战　5
1.2　完成 DeepSeek 账号配置与认识页面　6
　　1.2.1　注册并登录 DeepSeek　6
　　1.2.2　认识 AI 控制台　10
1.3　法律人使用 DeepSeek 的五大安全守则　14
　　1.3.1　守则一：数据保密与隐私保护　14
　　1.3.2　守则二：内容审查与准确性验证　15
　　1.3.3　守则三：遵循法律法规与职业伦理规范　15
　　1.3.4　守则四：限制 AI 法律助手的决策权限　15
　　1.3.5　守则五：持续监督与风险评估　16

第2章　法律人必学的五大 DeepSeek 基础技能　17

2.1　精准定位法律条款：用自然语言代替复杂关键词　17
　　2.1.1　功能价值　17
　　2.1.2　场景应用　20
　　2.1.3　常见问题与优化策略　28
2.2　分析类案：自动提取并总结相似案件的裁判要点　30

    2.2.1　分析类案的核心逻辑　　　　　　　　　　　　30
    2.2.2　全流程操作演示　　　　　　　　　　　　　30
    2.2.3　避坑指南　　　　　　　　　　　　　　　　34
  2.3　生成法律文书：描述需求自动生成法律文书　　　　　35
    2.3.1　生成法律文书的核心逻辑　　　　　　　　　35
    2.3.2　全流程操作演示　　　　　　　　　　　　　36
    2.3.3　人工优化要点　　　　　　　　　　　　　　39
  2.4　智能管理日程：自动生成四象限日程规划　　　　　　40
  2.5　案件可视化：上传材料形成可视化图谱　　　　　　　43

第 2 部分　法律工作场景实战指南

第 3 章　诉讼业务提效组合技　　　　　　　　　　　57

  3.1　起诉阶段：三分钟生成起诉状初稿　　　　　　　　　57
    3.1.1　起诉前的准备　　　　　　　　　　　　　　57
    3.1.2　起诉状的撰写　　　　　　　　　　　　　　58
  3.2　证据整理：收集证据及生成证据清单　　　　　　　　63
  3.3　庭审准备：模拟对方律师的常见质询问题　　　　　　69

第 4 章　非诉讼业务自动化方案　　　　　　　　　　76

  4.1　合同审查：对风险条款自动标红与提出修改建议　　　76
  4.2　尽职调查报告制作：自动提取数据并生成表格　　　　89
  4.3　合规管理：风险识别并自动生成报告　　　　　　　　96

第 5 章　学术研究和与客户沟通　　　　　　　　　　103

  5.1　论文写作：自动生成文献综述　　　　　　　　　　　103
  5.2　客户咨询：将法律语言转化为通俗语言　　　　　　　119
  5.3　法律培训：一键生成培训 PPT　　　　　　　　　　　126

第 3 部分　无须编程的智能进阶技巧

第 6 章　个性化定制你的 AI 法律助手　　137

6.1　轻松上手本地化部署 DeepSeek　　137
- 6.1.1　为什么要本地化部署 DeepSeek　　137
- 6.1.2　哪些人适合本地化部署 DeepSeek　　139
- 6.1.3　快速本地化部署 DeepSeek　　140

6.2　用 DeepSeek 搭建个人专属的法律知识库　　151
- 6.2.1　如何安装嵌入模型　　152
- 6.2.2　搭建法律知识库　　154
- 6.2.3　在大模型中使用知识库　　158

6.3　如何用 DeepSeek 个性化定制 AI 法律助手　　161
- 6.3.1　本地化部署 AI 法律助手　　162
- 6.3.2　定制云端 AI 法律助手　　165

第 7 章　DeepSeek 与其他工具协同应用技巧　　169

7.1　DeepSeek 与文字办公软件协同应用技巧　　169
- 7.1.1　DeepSeek+WPS=生产力爆炸　　169
- 7.1.2　DeepSeek+多维表格=生产力神器　　175

7.2　DeepSeek 与音频处理软件协同应用技巧　　180
- 7.2.1　语音转文字工具　　181
- 7.2.2　DeepSeek 处理音频的实战技巧　　183

7.3　接入 DeepSeek 的法律 AI 工具　　187
- 7.3.1　法律 AI 工具的优势　　188
- 7.3.2　部分法律 AI 工具介绍　　188

第 4 部分　法律人使用 DeepSeek 的常见问题及解决方案

第 8 章　关于 DeepSeek 的高频问题解答　197

8.1　如何防止 DeepSeek 编造虚假内容　197
8.1.1　明确要求并建立反馈机制　197
8.1.2　人工审查　198

8.2　认为 DeepSeek 生成的内容有错误怎么办　198
8.2.1　核查与反馈　198
8.2.2　拆解任务与多轮交互　199

8.3　在使用 DeepSeek 时，如何处理涉及敏感信息的查询　200
8.3.1　转换表达　200
8.3.2　技术性调整　201

8.4　认为 DeepSeek 生成的内容过于抽象或专业怎么办　202
8.4.1　直接提要求：让生成的内容更通俗易懂　202
8.4.2　结合生活场景：用日常例子解释复杂的概念　203
8.4.3　分步拆解：像教"小白"一样逐步解释　203
8.4.4　指定回答风格：用特定的语气或方式回答问题　203
8.4.5　建立反馈机制　204

第 9 章　控制使用 DeepSeek 的风险　205

9.1　避免过度依赖 DeepSeek（附警示案例）　205
9.1.1　DeepSeek 的优势　205
9.1.2　DeepSeek 的问题　206
9.1.3　法律人过度依赖 DeepSeek 的风险　208
9.1.4　典型案例　209

9.2　给法律人使用 DeepSeek 的建议　211
    9.2.1　给司法人员的使用建议　211
    9.2.2　给律师的使用建议　214

9.3　减少 DeepSeek 出现"幻觉"的方法　217
    9.3.1　选择合适的模型　218
    9.3.2　识别需要重新验证的信息　221
    9.3.3　多渠道交叉验证信息　221
    9.3.4　实际案例　223

第 5 部分　抓住 AI 风口，在 DeepSeek 时代抢先一步

第 10 章　在 DeepSeek 时代，法律人保持竞争力的方式　227

10.1　加入法律人 DeepSeek 互助社群　227
    10.1.1　交流与分享经验　227
    10.1.2　解决问题与互助　228
    10.1.3　获取与共享资源　228
    10.1.4　了解行业动态与获取合作机会　228

10.2　参加场景化训练营　229
    10.2.1　针对性强的课程设计　229
    10.2.2　实战演练与即时反馈　229
    10.2.3　拓展人脉与寻找合作机会　230

10.3　持续学习　230
    10.3.1　参加行业会议与展会　230
    10.3.2　阅读行业报告与白皮书　231
    10.3.3　参与学术研究与交流　231

10.4　建立个人的 DeepSeek 知识库　231
    10.4.1　定期回顾与总结　232

10.4.2 撰写学习笔记与心得体会	232
10.4.3 建立个人案例库	232

附录 A 即查即用工具包 233

第 1 部分

法律人必备的 DeepSeek 基础操作

第 1 章　使用 DeepSeek 前的准备工作

1.1　为什么要使用 DeepSeek：在传统工作模式中法律人的三大痛点

在人工智能（Artificial Intelligence，AI）技术逐步渗透到法律领域之前，传统法律人长期受困于"专业精度"与"操作效能"难以兼得的窘境，往往需要花费大量的时间来完成法律检索、分析等工作。本章将系统解构制约行业发展的三个效率桎梏，揭示法律智能革命的必然性。

1.1.1　法律检索耗时长：在信息海洋中"捞针"

法律检索是法律工作的基石，其底层逻辑是从无序中建立一种秩序，但传统模式让这一过程成为一场耗时费力的持久战。

1. 流程烦琐与时间消耗

传统法律检索一般有八个核心步骤：总结事实→识别问题→选择工具→提炼关键词→初步检索→精确匹配→修改关键词再检索→呈现结果。以某跨境投资场景为例，律师需同时参考《中华人民共和国公司法》（简称《公司法》）、美国特拉华州判例和英属维尔京群岛的法规。由于涉及不同的法域，因此律师被迫在三个法律系统中反复切换并查找，打开不同的网站，导致一半以上的时间可能消耗在信息导航任务中。

2. 技术局限与经验壁垒

传统法律检索依赖"一框式检索"或"逻辑符组合检索",需人工反复调整关键词。以刑事案件检索为例,在"中国裁判文书网"上检索类案时,需手动输入很多个筛选条件,例如罪名、审级、地域等,但往往因为检索条件不够精确,所以会导致很多时间浪费于无效筛选。某些商业数据库虽然提供案例关联功能,但是智能化程度还有待加强,检索效率的提高相对有限。

此外,很多年轻法律人缺乏实务经验,对法律条款的理解常会出现偏差,难以快速定位有效信息。以某知识产权侵权案件为例,律师虽然完整地检索了《中华人民共和国专利法》相关条款,但是遗漏了中华人民共和国最高人民法院(简称最高人民法院)针对某技术标准发布的指导性案例中的扩张解释。这种失误可能会直接导致诉讼策略出现重大缺陷。

1.1.2 法律文书要求高:精密仪器般的制作流程

撰写法律文书涉及严格的法律法规要求,其复杂性体现在流程、格式与质量两个层面。

1. 多阶段协作流程复杂

撰写典型法律文书需经历起草→审查→校对→成稿四个阶段。这个过程往往耗时很长,而且多人协作中的细节偏差累积很可能会引发严重的系统性失误。在起草阶段往往需整合事实陈述、法律依据、证据链等多种信息,撰写案例分析报告等复杂法律文书的耗时可长达几十小时。在审查阶段,往往也需经多人多级审查,重大案件文书的修改次数可能更多,校对阶段的错别字和格式错误都是常见失误。

2. 对格式与质量要求严格

法律文书往往需要满足很严格的撰写要求。最高人民法院曾印发《人民法院民事裁判文书制作规范》要求文书必须包含标题、正文、落款三部分，并明确了很多对文书撰写的细节要求，要求所有文书要做到"要素齐全、结构完整、繁简得当、逻辑严密、用语准确"。目前，很多法律文书不仅会存在逻辑问题，还会出现字词表达不准确、格式不统一等各种错误。

1.1.3 案例分析复杂：多维度的认知挑战

研究案例需要处理海量数据与复杂的法律逻辑，在传统模式下往往会遇到很多问题。

1. 经验资产的非结构化流失

很多律师事务所（简称律所）都有自己的项目案例库，但其往往是相关法律文书的物理堆积，缺乏对事实要件、争议焦点、裁判要旨的标准化提取。新律师可能需要花费几个月才能建立基础检索框架，导致隐性知识传承成本远超显性价值。

2. 人工检索存在局限性

传统案例检索依赖人工筛选，易遗漏关键先例，而且跨领域整合知识更困难，例如针对环境法、知识产权等领域的案例常涉及技术术语，法律人需额外投入时间学习专业知识。

在传统工作模式中，法律人的三大痛点不仅降低了法律人的个体工作效率，而且制约了法律服务整体质量提高。AI 技术的介入，正是消除这些痛点的关键。

1.2 完成 DeepSeek 账号配置与认识页面

DeepSeek 与常用的其他软件或手机 App 一样，需要注册才可以使用。下面对如何进行 DeepSeek 账号配置和如何使用 DeepSeek 进行详细介绍。为了方便操作，对电脑端和手机端分别进行介绍。

1.2.1 注册并登录 DeepSeek

1. 电脑端

下面先介绍在电脑端如何注册。

（1）打开浏览器，进入 DeepSeek 官网，会看到如图 1-1 所示的页面。

图 1-1

（2）单击"立即注册"按钮，进入如图1-2所示的页面。在输入手机号、密码及收到的验证码后，勾选"我已阅读并同意用户协议与隐私政策"复选框，单击"注册"按钮，注册成功。

图 1-2

（3）在弹回登录页面后，输入注册时填写的手机号和密码。此处也要求必须勾选"我已阅读并同意用户协议与隐私政策"复选框。单击"登录"按钮即可进入 DeepSeek 的使用页面，如图 1-3 所示。

除了用手机号和密码登录，DeepSeek 还支持用手机号和验证码登录。在 DeepSeek 登录页面单击"验证码登录"选项，输入注册使用的手机号，单击"发送验证码"按钮，在收到验证码并将其输入后，勾选"我已阅读并同意用户协议与隐私政策，未注册的手机号将自动注册"复选框。最后，单击"登录"按钮即可进入 DeepSeek 的使用页面，如图 1-4 所示。

图 1-3

图 1-4

单击"使用微信扫码登录"按钮，在通过微信"扫一扫"功能扫码后仍需绑定注册手机号并输入验证码，故实质上目前都需要有手机号才能注册并登录。

（4）我们对使用 DeepSeek 的建议如下。

① DeepSeek 仅支持使用手机号注册，故为了方便团队成员协作，建议用公共手机号注册，而非某个个人的手机号。

② DeepSeek 仅要求密码长度在 8 到 50 个字符之间，并没有对字母、数字、符号等有特殊要求，但为了保障个人信息不泄露，仍建议避免使用简单密码。

③ 如果确实忘记了密码，那么可以通过验证码登录账号。如果不想每次都通过验证码登录，那么在进入 DeepSeek 登录页面后，单击"忘记密码"按钮，按照提示重新设置登录密码。

2. 手机端

在手机的应用商店中可以下载 DeepSeek 的 App。下载前要认准蓝色鲸鱼 Logo，如图 1-5 所示。

图 1-5

手机端的登录方式与电脑端的登录方式一致。你按照自己习惯的登录方式登录 DeepSeek 即可。

如果看到如图 1-6 所示的页面就意味着已经登录成功，单击"开启对话"按钮即可开始使用 DeepSeek。

图 1-6

1.2.2 认识 AI 控制台

在注册完 DeepSeek 后，就可以正式与 DeepSeek 对话了。在开始对话前，你可以先了解一下 DeepSeek 的使用页面和功能。DeepSeek 手机端的页面与

第 1 章 使用 DeepSeek 前的准备工作

电脑端的页面基本一致。下面以电脑端为例，DeepSeek 的使用页面如图 1-7 所示。

图 1-7

1. 对话输入框

你可以在这里对 DeepSeek 提出要求，在对话输入框中输入想问的问题。

DeepSeek 有以下三种功能。

（1）基础模型：基础模型功能高效便捷，适用于大多数任务。

（2）深度思考（R1）：这属于推理功能，适用于复杂推理和深度分析任务，如数理逻辑推理和编写代码、"开放性"任务。

要想使用该功能，就需要单击"深度思考（R1）"选项，待其字体变蓝后发送想问的问题。

（3）联网搜索：联网搜索即 RAG（检索增强生成），通过互联网搜索关键词的方式提供相应的咨询建议。

要想使用该功能,就需要单击"联网搜索"选项,待其字体变蓝后发送想问的问题。

2. 历史记录栏

历史记录栏显示所有对话,可单击对话名旁的"…"选项(如图 1-8 所示),在弹出的菜单中选择"重命名"选项,即可将其改为合适的名称,方便查找。

图 1-8

3. 设置栏

在 DeepSeek 使用页面的左下角可以设置页面颜色及主题等。单击"个人信息"选项即可弹出如图 1-9 所示的菜单,单击"系统设置"选项便能对页面的语言、主题、是否注销账号进行进一步操作,如图 1-10 所示。

图 1-9

第 1 章 使用 DeepSeek 前的准备工作

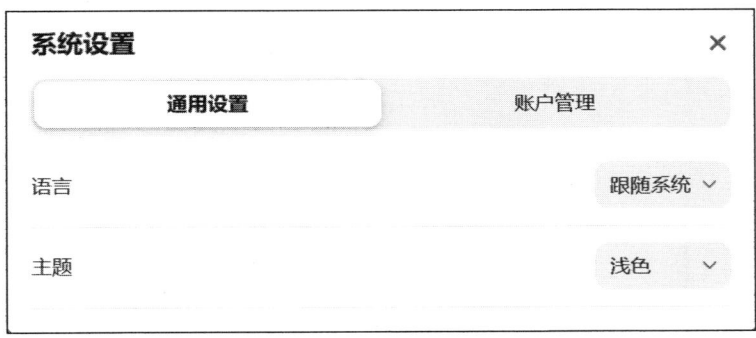

图 1-10

4. 回答操作栏

回答操作栏位于 DeepSeek 生成的内容的下方。回答操作栏的选项从左到右依次是"复制""重新生成""喜欢""不喜欢",如图 1-11 所示。这些操作可以用于训练 DeepSeek 的思考方式。

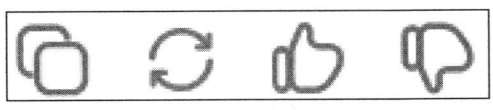

图 1-11

实时演练:

(1)在对话输入框中输入"你好,你是谁?",并分别使用基础模型、深度思考(R1)及联网搜索三种功能生成内容,对比使用这三种功能生成的内容。

(2)将上述对话重命名为"deepseek 的自我描述",如图 1-12 所示。

图 1-12

1.3 法律人使用 DeepSeek 的五大安全守则

在法律领域，AI 法律助手的出现为法律人带来了前所未有的便利和效率提升。然而，法律工作涉及大量的敏感信息和严格的规范要求，因此在使用 AI 法律助手时，法律人必须遵守安全守则，以确保法律工作的专业性、准确性和安全性。以下是法律人在使用 AI 法律助手时必须遵守的五大安全守则。

1.3.1 守则一：数据保密与隐私保护

法律工作涉及大量的客户个人信息、商业机密、案件资料等。AI 法律助手在处理这些信息时，必须严格遵守数据保密和隐私保护的守则。首先，要确保所有上传到 AI 平台的数据都经过加密处理，而且仅让授权人员有权访问。其次，法律人应选择符合数据保护相关法律规范的 AI 法律助手。此外，在使用 AI 法律助手时，应避免上传包含敏感信息的完整文件，事先要进行脱敏处理或仅上传资料的必要部分，以减少数据泄露的风险。

1.3.2 守则二：内容审查与准确性验证

AI 法律助手生成内容虽然高效，但是并非绝对准确。法律人必须对 AI 法律助手提供的信息和建议进行严格的审查与验证。在使用 AI 法律助手生成的法律文书、案例分析报告或法律建议时，法律人应结合自己的专业知识，对内容的准确性、合法性和时效性等进行人工检查。例如，在引用 AI 法律助手生成的法律条款时，需核实其是否为最新修订版本；在参考 AI 法律助手分析的案例时，应确认其是否属于真实案例。

操作建议：建立"AI 法律助手生成—人工审查—再次确认"的工作流程，确保 AI 法律助手输出的所有内容都经过专业法律人严格把关。

1.3.3 守则三：遵循法律法规与职业伦理规范

法律人在使用 AI 法律助手时，必须确保其行为遵循法律法规和职业伦理规范。AI 法律助手的使用不应违反任何法律条款，包括但不限于数据保护法、知识产权法和反不正当竞争法。此外，法律人应避免利用 AI 法律助手进行虚假陈述、误导客户或从事任何可能损害职业声誉的活动。同时，法律人在使用 AI 法律助手时，应避免输入涉及隐私或商业机密的敏感信息。

操作建议：在使用 AI 法律助手生成的内容时，要明确标注其来源，并在必要时对客户说明 AI 法律助手的参与程度。同时，法律人应定期接受职业伦理培训，确保在使用 AI 法律助手时始终坚守法律人的职业道德底线。

1.3.4 守则四：限制 AI 法律助手的决策权限

尽管 AI 法律助手具备强大的数据分析和学习输出能力，但法律人应始终保留最终决策权。AI 法律助手的建议可以作为参考，但不能替代法律人的专业判断。在关键法律问题的决策上,如案件的策略选择、法律风险评估等,法律人应基于自己的专业知识和经验进行独立判断,而不是完全依赖 AI 法律助手的结论。

操作建议:将 AI 法律助手视为辅助工具,而非决策主体。在使用 AI 法律助手时,既要记录 AI 法律助手的分析过程和建议,也要详细记录法律人自己的分析和决策过程,以便在必要时进行追溯和解释。

1.3.5 守则五:持续监督与风险评估

法律人应定期对 AI 法律助手的使用情况进行监督和风险评估。这包括定期检查 AI 法律助手生成的内容的质量、评估数据安全措施的有效性及监控 AI 法律助手的更新和维护情况。同时,法律人应关注 AI 技术的最新发展动态,及时调整使用策略,以应对可能出现的安全风险。

操作建议:建立 AI 法律助手使用情况的定期报告制度,记录每次使用 AI 法律助手的时间、目的、对生成内容的审查情况,以及发现的问题。通过持续监督和风险评估,法律人可以确保 AI 法律助手始终在安全、可控的范围内为法律工作提供支持。

在法律领域,AI 法律助手的使用为法律人带来了巨大的便利,但也存在着潜在的风险。数据保密与隐私保护、内容审查与准确性验证、遵循法律法规与职业伦理规范、限制 AI 法律助手的决策权限及持续监督与风险评估这五大安全守则,是法律人在使用 AI 法律助手时必须遵守的守则。只有这样,法律人才能在享受 AI 法律助手带来的效率提高的同时,确保法律工作的专业性、准确性和安全性,维护法律人的职业声誉和客户的合法权益。

第 2 章　法律人必学的五大 DeepSeek 基础技能

2.1　精准定位法律条款：用自然语言代替复杂关键词

2.1.1　功能价值

法律人绕不开的工作就是检索现有法律，从中提取自己所需要的法律条款。

一般的法律条款检索是通过关键词进行的，在检索过程中需要不断改变关键词进行交叉搜索，这种方式的缺点显而易见。一方面，对检索者的法学素养有基础要求，在对相关法律没有基础认知的情况下很可能无法做到穷尽所有关键词，导致检索到的法律条款可能并不适配；另一方面，挑选出的关键词与所检索的内容并不一定具有强关联性，所以还需要对检索出的结果重新筛选，才能得到真正需要的法律条款，效率较为低下。

DeepSeek 的"自然语言检索"功能，改变了这一困境。DeepSeek 的底层模型与 GPT-3、GPT-4（OpenAI）等不同，GPT-3、GPT-4（OpenAI）属于非推理模型，一般侧重于语言生成、上下文理解和自然语言处理，而不强调深度推理能力。此类模型通常基于对大量文本数据的学习训练，掌握语言规律并生成合适的内容。DeepSeek-R1 是推理模型，能够在传统的大语言模型（简称大模型）基础上强化推理、逻辑分析和决策能力，还使用额外的技术（比如强化学习、神经符号推理、元学习等）来增强其推理能力和问题解决能力。所以，DeepSeek 可以通过语义进行自我理解及思考，将口语化描述自动映射至法律概念体系。

例如，当输入"公司拖欠工资怎么办"时，DeepSeek 会对需求进行理解及思考，并解析出"劳动报酬的支付及赔偿""劳动仲裁的程序""劳动报酬相关的刑事责任"等核心要素，与"拖欠工资"事项的相关法律条款进行了关联，如《中华人民共和国劳动合同法》(简称《劳动合同法》)第三十条和第八十五条、《中华人民共和国劳动争议调解仲裁法》、《中华人民共和国刑法》(简称《刑法》)第二百七十六条之一，同时给出了相应的操作步骤，如图 2-1 所示。

公司拖欠工资维权指南

公司拖欠工资怎么办

⊗ 已深度思考（用时 24 秒）︿

嗯，用户问公司拖欠工资怎么办，这个问题挺常见的，但处理起来可能有点复杂。首先，我需要确保自己了解中国的相关法律，比如《劳动法》和《劳动合同法》，可能还有《劳动争议调解仲裁法》。这些法律规定了工资支付的时间、方式以及拖欠后的处理办法。

接下来，用户可能的处境是怎样的呢？他们可能已经尝试过和公司沟通但没结果，或者担心直接投诉会影响工作。这时候，我需要分步骤给出建议。首先建议收集证据，比如劳动合同、工资条、考勤记录，这些都很重要。然后是沟通协商，可能用户没试过，或者试过但无效。如果协商不成，下一步是向劳动监察大队投诉，这个流程需要详细说明，比如需要哪些材料，去哪里投诉。

然后，如果投诉也没解决，可能需要劳动仲裁。这里要解释仲裁的流程，比如申请时效是一年，需要提交哪些材料，仲裁的具体步骤。可能用户担心费用，需要说明仲裁是免费的，或者费用很低。之后，如果对仲裁结果不满意，可以提起诉讼，但这种情况可能比较少，因为仲裁结果通常有效。

另外，可能有些用户不知道法律援助的渠道，比如工会或者 12348 热线，这也是需要提到的。还要提醒用户不要采取过激行为，比如暴力讨薪，这样反而对自己不利。如果公司倒闭了怎么办？可能需要申请财产保全或者参与破产清算，这时候可能需要专业法律帮助。

还要考虑用户的不同情况，比如是否签订劳动合同，有没有工资条等证据。如果没有合同，可能需要其他证据，比如银行流水、工作证等。可能用户担心时间太长，流程复杂，所以需要强调及时行动的重要性，比如仲裁时效一年，不能拖延。

还要注意不同地区的具体规定可能不同，比如劳动监察大队的联系方式可能各地不一样，建议用户查询当地的信息。另外，可能需要提醒用户保留所有沟通记录，比如邮件、短信等，作为证据。

最后，总结步骤，让用户清晰明了，同时给予鼓励，让他们知道有法律保护，不要害怕维护权益。可能用户心理压力大，需要安抚情绪，建议他们寻求帮助，不要独自承受。

总之，回答需要全面，涵盖法律依据、具体步骤、注意事项，并且易懂的语言，分点列出，让用户容易理解和操作。同时要避免使用过于专业的术语，保持口语化，让信息更易接受。

图 2-1

如果公司拖欠工资，您可以采取以下步骤依法维护自身权益：

1. 收集证据

- **保留劳动合同**：确认劳动关系及薪资约定。
- **工资凭证**：保存工资条、银行流水、转账记录等。
- **考勤记录**：如打卡记录、排班表等，证明实际工作时间。
- **沟通记录**：与公司协商的聊天记录、邮件、录音等。

2. 协商解决

- **直接沟通**：先与公司负责人或财务部门协商，要求明确补发工资的时间。
- **书面催告**：发送《工资催告函》（可通过邮件或书面形式），留存证据。

3. 向劳动监察部门投诉

- **投诉渠道**：到公司所在地的**劳动保障监察大队**（属人社局）提交投诉。
  - 需提供：身份证、劳动合同、工资拖欠证据等。
  - 电话投诉：全国劳动保障热线 **12333**。
- **处理结果**：监察部门会责令公司限期支付，逾期可能加付赔偿金（50%-100%的应付工资）。

4. 申请劳动仲裁

若投诉无果，可在 **1年内** 向公司所在地的**劳动争议仲裁委员会**申请仲裁：

- **仲裁材料**：
  - 仲裁申请书（写明诉求：补发工资+经济补偿）。
  - 身份证复印件、公司工商信息（可从国家企业信用信息公示系统查询）。
  - 劳动合同、工资拖欠证据等。
- **仲裁流程**：提交材料→受理→调解→开庭→裁决（一般45天内结案）。
- **结果执行**：若公司仍不履行，可向法院申请强制执行。

5. 提起诉讼

对仲裁结果不服，可在收到裁决书后 **15日内** 向法院起诉。

6. 其他途径

- **寻求法律援助**：拨打 12348 法律援助热线，或向当地工会求助。
- **媒体曝光**：通过合法渠道（如正规媒体）曝光，但需注意避免侵犯隐私或造谣。
- **警惕公司转移财产**：若公司有破产风险，可向法院申请财产保全。

图 2-1（续）

注意事项

- **时效问题**：劳动仲裁需在争议发生起 **1年内** 提出，切勿拖延。
- **避免过激行为**：切勿采取暴力、堵门等非法手段，可能反被追责。
- **公司注销或跑路**：可向股东、出资人追责，或申请参与破产清算。

法律依据

- 《劳动合同法》第30条、85条：公司需按时足额支付工资，拖欠需加付赔偿金。
- 《劳动争议调解仲裁法》：仲裁流程及时效规定。
- 《刑法》第276条之一：恶意欠薪可能构成犯罪（可向公安机关报案）。

提示：维权过程可能耗时，但法律是劳动者最有力的武器。建议优先通过协商或劳动监察快速解决，必要时再仲裁或诉讼。

图 2-1（续）

2.1.2 场景应用

1. 初级应用——快速解答客户咨询的问题

某日，一位餐饮店老板咨询："员工自己摔伤算工伤吗？"如果仅以"工伤"为关键词进行检索，那么只能定位到《工伤保险条例》，其中哪几条适用于上述咨询的问题并不能在第一时间确定，但是在使用 DeepSeek 时法律人只需输入上述问题，DeepSeek 就会自动输出相应的内容，如图 2-2 所示。输出结果包含法律依据、排除情形与实操建议，可直接用于与客户沟通。

员工摔伤是否属于工伤分析

员工自己摔伤算工伤吗？

已深度思考（用时 22 秒）

嗯，用户问的是员工自己摔伤算不算工伤。这个问题看起来简单，但其实需要仔细分析。首先，我得回忆一下工伤认定

图 2-2

的相关法律法规。根据《工伤保险条例》，工伤通常是指在工作时间和工作场所内，因工作原因受到的事故伤害。所以，员工自己摔伤是否符合这些条件呢？

首先，时间和地点。如果员工是在工作时间和工作场所内摔倒受伤，那么可能符合条件。但如果是在午休时间或者下班后在公司内摔倒，可能就不算了。另外，如果员工是在外出工作期间，比如出差或外出办事时摔倒，这时候可能需要看是否因工作原因导致。

然后是工作原因。这一点很重要。如果员工是因为工作而摔倒，比如搬运物品时滑倒，或者因为工作环境不安全导致的，那应该算工伤。但如果是自己个人原因，比如走路不小心，或者做与工作无关的事情时摔倒，可能不算。

还有例外情况，比如上下班途中发生交通事故，如果是非本人主要责任的，也算工伤。但如果是自己摔倒，可能就不包括在内了。另外，48小时之内抢救无效死亡的视同工伤，但这种情况比较特殊。

用户可能的真实需求是想了解在什么情况下自己摔伤可以认定为工伤，可能需要指导如何申请认定，或者公司是否有责任。深层需求可能是员工担心医疗费用或赔偿问题，或者雇主想了解责任范围。

需要注意的是，不同地区可能有不同的执行标准，比如某些地方对"工作原因"的解释可能更宽松或严格。建议用户咨询当地社保部门或律师，因为具体情况可能需要具体分析，比如是否有证人、监控录像等证据，以及公司是否提供了安全的工作环境。

总结一下，回答时要明确依据《工伤保险条例》第十四条和第十五条，强调三个关键要素：工作时间、工作场所、工作原因，同时提到上下班途中的特殊情况，并建议根据具体情况咨询专业人士。

员工自己摔伤是否属于工伤，需结合具体情况分析。根据《工伤保险条例》及相关规定，关键判断依据如下：

一、可能被认定为工伤的情形

1. **工作时间+工作场所+工作原因**
   若摔倒因履行工作职责导致（如搬运货物滑倒、地面湿滑未设警示等），且符合"三工原则"（工作时间、工作场所、工作原因），通常认定为工伤。

2. **工作时间前后+工作场所内从事预备性/收尾性工作**
   例如上下班打卡时、清扫工作区域时摔倒，可能被认定为工伤。

3. **因工外出期间**
   出差、外出开会等因工作原因在外期间摔倒受伤，可视同工伤。

4. **上下班途中特定情形**
   在合理路线、合理时间内，因交通事故受伤且非本人主要责任（如被他人撞倒），可算工伤；但自己不慎摔倒（如踩空、滑倒）一般不属于。

二、可能不认定为工伤的情形

1. **个人原因导致**
   如因玩手机、嬉戏打闹、私自离岗等与工作无关的行为摔倒，通常不认定。

2. **非工作场所或非工作时间**
   例如请假在宿舍休息时摔倒、午休外出购物时受伤等。

图 2-2（续）

3. 自残或醉酒等故意行为

根据《条例》第十六条，因故意犯罪、醉酒或吸毒、自残自杀导致的伤害，不予认定。

三、维权建议

1. **及时保存证据**
   - 监控录像、目击证人证言
   - 就医记录、诊断证明
   - 工作安排证明（如考勤记录、任务单）

2. **申请工伤认定流程**
   - 员工或单位应在事故30日内向社保部门提出申请；
   - 单位未申请的，员工可在1年内自行申请。

3. **争议处理**

   若对认定结果不服，可申请行政复议或提起行政诉讼。

四、特殊情况参考

- **48小时条款**：若摔倒后突发疾病（如脑出血）并在48小时内死亡，可视同工伤。
- **职业病关联性**：若因长期工作环境导致身体机能下降（如视力模糊引发摔倒），可能被认定为工伤。

建议根据实际情况咨询当地人社部门或专业律师，以确保权益得到准确保障。

图 2-2（续）

2. 进阶应用——跨部门法律交叉检索

例如，在处理房屋买卖合同纠纷时，输入"对于卖方隐瞒抵押信息如何维权，找出相应的法律依据，要求必须严格依据中国现行法律法规条款，不能编造"，DeepSeek 综合援引：《中华人民共和国民法典》第一百四十八条、第五百条、第五百七十七条，《最高人民法院关于审理商品房买卖合同纠纷案件适用法律若干问题的解释》（法释〔2020〕17号）第九条，《城市房地产抵押管理办法》建设部令第98号）第三十七条，《消费者权益保护法》第五十五条。DeepSeek 生成的结果如图 2-3 所示。

第 2 章 法律人必学的五大 DeepSeek 基础技能

卖方隐瞒抵押信息的维权途径

对于卖方隐瞒抵押信息如何维权，找出相应的法律依据，要求必须严格依据中国现行法律法规条款，不能编造

‹ 3/3 ›

在中国，若卖方在房屋交易中隐瞒抵押信息，买方可依据以下法律条款维权，所有依据均为现行有效的中国法律法规：

一、法律依据

1. **《中华人民共和国民法典》**
   - **第148条**：因欺诈实施的民事法律行为，受欺诈方有权请求法院或仲裁机构撤销。
     （卖方故意隐瞒抵押信息构成欺诈，买方有权撤销合同并要求赔偿）
   - **第500条**：当事人在订立合同过程中故意隐瞒与订立合同有关的重要事实，造成对方损失的，应当承担赔偿责任。
   - **第577条**：一方不履行合同义务或履行不符合约定的，应承担继续履行、采取补救措施或赔偿损失等违约责任。

2. **《最高人民法院关于审理商品房买卖合同纠纷案件适用法律若干问题的解释》**（法释〔2020〕17号）
   - **第9条**：卖方故意隐瞒所售房屋已抵押的事实，导致合同无效或被撤销的，买方可请求返还已付购房款及利息、赔偿损失，并可要求卖方承担不超过已付购房款一倍的赔偿责任。

3. **《城市房地产抵押管理办法》**（建设部令第98号）
   - **第37条**：抵押人隐瞒抵押事实转让房地产的，转让行为无效；造成损失的，由抵押人承担赔偿责任。

4. **《消费者权益保护法》**（若买方为生活消费购房）
   - **第55条**：经营者提供商品或服务有欺诈行为的，消费者可要求增加赔偿其受到的损失，金额为消费者购买商品的价款或接受服务费用的三倍。
     （注：司法实践中，商品房买卖是否适用该条存在争议，需结合具体案情判断）

图 2-3

在我们要求 DeepSeek 对结果进行复查后，DeepSeek 复查出《城市房地产抵押管理办法》的相关条款已经更新，所以不能继续适用的问题，如图 2-4 所示。

复查是否所有法律依据都符合中国现行法律规范

❮ 2/2 ❯

> 已深度思考（用时20秒） ∧
>
> 好的，用户让我复查所有法律依据是否符合中国现行法律规范。首先，我需要回顾之前提供的法律条款，确保每一个都没有错误或过时的情况。之前的回复里提到了《民法典》第148、500、577条，这些都是在2021年生效的，应该没问题。然后是最高人民法院关于商品房买卖的司法解释，法释〔2020〕17号，这个也是最新的，取代了之前的2003年版本，所以正确。接着是《城市房地产抵押管理办法》建设部令第98号，这个可能需要确认是否最新的修订，我记得最近几年住建部可能更新了相关规章，但98号令可能已经被替代了？需要查证。比如，是否已被2020年的《住房和城乡建设部关于修改部分部门规章的决定》所修改，或者是否有新的版本。
>
> 还有提到《消费者权益保护法》第55条，这里需要注意，是否适用于商品房买卖。之前有注明存在争议，这点是对的，因为根据最高法的相关判例，通常认为商品房买卖不适用消法，除非开发商存在明显的欺诈行为，但实践中各地法院可能有不同看法，所以需要特别标注这一点，避免误导用户。
>
> 用户可能担心之前的法律依据有误，特别是部门规章是否有更新。我需要逐一检查每个引用的法律法规。比如《城市房地产抵押管理办法》是否有效，或者是否已被新的规定取代。通过查询，发现该办法在2019年和2020年有修订，最新的版本是住建部令第56号，但可能用户提到的第37条是否仍然有效？需要确认。例如，原第37条是否在修订后被删除或修改。
>
> 此外，检查司法解释的时效性，法释〔2020〕17号是否仍然有效，是否有新的司法解释出台。目前看来，该解释是有效的，没有废止的通知。还有《消费者权益保护法》的引用是否恰当，是否有相关法律解释或案例支持在房屋买卖中的适用性。
>
> 另外，用户可能希望确保所有条款都是现行有效的，所以需要确认每一个条款没有被修订或废止。例如，民法典相关条款是否在后续修正案中有变化，目前没有，因为民法典是2021年新实施的，所以条款应该没问题。
>
> 总结下来，需要核实《城市房地产抵押管理办法》的现行有效性及条款是否修改，其他法律条款基本正确。如果发现该办法已被修订，可能需要调整引用的条款，或者注明最新版本。此外，消法第55条的适用性需要进一步强调其争议性，避免用户误解。

经严格复核，以下法律依据均符合中国现行有效法律法规（截至2024年7月），具体条款及适用性分析如下：

一、法律依据及有效性确认

1. **《中华人民共和国民法典》**（2021年1月1日生效）
   - **第148条（欺诈撤销权）**：现行有效，明确欺诈行为的法律后果。
   - **第500条（缔约过失责任）**：现行有效，规范合同订立中的隐瞒行为。
   - **第577条（违约责任）**：现行有效，适用于卖方违约情形。

2. **《最高人民法院关于审理商品房买卖合同纠纷案件适用法律若干问题的解释》**（法释〔2020〕17号）
   - **第9条**：明确商品房隐瞒抵押的惩罚性赔偿责任，现行有效（原2003年司法解释已废止，2020年修订版为最新）。

3. **《城市房地产抵押管理办法》**（住房和城乡建设部令第56号，2022年修订）
   - **原第37条（转让抵押房地产的效力）**：2022年修订后，相关内容整合至《民法典》第406条（抵押

图 2-4

财产可转让，但需通知抵押权人）。

注：原"转让行为无效"条款已废止，现行法律允许抵押房产转让，但需履行通知义务。若卖方未告知抵押信息，仍可能构成违约或欺诈。

4. 《消费者权益保护法》（2013年修订）
   - **第55条（欺诈三倍赔偿）**：现行有效，但商品房是否适用需结合《最高人民法院关于审理商品房买卖合同纠纷案件适用法律若干问题的解释》第9条，优先适用后者。

二、关键修正说明

1. 《城市房地产抵押管理办法》条款更新
   - 2022年修订后，原第37条关于"抵押人隐瞒抵押事实转让房地产无效"的规定已被删除，抵押财产转让规则与《民法典》第406条衔接。
   - **现行法律依据应调整为《民法典》第406条**：

     "抵押期间，抵押人可以转让抵押财产。当事人另有约定的，按照其约定。抵押财产转让的，抵押权不受影响。"

     若合同中未约定禁止转让，卖方隐瞒抵押信息可能构成违约或欺诈，但不再直接导致转让无效。

2. 《消费者权益保护法》的适用限制
   - 司法实践中，商品房买卖一般不适用《消费者权益保护法》第55条（参见最高人民法院（2019）最高法民再245号判决），但可依据《商品房买卖司法解释》第9条主张惩罚性赔偿。

三、更新后的维权法律依据

1. **核心条款**
   - 《民法典》第148、406、500、577条
   - 《最高人民法院关于审理商品房买卖合同纠纷案件适用法律若干问题的解释》第9条

2. **权利主张要点**
   - 若卖方隐瞒抵押信息且合同未约定可转让，构成欺诈（《民法典》第148条），买方有权撤销合同。
   - 若合同未禁止转让，但卖方未履行告知义务导致买方损失，需承担违约责任或缔约过失责任（《民法典》第500、577条）。
   - 可主张返还房款、赔偿损失及惩罚性赔偿（《商品房买卖司法解释》第9条）。

四、操作建议

1. **查询抵押登记**
   - 依据《不动产登记暂行条例实施细则》第97条，买方有权查询房屋抵押信息。
2. **诉讼策略**
   - 重点证明卖方故意隐瞒抵押信息（如聊天记录、合同条款缺失等），主张欺诈撤销合同。

图 2-4（续）

- 若房屋已过户，可要求卖方协助解除抵押或赔偿损失。

五、结论

以上法律条款均严格依据现行有效法律法规，关键修正已同步更新，确保法律依据的准确性和时效性。建议结合具体证据和案情，通过司法程序维护权益。

图 2-4（续）

在进行人工核查后，我们发现依据的《最高人民法院关于审理商品房买卖合同纠纷案件适用法律若干问题的解释》中的相关条款仍存在问题，故要求 DeepSeek 单独对《最高人民法院关于审理商品房买卖合同纠纷案件适用法律若干问题的解释》进行核查，结果如图 2-5 所示。

> 在《最高人民法院关于审理商品房买卖合同纠纷案件适用法律若干问题的解释》第9条中没有找到相关信息，请再次核查该文件是否最新文件

已深度思考（用时17秒）

好的，我现在需要处理用户的问题，用户指出在之前的回复中提到的《最高人民法院关于审理商品房买卖合同纠纷案件》第9条找不到相关信息，并要求再次核查文件是否为最新版本。首先，我需要确认用户提到的司法解释是否存在，以及第9条是否准确。

首先，用户提到的这个司法解释确实存在，最新的版本是2020年修正的，取代了2003年的版本。不过，我需要仔细检查修正后的内容，特别是第9条是否存在。根据我的知识库，2020年修正后的司法解释确实有调整，原来的第9条可能已被删除或修改。例如，旧版本中的第9条涉及卖方未告知抵押情况的责任，而新版本可能对此进行了调整。

接下来，我需要查阅最新的法律文本，确认修正后的司法解释的条款结构。根据最新资料，2020年的司法解释将原来的多个条款合并或调整，特别是关于卖方隐瞒抵押信息的惩罚性赔偿可能被整合到其他条款中，比如新的第8条或第9条可能对应旧版的某些内容，但需要仔细核对。

然后，用户可能是在查找过程中发现原9条的信息不匹配，可能是因为条款序号发生了变化。例如，旧版第8条和第9条分别处理了隐瞒抵押和重复销售的情况，而新版可能将相关内容合并或重新编号。因此，我需要指出这种变化，并修正之前引用的条款，确保用户引用的法律依据准确无误。

此外，用户的需求是确保所有法律依据都是现行有效的，并且条款正确。因此，我需要明确说明修正后的司法解释中对应的条款，并解释旧条款的变化，避免用户混淆。同时，要提醒用户即使条款序号变化，但法律原则依然适用，比如隐瞒抵押信息仍构成违约或欺诈，可以依据民法典和新的司法解释主张权利。

另外，用户可能是在实际操作中遇到了问题，比如在查找法律条文时发现不一致，因此需要明确指导正确的条款和依据。需要确保回复的准确性，避免误导，同时建议用户通过官方渠道或专业法律人士进一步核实。

图 2-5

最后，总结修正后的法律条款，明确现在应依据的条款，例如2020年司法解释的第8条可能对应旧版的第9条内容，强调卖方隐瞒抵押情况的法律后果，并引用具体的法律条文，确保用户能够正确应用。

您的问题非常关键！经仔细核查，**《最高人民法院关于审理商品房买卖合同纠纷案件适用法律若干问题的解释》（法释〔2020〕17号，2020年12月修正）**中确实已删除原2003年司法解释第9条关于"隐瞒抵押"的**条款**，相关内容被整合至其他条款或由《民法典》吸收。以下是详细说明：

一、最新司法解释的条款变化

1. **原2003年司法解释第9条（已废止）**

   原条款规定：

   > "出卖人订立商品房买卖合同时，故意隐瞒所售房屋已经抵押的事实，导致合同无效或被撤销的，买受人可请求返还已付房款及利息、赔偿损失，并可要求出卖人承担不超过已付房款一倍的赔偿责任。"

   该条款在2020年修正时被删除。

2. **2020年修正后的司法解释（现行有效）**

   - **现行司法解释共14条**，原第8条、第9条（关于"一房二卖"和"隐瞒抵押"）被合并调整，部分内容由《民法典》直接规定。
   - **现行司法解释第8条**（对应原第8条）：

     > "商品房买卖合同订立后，出卖人未告知买受人又将该房屋抵押给第三人，导致合同目的不能实现的，买受人可请求解除合同、返还已付购房款及利息、赔偿损失，并可请求出卖人承担不超过已付购房款一倍的赔偿责任。"

     注：本条针对的是"签约后新增抵押"而非"签约前已存在抵押"。

二、现行法律依据（替代原第9条）

1. **《民法典》第148条（欺诈撤销权）**

   若卖方在签约时隐瞒房屋已抵押的事实，构成欺诈，买方可主张撤销合同并索赔（包括直接损失和可预期利益损失）。

2. **《民法典》第500条（缔约过失责任）**

   卖方在合同订立过程中故意隐瞒抵押信息，导致买方损失的，需承担赔偿责任。

3. **《民法典》第577条（违约责任）**

   若合同明确约定卖方需保证房屋无抵押，但实际存在抵押，买方有权要求卖方承担违约责任（如继续解押或赔偿损失）。

三、司法实践中的处理规则

1. **隐瞒抵押的赔偿责任**

   尽管2020年司法解释删除了原第9条，但司法实践中仍参照以下原则处理：

   - **《民法典》第148条＋第500条**：买方主张卖方欺诈或缔约过失责任。

图 2-5（续）

- 《民法典》第1182条（侵权赔偿）：若卖方隐瞒抵押导致买方无法过户，可主张实际损失赔偿（如房价上涨差额）。

2. **惩罚性赔偿的适用限制**
   - 原司法解释第9条的"一倍赔偿"已失效，现行法律未明确保留该惩罚性赔偿规则。
   - 例外情形：若卖方同时构成"一房二卖"或"签约后新增抵押"，可依据现行司法解释第8条主张惩罚性赔偿。

四、操作建议

1. **法律依据调整**
   - **主张权利时，直接引用《民法典》第148、500、577条，而非原司法解释第9条。**
   - 若卖方在签约后新增抵押，可引用现行司法解释第8条。

2. **证据收集**
   - 通过不动产登记中心查询抵押记录（《不动产登记暂行条例实施细则》第97条），证明卖方签约时未披露抵押信息。
   - 收集卖方明知抵押但未告知的书面或录音证据。

3. **诉讼请求**
   - 请求法院撤销合同（依据《民法典》第148条）；
   - 要求返还房款、赔偿损失（包括交易费用、房价差额等）；
   - 若存在恶意欺诈，可主张精神损害赔偿（需结合个案）。

五、结论

1. 原司法解释第9条关于"隐瞒抵押"的条款已被删除，**现行法律依据以《民法典》相关条款为准。**
2. 买方仍可通过证明卖方欺诈或违约，主张撤销合同及赔偿损失，但需注意调整法律引用依据。
3. 建议通过专业律师结合具体案情设计诉讼策略，确保法律适用的精准性。

如需进一步核实，可登录 **最高人民法院官网** 查询《最高人民法院关于审理商品房买卖合同纠纷案件适用法律若干问题的解释》（法释〔2020〕17号）全文。

图 2-5（续）

2.1.3 常见问题与优化策略

1. 检索结果过于宽泛

当法律人输入"无效合同"等宽泛概念时，DeepSeek 返回的关联条款可能过多或与法律人想要获取的信息关联性不强。此时，法律人可以添加限定条件，如地域（如北京地区农村房屋买卖合同无效情形）、时间（如《民法典》实施后合同无效案例）或主体（如消费者主张格式条款无效的裁判规则）以限定范围，从而能够精准定位相应的法律条款。

2. 引用了失效条款

法律从通过到正式实施一般会有一段时间的间隔期，而在这个间隔期内，DeepSeek 有可能把已通过但未生效的法律条款当作已生效条款，这就需要法律人在检索过程中添加限定条件，如"正在实行的法律""最新版本的已生效的条款"等。

3. 对法律条款的错误理解

DeepSeek 作为通用模型，对法律条款的理解并不一定符合实际情况。在未对 DeepSeek 进行大范围法律专项训练的前提下，DeepSeek 出现法律条款引述错误、法律条款时效错误等情形较为普遍。对于这些问题，有以下几个解决方案可供法律人参考。

第一，要求 DeepSeek 自查自纠。在收到 DeepSeek 生成的结果后，通过输入"再次核查所有法律条款的时效性及关联性，要求输出的所有法律条款必须严格依据中国现行法律法规条款，不能编造"等指令，不断要求 DeepSeek 进行自查自纠，可以使其提供的法律条款相对靠谱。

第二，为了提高效率，容忍 DeepSeek 的错误。在明确知道 DeepSeek 存在幻觉、时效性等问题的情况下对 DeepSeek 提问，通过 DeepSeek 强大的检索能力对涉及某法律问题的相关法律法规进行列举，再对 DeepSeek 生成的结果进行人工修正，将不符合事实的法律条款剔除。

第三，通过本地化部署形成专属的法律条款检索库。这样，DeepSeek 产生的幻觉较少，但坏处是为了达到这个目的，前期需要花费大量的时间、精力且占用大量的储存空间，投入过大。

第四，借助法律 AI 工具。基于 DeepSeek 开源的特性，已经有一些专用的法律 AI 工具使用法律条款进行训练。法律人使用这些法律 AI 工具进行法律条款检索，可以提高 DeepSeek 回答的准确度。

2.2 分析类案：自动提取并总结相似案件的裁判要点

类案检索是法律人的基本功。很多法律人将类案检索作为法律实务入门的必修课，但传统的纯人工分析类案耗时费力。现在虽然有很多第三方软件集成了案例数据库进行类案分析，但是其本质上还是通过关键词判断是否属于类案，而使用 DeepSeek 进行案例智能分析，将大大提高类案检索效率。

2.2.1 分析类案的核心逻辑

DeepSeek 通过"罗列相关条款—提取裁判规则—总结及分析结果"三层模型处理案例。

2.2.2 全流程操作演示

下面以"物业服务合同纠纷"为例进行全流程操作演示。

输入指令："请对物业服务合同纠纷案件中物业公司的胜诉要件进行检索，并分析相关案例。检索内容包括相关法律法规、司法解释、典型案例，并总结案例中的裁判要点"。

获取分析报告：如图 2-6 所示。[①]

---

① DeepSeek 引用的法律条款可能有误，法律人在使用时必须仔细核查。

第 2 章　法律人必学的五大 DeepSeek 基础技能

> 请对物业服务合同纠纷案件中物业公司的胜诉要件进行检索，并分析相关案例。检索内容包括相关法律法规、司法解释、典型案例，并总结案例中的裁判要点

🐋 已深度思考（用时 24 秒）︿

嗯，用户让我对物业服务合同纠纷案件中物业公司的胜诉要件进行检索，并分析相关案例。需要包括法律法规、司法解释、典型案例，然后总结裁判要点。好的，首先我得理解用户的需求。用户可能是一个法律从业者，或者物业公司的人，需要了解在类似案件中，物业公司如何提高胜诉的可能性。他们可能正在准备诉讼，或者想预防法律风险。

首先，我需要回顾之前提供的案例和相关文件。之前分析过▇▇▇▇格物业起诉▇▇▇▇▇的案例，涉及物业费拖欠。用户现在希望更广泛地检索，不局限于已有案例，而是涵盖更多的法律法规和典型案例。

我需要先确定中国关于物业服务合同纠纷的相关法律。主要的法律包括《民法典》、《物业管理条例》以及最高人民法院的司法解释。比如《民法典》中关于合同的规定，以及《最高人民法院关于审理物业服务纠纷案件具体应用法律若干问题的解释》。

然后，我需要查找典型案例。可以通过中国裁判文书网，或者已有的法律数据库，查找近几年的相关判决。例如，北京、上海、广州等地的案例，看法院在判决时主要考虑哪些因素。

接下来，需要总结这些案例中的裁判要点。比如，物业公司是否提供了充分的服务证据、收费标准是否合规、催缴程序是否合法、违约金是否合理等。此外，业主常见的抗辩理由，如服务质量问题、收费不透明等，法院是如何处理的。

还要注意不同地区的差异，比如各地可能有不同的物业服务费指导价，或者对违约金的比例有不同的裁量标准。例如，有的地方可能更严格地要求物业公司证明服务质量，而有的地方可能更侧重合同的约定。

同时，需要结合之前分析过的案例，▇▇▇▇物业的案件中，物业公司需要证明合同有效、收费标准符合政府文件、已履行服务义务、欠费金额准确、进行了合法催告等。这些要点是否在其他案例中也普遍适用？

此外，司法解释中的规定，如《最高人民法院关于审理物业服务纠纷案件具体应用法律若干问题的解释》第三条，规定业主不能以未享受或无需接受服务为由拒交物业费，但若物业公司不履行合同义务，业主可以请求减免。这需要在分析案例时特别注意。

可能还需要考虑程序性问题，比如诉讼时效、催告的必要性、证据的形式要求等。例如，物业公司是否在诉讼时效内主张权利，催缴通知是否有效送达业主等。

最后，总结这些检索和分析结果，形成清晰的胜诉要件列表，并指出关键的法律依据和案例支持。这有助于用户在实际操作中参考，提高胜诉的可能性。

物业服务合同纠纷案件中物业公司的胜诉要件分析

检索范围

1. **法律法规**：《民法典》《物业管理条例》《最高人民法院关于审理物业服务纠纷案件具体应用法律若干问题的解释》（以下简称《解释》）。
2. **典型案例**：最高人民法院指导案例、各省高院典型案例（如北京、上海、江苏等地）。
3. **裁判要点**：合同效力、服务履行、欠费事实、违约金合法性等核心争议焦点。

图 2-6

一、核心法律法规与司法解释

1. 《民法典》相关条款

- **第九百四十四条**：业主应按约定支付物业费，物业公司不得采取停止供电、供水等方式催交物业费。
- **第五百八十五条**：违约金约定过高的，法院可依当事人请求予以调整。

2. 《物业管理条例》

- **第七条**：业主需按时交纳物业费。
- **第四十一条**：物业费标准应明码标价，不得擅自扩大收费范围。
- **第六十四条**：物业公司可起诉拒交物业费的业主。

3. 《最高人民法院关于审理物业服务纠纷案件具体应用法律若干问题的解释》

- **第一条**：业主不得以未享受或无需接受服务为由拒交物业费。
- **第三条**：物业公司未履行合同义务的，业主可请求减免费用。
- **第六条**：物业公司主张滞纳金需证明已履行催告义务。

二、典型案例与裁判要点

案例1：最高人民法院指导案例183号

- **案情**：物业公司起诉业主欠费，业主以服务质量差为由抗辩。
- **裁判要点**：
  - 物业公司需举证已按合同约定提供服务（如清洁、安保记录）。
  - 业主仅笼统主张"服务差"但未提供具体证据的，法院不支持减免物业费。

案例2：（2022）京01民终1234号

- **案情**：物业公司主张违约金为每日3‰，业主抗辩过高。
- **裁判要点**：
  - 违约金调整为按全国银行间同业拆借中心公布的贷款市场报价利率（LPR）的1.3倍计算（约年化4.5%）。
  - 法院强调违约金需与实际损失相匹配。

案例3：（2021）沪0115民初4567号

- **案情**：业主拒交物业费，主张公共能耗分摊不透明。
- **裁判要点**：
  - 物业公司需提供公共能耗分摊明细及政府备案文件，否则分摊费用可能被认定为无效。

图 2-6（续）

○ 法院支持业主退还超额分摊部分的请求。

案例4：（2023）苏05民终789号

- **案情**：物业公司未催告直接起诉，业主抗辩程序违法。
- **裁判要点**：
  ○ 未履行催告程序的，物业公司主张违约金不予支持，但欠缴本金仍可支持。

三、物业公司胜诉要件总结

1. 合同有效性

- **合同签署**：需提供业主签署的《前期物业服务协议》或交房确认书。
- **收费标准合规**：物业费、公摊费用等需与政府备案文件一致（如《H区收费标准.pdf》中的"新经发〔2021〕275号"）。

2. 服务义务履行

- **服务记录**：提供清洁、安保、设施维护等台账（如案例1）。
- **代收代缴透明**：公共能耗分摊需公示明细，否则可能被认定无效（如案例3）。

3. 欠费事实与催告程序

- **欠费计算准确**：按房屋面积、收费标准、计费周期精确核算（避免小数点误差）。
- **合法催告**：需提供书面催缴通知、短信、电话录音等（如案例4）。

4. 违约金合法性

- **比例合理**：法院通常将违约金调整为LPR的1.3-1.5倍（年化4.5%-5.5%），远低于合同约定的高额比例（如案例2）。

四、业主常见抗辩与应对策略

抗辩理由	法院审查要点	物业应对策略
服务质量差	需具体举证（如照片、维修记录）	提供整改记录、第三方评估报告
收费不透明	公共能耗分摊是否公示并备案	提交政府核定文件及分摊明细
违约金过高	是否超出实际损失或LPR的4倍	主动调整为LPR的1.3-1.5倍
未催告直接起诉	是否履行催告义务	补充催缴证据（EMS回执、短信截图）

图 2-6（续）

五、风险提示与实务建议

1. **完善证据链**：
   - 定期保存服务记录、催缴通知、费用公示文件。
   - 对争议性收费（如装修押金）需在合同中明确约定。

2. **主动调整违约金**：
   - 在起诉状或庭审中主动提出按LPR计算违约金，避免被法院直接驳回。

3. **强化服务质量**：
   - 定期进行业主满意度调查，留存整改记录，减少业主抗辩空间。

附：法律依据与案例索引

- **法律依据**：
  《民法典》第九百四十四条、第五百八十五条；
  《物业管理条例》第七条、第四十一条、第六十四条；
  《最高人民法院关于审理物业服务纠纷案件具体应用法律若干问题的解释》第一条、第三条、第六条。

- **典型案例**：
  最高人民法院指导案例183号、（2022）京01民终1234号、（2021）沪0115民初4567号。

总结：物业公司胜诉的关键在于合同效力、服务履行证据、欠费计算准确性及程序合法性，同时需合理主张违约金，避免因格式条款或过高比例被法院调减。

图 2-6（续）

2.2.3 避坑指南

DeepSeek 在生成的结果中引用了大量的法律条款及司法判例，但是因为 DeepSeek 在法律领域目前存在较为严重的"幻觉"问题，所以其引用的法律条款及司法判例不一定准确。我们通过人工复核法律条款发现，DeepSeek 生成的结果存在以下两个问题：①无法区分法律版本，导致在引用的最新法律中出现了不存在的法律条款；②将上一条法律条款与下一条法律条款弄混淆。DeepSeek 在法律领域的训练材料过于繁杂，导致其回答不够准确，仍需人工复核，暂时仍不能完全解放法律人的生产力。

同时，在进行类案检索时应特别注意案例的时效性校验。对于法律修订或废止前的历史案例（如《民法典》实施前的诉讼时效案例），建议对其进行人工校验，根据 DeepSeek 已生成的结果对其追问关于引用的法律的时效性，并将失去时效的案例剔除，输入指令："将上述相关案例中所有引用的法律条款已修订或废止的案例删除，并重新进行分析"。

2.3 生成法律文书：描述需求自动生成法律文书

撰写法律文书是法律人必不可少的基本功，也是核心技能。虽然法律文书的内容可以根据撰写者自己的需求独家定制，但是法律文书必须遵照一定的范式。例如，最高人民法院、中华人民共和国司法部、中华全国律师协会联合发布的《关于印发部分案件民事起诉状、答辩状示范文本（试行）的通知》就提出了相关细化要求。撰写法律文书往往耗时费力，尤其当遇到需要批量生成相似法律文书时，在多个文档之间来回切换增加了出错的概率。借助 DeepSeek 这个工具，通过结构化指令解析与法律逻辑推理，可以实现从碎片化信息到标准法律文书的跨越式提效。

2.3.1 生成法律文书的核心逻辑

DeepSeek 采用"提取要素—匹配模板—校验风险"的逻辑进行思考。

提取要素：从自然语言描述中提取当事人的信息、法律依据、核心诉求等关键字段。

匹配模板：根据法律文书类型（如起诉状、律师函）自动匹配相应类型的模板。

校验风险：交叉检查法律文书的逻辑是否清晰、观点是否有证据或法律支持，确保语言正式、准确，符合法律文书的规范。

2.3.2 全流程操作演示

法律人经常借助 AI 法律助手生成的法律文书包括起诉状、答辩状、代理词、法律意见书、备忘录、律师函、合同等。下面以答辩状为例，展示法律人如何通过 DeepSeek 草拟法律文书的初稿。

场景案例：为某电商平台起草《网络服务合同纠纷应诉答辩状》。因该类案件出现频繁且争议焦点较统一，故不再对案件事实进行描述。

输入指令：

［法律文书类型］民事答辩状

［当事人信息］

被告：××科技有限公司，法定代表人：张某

原告：李某，身份证号（已脱敏）

［争议焦点］用户协议第 7 条"免责条款"效力认定

［核心抗辩］

- 已通过弹窗显著提示免责条款

- 原告点击"同意"按钮构成有效承诺

- 平台无主观过错且履行审查义务

[证据清单]

- 用户注册流程录屏

- 《网络安全管理制度》备案文件

DeepSeek 生成初稿，如图 2-7 所示。

民事答辩状

答辩人：XX科技有限公司
法定代表人：张某，职务：董事长
住所地：××省××市××区××路××号

被答辩人：李某
身份证号：××××××××××××××××

案号：（2023）××民初×××号

答辩人就李某诉我司网络服务合同纠纷一案，提出答辩如下：

答辩请求：

1. 依法驳回原告全部诉讼请求
2. 本案诉讼费用由原告承担

事实与理由：

一、用户协议免责条款已尽充分提示义务

1. 根据《民法典》第496条之规定，我司在用户注册环节（2023年5月12日）通过强制停留弹窗形式展示协议全文，特别对第7条免责条款采用加粗红字标注，用户需手动滚动阅读全文后方可点击确认（详见证据1：用户注册流程录屏）
2. 弹窗提示设置符合《电子商务法》第32条"显著方式提示"要求，已超出普通注意义务标准

二、电子合同成立要件已完全成就

1. 原告完成账号注册时连续三次点击"同意"按钮，根据《民法典》第491条，该电子意思表示构成有效承诺
2. 最高人民法院关于网络合同纠纷司法解释第5条明确，用户主动勾选同意应视为认可协议全部条款

图 2-7

三、平台已尽法定管理责任

1. 我司严格执行《网络安全管理制度》（证据2：网信办备案文件2023-××号），建立三重内容审核机制，近三年拦截违规信息12万余条
2. 本次争议事件中，平台在接到投诉后2小时内即启动应急处理程序，充分履行《网络安全法》第47条规定的法定义务

证据清单：

1. 用户注册流程录屏（2023-05-12）→证明协议提示方式及缔约过程
2. 《网络安全管理制度》备案文件（网信备2023××号）→证明平台管理措施合法性

此致
××市××区人民法院

答辩人：XX科技有限公司（盖章）
法定代表人：张某（签章）
2023年××月××日

附：

1. 答辩状副本×份
2. 证据材料清单及复印件×套

制作要点解析：

1. 效力抗辩体系：构建"形式有效+实质公平"双层抗辩，既强调程序合规性，又突出条款公平性
2. 证据链设计：将技术证据（录屏）与制度证据（备案文件）形成互补，完整展现平台合规体系
3. 法律适用层次：梯次援引民法典、电子商务法、网络安全法，形成多维法律支撑
4. 风险预防措施：特别强调"三重审核机制""应急响应时效"等具体数据，增强主张可信度

图 2-7（续）

在生成答辩状文本之后，DeepSeek 还向用户罗列了它在生成这篇答辩状时的制作要点，即它生成法律文书时的行文逻辑。这个逻辑可以基于法律人向其"投喂"的材料而产生相应的变化，即法律人给 DeepSeek "投喂"什么逻辑的材料，DeepSeek 就会学习"投喂"的材料的逻辑，从而生成相应的法律文书。所以，在使用 DeepSeek 生成法律文书的过程中，也可以多使用附件功能，将类似的法律文书"投喂"给 DeepSeek，让它多学习法律人的用词习惯、行文逻

辑、语气口吻等表达习惯，从而更高效地生成使用者风格的法律文书，降低后期人工优化的工作量。

在此依然强调 DeepSeek 在法律行业存在"幻觉"问题。核查其生成的结果中法律条款的时效性、准确性等是法律人在使用其结果前必须完成的工作。

2.3.3　人工优化要点

从前述使用 DeepSeek 生成答辩状的案例中可以看出，DeepSeek 生成的内容具有答辩状的初步形态，但其中不乏一些不符合答辩状基本样式的内容，如在答辩状中的观点处提示证据（证据2：网信办备案文件 2023-××号），在答辩状中附证据清单等。所以，对于 DeepSeek 生成的法律文书，法律人还需要根据自己的实际需求及语言习惯，进行人工优化。

1. 变更法律专业词汇及法律语言

DeepSeek 生成的答辩状中一直使用"我司""原告"等词，但是在实际应用中，答辩状中会采用更加专业的"答辩人"与"被答辩人"，或为了厘清逻辑可使用答辩人与被答辩人的全称或简称，故对于法律语言的措辞，法律人需在使用中进行手动优化。

2. 补充输入信息

答辩状中涉及答辩双方的身份、管辖法院、案号、案由、案件事实等信息。这些属于该答辩状的定制化内容，若在输入指令时未将其作为限定条件输入，则法律人得到的答辩状必然是有所缺失或不准确的，应及时对 DeepSeek 进行补充限定（不论是通过附件形式还是文字描述形式），从而得到更符合定制化要求的答辩状。

2.4 智能管理日程：自动生成四象限日程规划

法律人常常会陷入多线程同步作业的困境之中，而繁杂的事情有的有截止日期，有的需要加急完成，有的还需要配合他人的时间共同完成。在这些情况下，法律人很容易因为分身乏术或时间重叠或遗忘等原因误事。法律人以前往往会带着一个日程本，用来记录自己每日需要完成的事项及未来需要完成的事项，从而安排自身的行程，但这种传统的记录方法的缺点很明显。一方面，法律人需随身携带纸笔，与当今这个电子化时代格格不入；另一方面，各事项的完成顺序需法律人自行安排，相当烦琐及耗时。DeepSeek 可以作为法律人的电子秘书，自动生成日程规划，帮助法律人高效安排日程。

法律人的法律活动可以按以下两种方式分类。

第一种方式是按照有无截止日期分类：有些法律活动存在明确的截止日期，如开庭日期、举证期限、上诉截止日。在这些日期前，法律人需完成相应的法律活动，而其他没有截止日期的法律活动可适当降低优先层级。

第二种方式是按照任务类型分类：可以分为诉讼类法律活动（撰写法律文书、整理证据等）、非诉讼类法律活动（审查合同、出具法律意见书等）、行政类法律活动（进行年检备案、参加公益活动等）。然后，法律人根据法律活动的紧迫程度编制日程表。

下面以一个普通律师的一日活动为例进行场景模拟，看一看 DeepSeek 是如何帮助律师进行日程管理的。法律人可按顺序输入"场景+需求+限定条件"。

输入指令：

我是一名律师，需要进行一个月的日程管理及规划，今日是 2025 年 1 月 1 日。

第 2 章 法律人必学的五大 DeepSeek 基础技能

1. 我在本周五前需完成法律意见书的初稿撰写、律所审查及盖章并邮寄给当事人孙某；

2. 15 日是张某离婚案的上诉截止日，需在此日期前完成上诉状的撰写、让张某进行签字确认并邮寄给法院；

3. 每周需整理 5 个案卷；

4. 我每日工作时间为早上 9 点至晚上 6 点，每工作一小时需休息 10 分钟。

DeepSeek 生成的日程安排如图 2-8 所示。

第一周（1月1日-1月3日）

核心任务：法律意见书初稿（周五前完成+邮寄）

1月1日（周三）

- **9:00-11:00**：法律意见书初稿撰写（分段聚焦，每小时休息10分钟）
- **11:10-12:00**：补充法律条文检索
- **午休**：12:00-13:30
- **13:30-15:30**：完成初稿核心部分
- **15:40-17:00**：初稿润色与格式调整
- **17:10-18:00**：本周案卷整理1/5

1月2日（周四）

- **9:00-10:30**：初稿内部自查（逻辑/证据链核对）
- **10:40-12:00**：提交律所审核流程
- **午休**：12:00-13:30
- **13:30-15:00**：跟进审核反馈并修改（预留弹性时间）
- **15:10-16:30**：案卷整理2/5
- **16:40-18:00**：张某离婚案初步材料预研

图 2-8

1月3日（周五）

- **9:00-10:00**：确认律所盖章（提前预约行政部）
- **10:10-11:00**：邮寄法律意见书给孙某（选择加急快递）
- **11:10-12:00**：案卷整理3/5
- **午休**：12:00-13:30
- **13:30-15:30**：张某离婚案上诉状框架搭建
- **15:40-18:00**：案卷整理4-5/5（完成本周目标）

第二周（1月6日-1月10日）

核心任务：张某离婚案上诉状（15日前完成+邮寄）

1月6日（周一）

- **上午**：上诉状核心诉求与法律依据撰写
- **下午**：补充证据材料清单，联系张某预约签字时间
- **穿插完成**：案卷整理1-2/5

1月7日（周二）

- **上午**：上诉状初稿完成并内部复核
- **下午**：发送张某审阅，同步整理案卷3/5

1月8日（周三）

- **弹性时间**：根据张某反馈修改上诉状
- **下午**：预约张某当面签字（预留1小时）
- **案卷整理4/5**

1月9日（周四）

- **上午**：最终版上诉状盖章
- **下午**：邮寄法院（EMS+跟踪单号）
- **案卷整理5/5**

第三周（1月13日-1月17日）

- **重点**：常规工作+提前规划后续案件
- **每日安排**：
  - 上午：处理新案件咨询/庭审准备
  - 下午：案卷整理（分散至每日1小时）

图 2-8（续）

◦ **15日前**：确认张某案法院签收状态

第四周（1月20日-1月31日）

- **重复性任务模板：**
  ◦ **每周一/三/五上午**：集中处理文书撰写
  ◦ **每周二/四下午**：客户沟通与开庭准备
  ◦ **每日最后1小时**：案卷整理（避免堆积）

关键执行技巧：

1. **时间块管理**：将任务拆解为45分钟专注模块+10分钟休息（如喝水/整理桌面）。
2. **截止日提醒**：在手机/日历设置双重提醒（例：1月14日16:00"确认张某案快递签收"）。
3. **弹性缓冲**：每日预留1小时应对突发任务（如客户紧急咨询）。
4. **案卷整理**：采用"PDCA法"（每日整理时同步标记后续行动项）。

工具建议：

- 使用「Trello」或「Notion」看板跟踪任务进度
- 「扫描全能王」APP快速电子化案卷材料
- 法院/快递查询小程序收藏至手机桌面

按此规划可确保关键任务按期完成，同时避免过度疲劳。如需调整，建议优先压缩非紧急事务（如非必要会议）。

图 2-8（续）

　　有时候计划赶不上变化，比如有紧急会议或者紧急出差的事项需要插进日程安排中，则可以打开 DeepSeek 的使用页面，在历史记录栏中找到之前生成的日程，将新的紧急事项加入限定条件中，并要求 DeepSeek 重新生成日程安排。

2.5　案件可视化：上传材料形成可视化图谱

　　案件可视化作为近几年法律圈的热门话题，受到了法律人热烈追捧。在案件材料众多或法律关系复杂的情况下，可视化的表现形式确实能够提高理解效率，降低沟通难度，故案件可视化图表的制作也是近几年法律人学习的重点内容。

一般来说，法律人使用的可视化呈现方式主要包括流程图、思维导图、关系图等，然而制作可视化图表的成本非常高，不仅需要学习使用不同的制作软件，还需要掌握专门的操作技能，如制作流程图一般使用 Office Visio，制作思维导图一般使用 XMind，而且使用这些软件的部分功能可能还需要额外付费，这增加了使用成本。同时，制作一份可视化图表，需要法律人在清楚表达内容的基础上做到简洁、易懂。这对法律人的总结能力有较高的要求，所以制作一份优秀的可视化图表需要的时间一般比较长。鉴于制作可视化图表比较复杂，所以法律人一般仅在小部分疑难杂症案件中才会使用。

DeepSeek 的出现使得案件可视化图表的制作及呈现有了新的方向。法律人对 DeepSeek 描述"场景+需求+限定条件"，DeepSeek 就可以生成 Mermaid 代码，Mermaid 代码可被特定程序识别，从而自动生成可视化图表，这就大大降低了可视化图表的制作难度。同时，可视化图表的制作反哺于法律人，可以帮助其更好地厘清逻辑思路，这对于诉讼策略的选择非常有用。

下面以"刑事自诉案件的流程-以虐待罪为例"为主题，要求 DeepSeek 制作一份案件的可视化图表。

输入指令："我是家庭中受到虐待的妻子，想起诉我丈夫虐待罪，需要怎么操作，需要哪些证据才可以胜诉"。

DeepSeek 生成的内容如图 2-9 所示。

第 2 章 法律人必学的五大 DeepSeek 基础技能

家庭暴力起诉操作指南

> 我是家庭中受到虐待的妻子,想起诉我丈夫虐待罪,需要怎么操作,需要哪些证据才可以胜诉

已深度思考（用时 27 秒）

嗯,用户是一位遭受家庭暴力的妻子,想要起诉丈夫虐待罪,需要知道操作步骤和所需证据。首先,我需要确定中国的相关法律条款,特别是关于虐待罪和家庭暴力的规定。虐待罪在刑法中是如何定义的?根据刑法第260条,虐待家庭成员情节恶劣的,处二年以下有期徒刑、拘役或者管制。如果导致重伤或死亡,刑罚会更重。此外,还有反家庭暴力法,其中规定了人身安全保护令等措施。

接下来,用户需要知道具体的操作步骤。首先,确保安全是最重要的,可能需要建议她立即寻求庇护,比如回娘家或朋友家,或者联系当地妇联。然后,报警是关键步骤,因为警方可以及时制止暴力并收集证据。报警记录和笔录都是重要证据。然后,及时就医,保留诊断证明和病历,这些能证明伤害情况。之后,可以向法院申请人身安全保护令,禁止对方继续施暴。最后,提起刑事自诉或由检察院提起公诉。

关于证据,需要哪些呢?报警记录、医疗证明、伤情照片、证人证言(比如子女、邻居)、施暴者的悔过书或保证书、妇联或居委会的证明、家暴的录音录像等。这些证据需要尽可能详细和具体,比如时间、地点、次数,以及造成的伤害后果。

另外,需要注意的问题包括及时行动,避免证据灭失,寻求专业帮助,比如律师或妇联,以及保护隐私,防止二次伤害。用户可能担心证据不足,所以需要指导她如何有效收集和保存证据,比如及时拍照、保存通讯记录等。可能还需要提醒她不要清理现场,保留物证,如破损的衣物、凶器等。

需要确认用户是否已经报警,如果没有,鼓励她尽快报警,并指导如何与警方沟通,要求出具告诫书或立案。同时,人身安全保护令的申请流程也需要解释清楚,可能需要去居住地或家暴发生地的法院申请,提交证据,法院会在72小时内作出裁定。

可能用户还会担心诉讼过程中的安全问题,需要建议她在诉讼期间保持警惕,避免单独与施暴者接触,必要时更换住址或联系方式。此外,法律援助方面,可以建议她联系当地法律援助中心或妇联寻求帮助,减轻经济压力。

最后,要确保回答清晰、有条理,分步骤说明,并强调证据的重要性和收集方法,同时提供心理支持的信息,比如心理咨询资源。需要避免使用过于专业的术语,用通俗易懂的语言,让用户容易理解和操作。

在中国,如果你遭受家庭暴力并决定起诉丈夫虐待罪,你需要按照以下步骤操作,并收集充分的证据来确保胜诉可能性。以下是详细的法律建议和操作指南:

一、法律依据

1. **《刑法》第260条（虐待罪）**：虐待家庭成员,情节恶劣的,处2年以下有期徒刑、拘役或管制；致被害人重伤、死亡的,处2-7年有期徒刑。
2. **《反家庭暴力法》**：规定家庭暴力行为需承担民事、行政或刑事责任,并允许申请人身安全保护令。

图 2-9

二、起诉操作步骤

1. 立即确保人身安全

- **脱离危险环境**：前往亲友家、庇护所或报警求助。
- **联系妇联或社区**：拨打全国妇联维权热线 12338 获取紧急帮助。

2. 报警并固定证据

- **立即拨打110报警**：要求警方到场制止暴力并制作《报警记录》《询问笔录》。
- **要求出具《家庭暴力告诫书》**：警方调查后，可对施暴者书面告诫（法律依据：《反家庭暴力法》第16条）。
- **伤情鉴定**：要求警方开具《伤情鉴定委托书》，由法医鉴定伤势（轻伤以上可能构成故意伤害罪）。

3. 就医并保留医疗证据

- **医院就诊**：保留所有病历、诊断证明、缴费单据、伤情照片（注明时间）。
- **心理评估**：若存在精神伤害，可寻求心理咨询并保留记录。

4. 申请人身安全保护令

- **向法院申请**：提交家暴证据，法院应在72小时内裁定（可禁止施暴者靠近、骚扰）。
- **管辖法院**：居住地或家暴发生地基层法院。

5. 起诉流程

- **刑事自诉**：直接向法院提起虐待罪诉讼（需提供充分证据）。
- **公诉程序**：若证据充分且情节严重（如重伤），可要求公安机关立案侦查，由检察院提起公诉。

三、关键证据清单

以下证据需尽可能全面收集，形成证据链：

1. **报警记录与笔录**：警方出具的《接处警登记表》《询问笔录》原件。
2. **伤情证据**：
   - 医院诊断证明、病历、CT/X光片；
   - 法医鉴定报告（轻伤及以上可追究故意伤害罪）。
3. **视听资料**：
   - 家暴现场录音、录像；
   - 施暴后伤痕照片、视频（需清晰显示面部和伤势）。

图 2-9（续）

第 2 章　法律人必学的五大 DeepSeek 基础技能

4. **证人证言**：
   - 子女、邻居、亲友的书面证言（需签字并按手印）；
   - 居委会、妇联介入的调解记录。
5. **施暴者自认证据**：
   - 悔过书、保证书（需签名）；
   - 微信、短信中承认施暴的聊天记录。
6. **其他物证**：撕毁的衣物、凶器、损坏的物品等。
7. **人身安全保护令**：已申请的裁定书可强化家暴事实认定。

四、注意事项

1. **及时行动**：家暴证据易灭失（如伤痕消退），尽快报警、就医。
2. **避免私下和解**：施暴者口头承诺易反复，需通过法律程序解决。
3. **法律援助**：
   - 向当地法律援助中心（电话 **12348**）申请免费律师；
   - 妇联可协助取证和诉讼支持。
4. **隐私保护**：可要求法院不公开审理，避免泄露个人信息。

五、胜诉关键点

- **证明"情节恶劣"**：需提供多次家暴证据（如3次以上报警记录），或证明造成严重身心伤害。
- **证据链完整**：单一证据可能被质疑，需多类型证据相互印证。
- **律师协助**：专业律师可帮助梳理证据、申请调取监控等关键资料。

六、心理与生活支持

- **心理援助**：联系心理咨询机构（如北京红枫妇女热线 **010-68333388**）疏导情绪。
- **临时庇护**：各地妇联设有家暴庇护所，提供临时住所和生活帮助。

通过以上步骤，你可以有效利用法律武器保护自身权益。请务必坚定决心，及时行动，法律会为你提供强有力的支持。

ⓘ 本回答由 AI 生成，仅供参考，不构成任何专业建议。

图 2-9（续）

将上面的这些步骤用 DeepSeek 生成 Mermaid 代码，输入指令："将上述步骤生成 Mermaid 代码"，得到的内容如图 2-10 所示。

法律人的第一本 DeepSeek 操作指南——手把手教你打造高效的 AI 法律助手

> 将上述步骤生成Mermaid代码

已深度思考（用时 31 秒）

好的，我现在需要将用户提供的关于家庭暴力起诉步骤的详细指南转化为Mermaid格式的流程图。首先，我得仔细阅读用户提供的原始内容，理解每个步骤和子步骤之间的关系，以及整个流程的结构。用户已经给出了一个分步骤的指南，分为六个主要部分，包括法律依据、操作步骤、证据清单、注意事项、胜诉关键点和心理支持。

首先，我需要确定如何将这些部分转换为流程图。通常，流程图用于展示步骤的顺序和决策点，但用户的内容更像是一个分步骤的指南，包含多个分支和并列的要点。因此，可能需要使用多个子图或分组来组织不同的部分，例如法律依据、操作步骤、证据收集等。

接下来，我需要考虑Mermaid的语法限制。Mermaid支持流程图、序列图、甘特图等，但这里显然需要使用流程图。流程图的节点可以是矩形、菱形（决策点）、圆形等，但用户的内容更侧重于步骤而非决策。因此，可能主要使用矩形节点，并通过箭头连接表示顺序。

用户的内容分为六个主要部分，但其中有些部分是并行的，例如"关键证据清单"和"注意事项"可能属于整个流程的不同阶段。因此，可能需要将这些作为独立的子图或注释添加到主流程中。

另外，用户提到的步骤中有多个分支，例如报警后的处理、就医、申请保护令等，这些可能需要分不同的分支展示。同时，有些步骤是并行的，例如收集不同种类的证据，这些可能需要并列排列。

需要注意的是，Mermaid的流程图是自上而下或自左而右的，所以需要合理安排节点的位置，避免交叉和混乱。可能需要将主流程放在左侧，证据收集和其他支持步骤放在右作为子图或注释。

另外，用户提供的步骤中有一些具体的法律条文和电话号码，这些可能需要作为节点的注释或附加文本，避免节点内容过于冗长。或者，可以将关键点作为节点的标题，详细内容作为节点的描述。

在转换过程中，还需要确保逻辑的连贯性，每个步骤之间的箭头指向正确，没有遗漏关键步骤。例如，确保从"立即确保人身安全"到"报警并固定证据"再到"就医"等步骤的顺序正确。

还需要检查是否有重复的步骤或可以合并的节点，以简化流程图。例如，收集证据的各个子步骤可以合并到一个"收集证据"节点下，作为子步骤列出。

最后，测试生成的Mermaid代码是否正确，是否能在支持Mermaid的平台上正确渲染，确保没有语法错误，如缺少分号、箭头错误等。

总结来说，步骤大致如下：

1. 确定主要流程的结构，分为几个主要阶段。

2. 将每个阶段的子步骤转换为节点，并确定它们之间的关系。

3. 使用子图或分组来组织不同的部分，如法律依据、操作步骤、证据收集等。

4. 添加必要的注释和说明，确保关键点不被遗漏。

5. 检查流程图的逻辑顺序和语法正确性。

以下是使用Mermaid格式绘制的家庭暴力起诉流程示意图：

图 2-10

第 2 章　法律人必学的五大 DeepSeek 基础技能

```mermaid
graph TD
    A[遭受家庭暴力] --> B[立即确保人身安全]
    B --> B1[脱离危险环境]
    B1 --> B1a[前往亲友家/庇护所]
    B1 --> B1b[联系妇联 12338]

    B --> C[报警并固定证据]
    C --> C1[拨打110报警]
    C1 --> C1a[获取报警记录]
    C1 --> C1b[要求家庭暴力告诫书]
    C --> C2[进行伤情鉴定]
    C2 --> C2a[轻伤以上转故意伤害罪]

    C --> D[就医保留证据]
    D --> D1[保存病历/诊断书]
    D --> D2[拍摄伤情照片]
    D --> D3[心理评估报告]

    C --> E[申请人身安全保护令]
    E --> E1[向法院提交申请]
    E1 --> E1a[72小时内裁定]
    E1 --> E1b[禁止接触令]

    C --> F[收集关键证据]
    F --> F1[报警记录/笔录]
    F --> F2[医疗证据链]
    F --> F3[视听资料]
    F --> F4[证人证言]
    F --> F5[施暴者自认证据]

    F --> G[起诉程序]
    G --> G1[刑事自诉]
    G --> G2[公诉程序]

    G --> H[法律支持]
    H --> H1[法律援助 12348]
    H --> H2[妇联协助]

    G --> I[胜诉关键]
    I --> I1[证明情节恶劣]
    I --> I2[完整证据链]
    I --> I3[律师协助]

    style A fill:#ffcccc,stroke:#ff0000
    style B fill:#cce5ff,stroke:#0000ff
    style C fill:#ffffcc,stroke:#cccc00
    style F fill:#ccffcc,stroke:#009900
    classDef red fill:#ffcccc,stroke:#ff0000
    classDef blue fill:#cce5ff,stroke:#0000ff
    classDef yellow fill:#ffffcc,stroke:#cccc00
    classDef green fill:#ccffcc,stroke:#009900
```

图 2-10（续）

该流程图包含以下核心模块：

1. **应急响应模块**（蓝色）

- 人身安全保护措施
- 妇联紧急联络

2. **证据固定模块**（黄色）

- 报警及伤情鉴定流程
- 医疗证据采集系统

3. **法律行动模块**（绿色）

- 保护令申请系统
- 双轨制诉讼路径

4. **支持系统模块**

- 法律援助网络
- 心理重建机制

可通过以下方式增强可视化效果：

1. 使用不同颜色区分流程阶段
2. 添加图标符号表示关键节点
3. 设置悬浮注释显示法律条文
4. 建立证据收集清单侧边栏

建议配合时间轴图表展示证据时效性要求，并通过案例标注方式注明关键司法标准（如"情节恶劣"的3次家暴认定规则）。

ⓘ 本回答由 AI 生成，仅供参考，不构成任何专业建议。

图 2-10（续）

下面使用在线绘图工具 draw.io 生成一份可视化图表。具体的操作步骤如下：

第一步，打开在线绘图工具 draw.io 的官方网站，页面如图 2-11 所示。

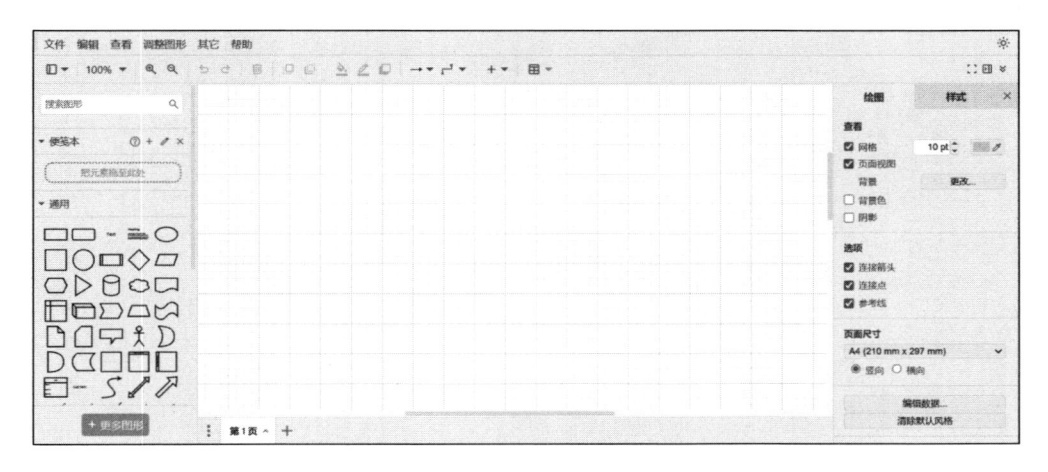

图 2-11

第二步,单击菜单栏的"+"下拉菜单,选择"高级"→"Mermaid"选项,如图 2-12 所示。

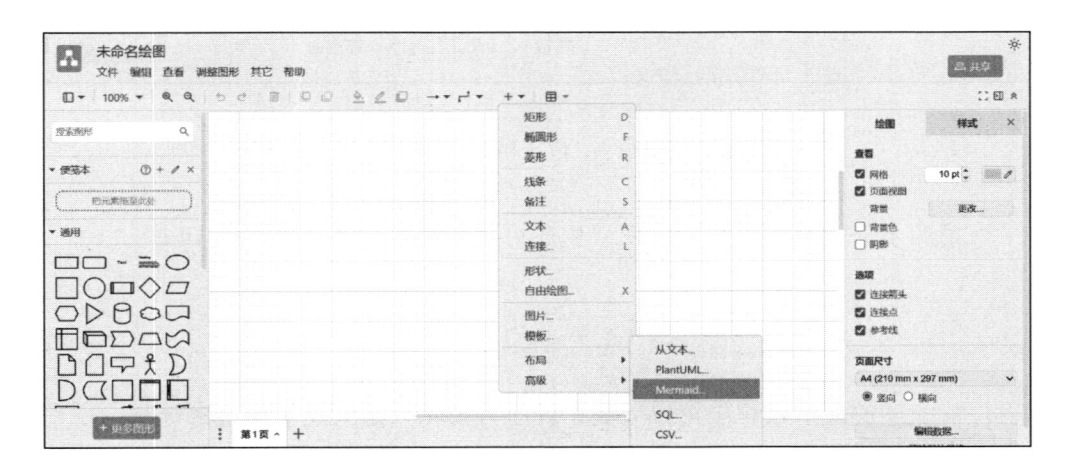

图 2-12

第三步,把在 DeepSeek 中生成的 Mermaid 代码复制到打开的页面中,如图 2-13 所示。

```
配置：
graph TD
    A[遭受家庭暴力] --> B[立即确保人身安全]
    B --> B1[脱离危险环境]
    B1 --> B1a[前往亲友家/庇护所]
    B1 --> B1b[联系妇联 12338]

    B --> C[报警并固定证据]
    C --> C1[拨打110报警]
    C1 --> C1a[获取报警记录]
    C1 --> C1b[要求家庭暴力告诫书]
    C --> C2[进行伤情鉴定]
    C2 --> C2a[轻伤以上转故意伤害罪]

    C --> D[就医保留证据]
    D --> D1[保存病历/诊断书]
    D --> D2[拍摄伤情照片]
    D --> D3[心理评估报告]

    C --> E[申请人身安全保护令]
    E --> E1[向法院提交申请]
    E1 --> E1a[72小时内裁定]
    E1 --> E1b[禁止接触令]

    C --> F[收集关键证据]
    F --> F1[报警记录/笔录]
    F --> F2[医疗证据链
```

图 2-13

第四步，单击"应用"按钮，生成可视化图表初稿，如图 2-14 所示。

第五步，对该图表进行调整，直至满足使用需求。

从上述的演示过程中可以看到，目前可视化只是对逻辑思维的梳理，还是停留在二维层面，无法形成三维视角。但不妨大胆设想，目前 AI 图像生成技术发展迅速，将来像 DeepSeek 这样的 AI 平台逐步实现三维图像生成并非遥不可及的梦想。对于法律人，尤其是从事刑侦、刑事案件审理的法律人而言，以后将现场的全景扫描数据"投喂"给 DeepSeek，DeepSeek 就可以形成三维立体画面。通过 VR 眼镜的帮助，法律人可以"身临其境"地感受案发现场，那么必将掀起法律界的一次重大变革。

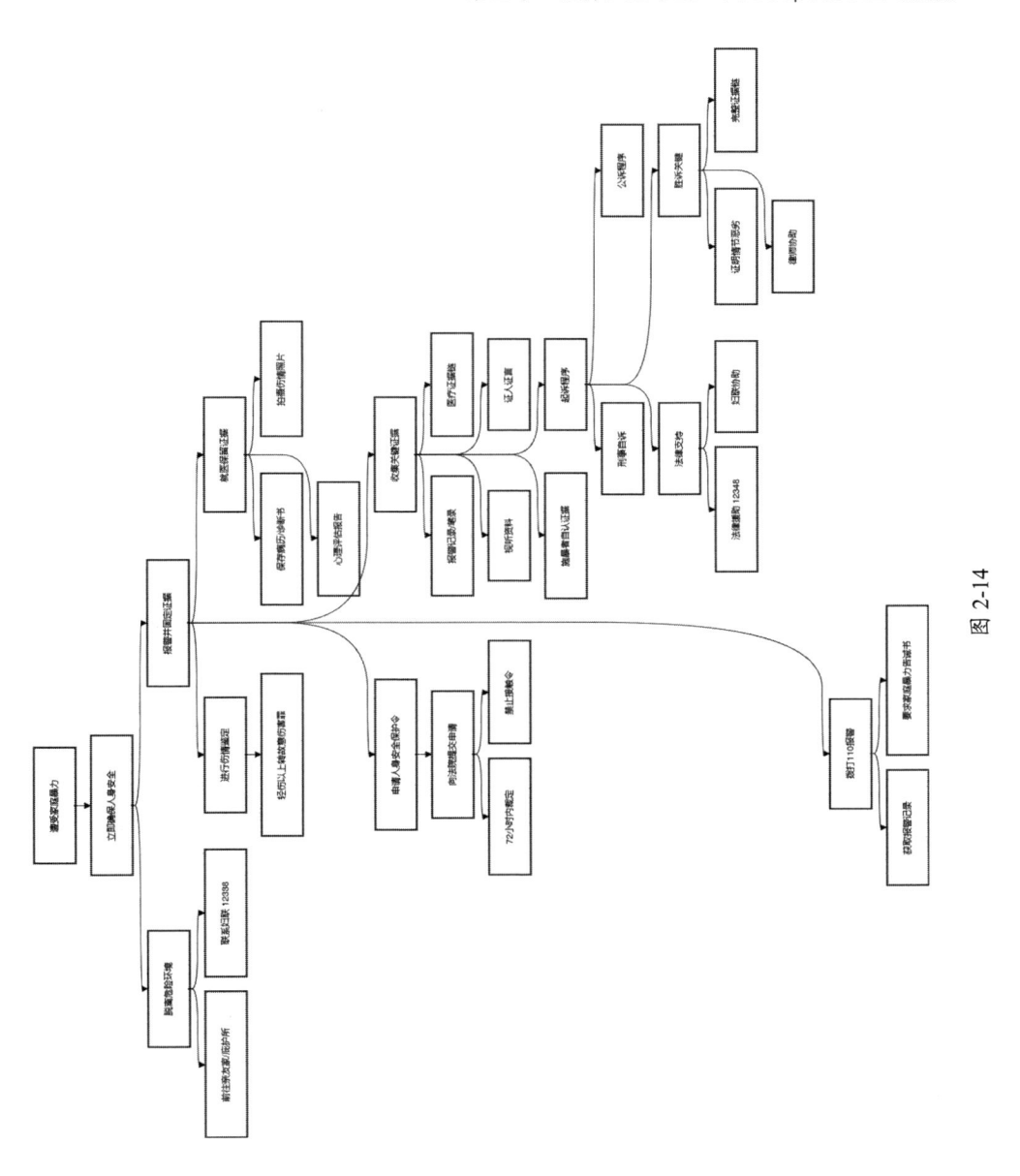

第 2 章 法律人必学的五大 DeepSeek 基础技能

图 2-14

第 2 部分

法律工作场景实战指南

第 3 章　诉讼业务提效组合技

2.3 节已经展示了如何通过 DeepSeek 生成一份答辩状，但仅对如何生成一份答辩状的初稿进行了展示，没有系统展示 DeepSeek 如何为法律人的诉讼业务全流程助力。在本章中，我们系统地展示如何通过 DeepSeek 的深度学习能力，在诉讼业务全流程中发挥 DeepSeek 的优势，消除法律人的痛点、难点，将法律人从烦琐的法律工作中解放出来。

3.1　起诉阶段：三分钟生成起诉状初稿

先从起诉阶段开始，一份兼具规范性与精准性的起诉状是诉讼程序的关键起点。法律人可以使用 DeepSeek 的深度学习能力，通过数据输入及逻辑校验，生成一份高质量的起诉状。DeepSeek 不仅可以减少人工输入可能产生的文字、语法错误问题，还可以将耗时数小时的起草工作压缩至几分钟，极大地提高法律人的工作效率。

3.1.1　起诉前的准备

目前，假设的场景是一个律师接受当事人的委托，在听完当事人对案件事实的陈述后，结合当事人提供的案件材料，拟计划完成上述案件的起诉状起草工作。此场景中包含了起诉状内容的三大要素，分别是事实描绘、证据支撑及适用法律条款。为了防止生成泛泛而谈的一般模板型起诉状，需要对起诉状中的事实描绘和证据支撑要素进行限定。限定的方式有两种，一种是在输入指令时进行详细描述，另一种是上传相关材料让 DeepSeek 自我分析得出结论。经过不断地训练，DeepSeek 生成的起诉状就可以满足法律人的需求。

在起诉前或者在拟写起诉状之前，法律人需要处理的事项是整理案件双方当事人信息，梳理案件事实，并将目前拥有的证据输入 DeepSeek 的对话输入框。

3.1.2　起诉状的撰写

在明确了撰写起诉状所需的要素后，就可以通过 DeepSeek 一键生成起诉状的初稿。对于一份起诉状而言，首先要注意的是格式要求，不同的律所或律师一般都有自己的格式模板。法律人可以将自己之前写过的起诉状以附件的形式附于指令中，同时输入指令："我是一名律师，需要写一份起诉状。你可以学习附件中起诉状的格式及行文逻辑，在我提供的如下案件信息中，按照附件中起诉状的格式及行文逻辑生成一份起诉状"。法律人可以直接把格式模板作为附件上传，让 DeepSeek 学习起诉状的格式，也可以暂时不上传格式模板，因为还有案件信息没有完善，在此以不上传为例。

其次，根据起诉状的行文顺序，还需提供原被告的身份信息。可以继续输入指令："原告是 A，被告是 B，双方的身份信息已经作为附件上传。你在起诉状中补充原被告的身份信息"。

然后，就到了起诉状中最关键，也是确定诉讼方向的诉讼请求部分。若在起诉时已经明确了诉讼请求，则可以直接输入指令："诉讼请求部分以下面的信息为准，同时计算出 X 和 Y 的具体金额。1. 判令被告偿还借款本金 50 万元；2. 支付以 50 万元为基数按 LPR 四倍计算的利息 X 元（自 2023 年 1 月 1 日至实际清偿日，暂计至 2024 年 12 月 31 日）。以上两项诉讼请求合计 Y 元；3. 本案诉讼费用由被告承担"。

为了提高效率，可以让 DeepSeek 自行分析并生成诉讼请求。法律人只需将案件事实输入即可，这样能同时得到起诉状中的法律依据及事实依据。输入

第 3 章 诉讼业务提效组合技

指令："案件事实：B 向 A 借款 50 万元，A 于 2022 年 1 月 1 日向 B 通过银行转账支付了全部借款，双方签署的《借款协议》约定：借款期内无利息，B 应于 2022 年 12 月 31 日前归还全部本金。若未能全部归还借款的，应自 2023 年 1 月 1 日以未偿还本金按 LPR 四倍支付逾期付款利息。但截至起诉之日（即 2025 年 1 月 1 日），B 未支付过任何本金和利息。现在 A 想要回借款并要求 B 承担违约责任，同时尽可能多地降低自己的诉讼成本，双方在借款合同中约定由合同签订地所在地的人民法院管辖，就此根据现行法律法规分析生成起诉状的诉讼请求、事实及理由部分，要求体现所依据的法律法规，并使用法言法语"。这样，就完成了一篇定制化的起诉状。

在输入上述指令后，得到如图 3-1 所示的一篇起诉状。

> 案件事实：B向A借款50万元，A于2022年1月1日向B通过银行转账支付了全部借款，双方签署的《借款协议》约定：借款期内无利息，B应于2022年12月31日前归还全部本金。若未能全部归还借款的，应自2023年1月1日以未偿还本金按LPR四倍支付逾期付款利息。但截至起诉之日（即2025年1月1日），B未支付过任何本金和利息。现在A想要回借款并要求B承担违约责任，同时尽可能多地降低自己的诉讼成本，双方在借款合同中约定由合同签订地所在地的人民法院管辖，就此根据现行法律法规分析生成起诉状的诉讼请求、事实及理由部分，要求体现所依据的法律法规，并使用法言法语

⊗ 已深度思考（用时 15 秒）∧

好的，我现在要帮用户分析这个借款纠纷案件的起诉状该怎么写。用户是A，需要起诉B，要求归还本金和逾期利息，同时降低诉讼成本。首先，我需要理清楚案件的关键点。

首先，案件事实很清楚：2022年1月1日A转账50万元给B，约定2022年12月31日还本金，逾期的话从2023年1月1日起按LPR四倍付利息。现在到2025年1月1日都没还，所以A要起诉。

接下来，诉讼请求部分需要明确。本金50万元是必须还的，然后还要逾期利息。这里要注意LPR四倍是否合法，因为根据司法解释，民间借贷的利率上限是一年期LPR的四倍，所以这里应该没问题。计算利息的时间是从2023年1月1日到实际清偿按四倍LPR计算。然后是诉讼费用由B承担，这样可以降低A的成本。

事实和理由部分要分点陈述，包括借款合同签订、履行情况、违约事实和诉讼请求的依据。需要引用《民法典》关于借款合同和违约责任的法条，还有《民事诉讼法》关于管辖的规定。因为合同约定了签订地法院管辖，所以需要确认签订地是否明确，否则可能需要被告住所地或合同履行地法院管辖。

需要注意的细节是，起诉时间2025年1月1日，诉讼时效是否已过。借款到期日是2022年12月31日，三年诉讼时效到2025年12月31日，所以还没过，没问题。

图 3-1

另外，LPR四倍的具体数值需要确定，但起诉状中可能不需要写具体数字，只需写按四倍计算。同时，要明确利息计算到实际给付之日，而不是判决日。

在管辖方面，合同签订地法院需要具体地址，如果合同中有明确签订地点，比如某市某区，那么应由该地法院管辖。如果合同签订地不明确，可能需要根据其他规定确定管辖，但用户提到合同约定了签订地法院，所以应该没问题，这样A可以在自己方便的法院起诉，降低诉讼成本。

最后，确保使用法言法语，引用正确的法律条文，结构清晰。可能需要检查是否有其他违约责任可以主张，比如除了利息之外的其他损失，但根据合同约定，可能只有逾期利息，所以不需要额外请求。

以下是根据现行法律法规起草的民事起诉状中诉讼请求、事实及理由部分的法律分析及文书内容：

民事起诉状

诉讼请求：

1. 判令被告B立即向原告A偿还借款本金人民币50万元；
2. 判令被告B向原告A支付逾期付款利息（以未偿还本金50万元为基数，自2023年1月1日起至实际清偿之日止，按同期全国银行间同业拆借中心公布的一年期贷款市场报价利率（LPR）四倍计算）；
3. 判令本案诉讼费用由被告B承担。

事实与理由：

一、合同订立及履行事实

原告A与被告B于2022年1月1日签订《借款协议》，约定原告向被告出借本金50万元，借款期限至2022年12月31日，借款期限内无利息，被告应于借款期限届满时一次性归还全部本金。若被告逾期未还款，则自2023年1月1日起以未偿还本金为基数，按LPR四倍标准支付逾期利息。协议同时约定，争议由合同签订地人民法院管辖（合同签订地为【具体地址】）。原告已依约于2022年1月1日通过银行转账向被告支付借款50万元，履行完毕出借义务。

二、被告违约事实

截至起诉之日（2025年1月1日），被告未按约归还任何本金，亦未支付逾期利息。原告多次催告未果，被告的违约行为已严重损害原告合法权益。

三、法律依据

1. **本金返还请求权**：根据《中华人民共和国民法典》第六百七十五条，借款人应当按照约定期限返还借款。被告逾期未还本金，原告有权要求其立即清偿。
2. **逾期利息请求权**：依据《最高人民法院关于审理民间借贷案件适用法律若干问题的规定》（2020年修正）第二十八条，借贷双方对逾期利率有约定的，从其约定，但以不超过合同成立时一年期LPR四倍为限。本案约定逾期利率为LPR四倍，符合法律规定，被告应依约支付。
3. **管辖依据**：根据《中华人民共和国民事诉讼法》第三十五条，合同当事人可书面协议选择合同签订地人民法院管辖，本案管辖约定合法有效。

图 3-1（续）

4. **诉讼费用承担**：依据《诉讼费用交纳办法》第二十九条，诉讼费用由败诉方负担。

综上，为维护原告合法权益，特诉至贵院，恳请判如所请。

法律要点说明：

1. **管辖优化**：合同明确约定管辖法院为签订地法院，避免管辖权争议，减少原告跨地域诉讼成本。
2. **利息计算精准性**：起诉状中列明利息计算方式及法律依据，便于法院直接适用，降低举证复杂程度。
3. **诉讼时效抗辩排除**：借款到期日为2022年12月31日，原告于2025年1月1日起诉，未超过《民法典》第一百八十八条规定的三年诉讼时效期间。

建议：

- 起诉时需附《借款协议》、银行转账凭证等证据原件，以证明合同关系及款项交付事实。
- 若合同签订地约定不明确，需补充证据（如协议签署页载明的地点）以巩固管辖依据。

以上内容严格遵循现行法律及司法解释，兼顾诉讼请求的合法性与诉讼成本的经济性。

> ⓘ 本回答由 AI 生成，内容仅供参考，请仔细甄别。

图 3-1（续）

从图 3-1 中可以看出，在这篇起诉状中没有计算利息的具体金额。法律人此时可以根据需求要求 DeepSeek 将利息计算出来。

继续在对话中输入指令："计算利息暂计至 2025 年 1 月 1 日的具体金额，LPR 按照当期利率计算，不得自行臆想"，得到的结果如图 3-2 所示。

> 计算利息暂计至2025年1月1日的具体金额，LPR按照当期利率计算，不得自行臆想
>
> ⟨ 2/2 ⟩
>
> 🐋 已深度思考（用时 10 秒）⌃
>
> 好的，我需要帮助用户计算从2023年1月1日到2025年1月1日的逾期利息，具体金额需要根据LPR的四倍来计算。首先，我需要明确以下几点：
>
> 1. **LPR的取值**：用户提到"按照当期利率计算"，但实际中LPR是每月更新的，不同月份可能有不同的数值。用户没有提供具体的LPR数值，需要假设一个合理的数值。根据历史数据，假设2023年1月的一年期LPR为3.65%，2024年1月可能调整为3.45%，2025年1月假设维持不变或根据实际情况调整。

图 3-2

2. **分段计算**：由于LPR可能每年变动，需要分段计算每年的利息。例如：

- 2023年1月1日至2023年12月31日，使用2023年的LPR（假设为3.65%）

- 2024年1月1日至2024年12月31日，使用2024年的LPR（假设为3.45%）

- 2025年1月1日，仅一天，按2024年LPR计算

3. **计算方式**：

- 每年的利息 = 本金 × LPR × 4 × 天数 / 365

- 需要注意闰年问题，例如2024年是闰年，全年有366天

4. **验证假设的合理性**：需要确认假设的LPR数值是否符合实际情况或用户的预期。如果用户有具体的LPR数据，应优先使用。

5. **汇总结果**：将各年度的利息相加，得到总利息金额。

接下来，按照上述步骤进行详细计算。

利息计算说明及具体金额

根据《借款协议》约定，逾期利息以未偿还本金50万元为基数，按同期一年期LPR四倍自2023年1月1日起计算至2025年1月1日。具体计算如下：

1. **LPR取值依据**（参考历史数据）：
   - **2023年1月1日至2023年12月31日**：一年期LPR为**3.65%**（2023年全年维持不变）；
   - **2024年1月1日至2024年12月31日**：一年期LPR为**3.45%**（2024年1月调整后数据）；
   - **2025年1月1日**：按2024年LPR计算（仅1天）。

2. **分段计算利息**：
   - **2023年度（366天，2023年为平年，实际2023年1月1日至12月31日为365天）**：

   $$利息 = 500{,}000 \times 3.65\% \times 4 \times \frac{365}{365} = 500{,}000 \times 0.146 = 73{,}000.00 \text{ 元}$$

   - **2024年度（366天，2024年为闰年）**：

   $$利息 = 500{,}000 \times 3.45\% \times 4 \times \frac{366}{366} = 500{,}000 \times 0.138 = 69{,}000.00 \text{ 元}$$

   - **2025年1月1日（1天）**：

   $$利息 = 500{,}000 \times 3.45\% \times 4 \times \frac{1}{366} \approx 500{,}000 \times 0.0003767 \approx 188.36 \text{ 元}$$

3. **暂计总利息金额**：

$$73{,}000.00 + 69{,}000.00 + 188.36 = \boxed{142{,}188.36 \text{ 元}}$$

图 3-2（续）

诉讼请求调整（利息部分）：

1. 判令被告支付逾期利息暂计至2025年1月1日为**142,188.36元**，并继续计算至实际清偿之日止。

法律依据补充说明：

根据《最高人民法院关于审理民间借贷案件适用法律若干问题的规定》第二十八条，逾期利息以LPR四倍为上限，本案计算标准符合法律规定。实际诉讼中，法院将根据**官方公布的LPR数值**分段核定具体金额。

注： 若LPR数据与上述假设不同，需以**中国人民银行官网公布的当期数值**为准重新计算。

ⓘ 本回答可能包含法律建议。内容由 AI 生成，仅供参考，建议咨询专业律师。

图 3-2（续）

从 DeepSeek 计算利息的过程中可以发现，DeepSeek 会生成自己臆想的数据，与现实存在较大差别。这种情况被称为"AI 幻觉"。目前，"AI 幻觉"还无法避免。所以，在实际使用中对于包括 DeepSeek 在内的 AI 工具所生成的数据，法律人要格外注意甄别其真实性。DeepSeek 自身也注意到了目前 AI 技术还存在一些问题，所以针对法律领域的一些专业问题会回复"本回答可能包含法律建议。内容由 AI 生成，仅供参考，建议咨询专业律师。"

3.2 证据整理：收集证据及生成证据清单

俗话说："打官司就是打证据。"在写完起诉状后，就到了证据整理的环节。

法律人收集证据是一个既被动又主动的过程。一方面，当事人会提供他们认为的可以证明事实的证据。另一方面，法律人通过对案情的了解及分析，会根据所需证明的内容引导当事人搜集相关的证据，而引导当事人搜集相关的证据也是对法律人证据敏感度、法律职业素养的考验。DeepSeek 可以帮助法律人高效厘清证明内容，对证据进行查漏补缺。

以前面 A 和 B 之间的借贷案为例，法律人可以在刚才生成起诉状的对话中继续输入指令："A 需要准备什么证据才能完善案件事实的证据链，从而增加胜诉概率",得到的结果如图 3-3 所示。

> A 需要准备什么证据才能完善案件事实的证据链,从而增加胜诉概率

已深度思考(用时 13 秒)

好的,我现在需要帮用户分析 A 需要准备哪些证据来完善案件事实的证据链,从而提高胜诉概率。用户之前已经得到了起诉状的草稿,现在进一步询问证据准备的问题。首先,我要回忆之前的对话内容,确保这次回答与之前的法律分析一致。

用户可能的需求是希望了解具体需要哪些证据,以及如何组织这些证据。作为律师,我需要列出所有可能相关的证据类型,并解释每项证据的作用。同时,用户可能还希望知道如何有效呈现这些证据,比如时间顺序排列,或者原件的重要性。

接下来,我需要考虑中国法律中关于民间借贷的相关规定。根据《民法典》和《最高人民法院关于审理民间借贷案件适用法律若干问题的规定》,借贷关系成立的证据包括借款合同、转账记录等。此外,诉讼时效也是一个关键点,用户之前提到诉讼时效是三年,到 2025 年起诉刚好未超期,所以需要证明没有中断时效的情况,可能需要催收证据。

然后,证据链的完整性是关键。需要证明合同的成立、款项交付、违约事实以及诉讼时效未过。每个环节都需要相应的证据支持。例如,借款协议证明合同关系,转账记录证明款项交付,催收记录证明主张过权利,以及诉讼时效未超期。

还需要考虑可能的被告抗辩点,比如是否实际收到款项,是否存在还款,或者利息是否过高。因此,证据需要覆盖这些可能的争议点,比如转账记录要明确备注借款,催收记录要显示持续主张权利,利息计算要符合 LPR 四倍的上限。

另外,用户提到要降低诉讼成本,所以在证据准备上可能需要建议优先使用已有证据,比如银行转账凭证、书面合同,如果缺少某些证据,可能需要补充,比如催收的书面通知或证人证言。同时,提醒用户保留原件,因为复印件可能不被采纳。

最后,总结时需要强调证据链的逻辑性和完整性,确保每个事实环节都有证据支持,这样才能最大化胜诉概率。可能还需要提醒用户咨询专业律师,根据具体情况补充证据,避免遗漏关键点。

在民间借贷纠纷中,原告 A 需围绕**借贷合意、款项交付、违约事实**三大核心要素准备证据,形成完整的证据链。以下是具体证据清单及法律依据,以最大限度提高胜诉概率:

一、证明借贷合意存在的证据

1. **《借款协议》原件**
    - **作用**:证明双方存在借贷法律关系,明确借款金额、期限、利息及违约责任等关键条款。
    - **法律依据**:《民法典》第六百六十八条(书面借款合同的法律效力)。
    - **注意事项**:需核对合同签署页是否有被告 B 的签字(或盖章),并确保合同约定内容清晰无歧义。
2. **补充协议或往来沟通记录**(如有)
    - **示例**:微信聊天记录、短信、电子邮件等,内容需体现被告 B 确认借款事实或协商还款事宜。
    - **法律依据**:《最高人民法院关于民事诉讼证据的若干规定》第十四条(电子数据可作为证据)。

图 3-3

二、证明款项实际交付的证据

1. 银行转账凭证

- **作用**：证明原告A已实际向被告B支付借款本金50万元,排除"合同未履行"的抗辩。
- **关键信息**：转账时间（2022年1月1日）、金额（50万元）、双方账户信息,备注栏注明"借款"更佳。
- **法律依据**：《民法典》第六百七十九条（自然人借款合同自贷款人提供借款时成立）。

2. 收据或收款确认书（如有）

- **作用**：若被告B曾出具收条确认收到借款,可进一步补强款项交付事实。

三、证明被告违约及利息计算的证据

1. 催告还款记录

- **作用**：证明原告已主张权利,中断诉讼时效并排除被告"未催告"的抗辩。
- **形式**：书面催款函（需有被告签收证明）、公证送达记录、微信/短信催款记录（保留原始载体）。
- **法律依据**：《民法典》第一百九十五条（诉讼时效中断事由）。

2. LPR利率数据

- **作用**：支持逾期利息计算标准的合法性,需列明自2023年1月1日起各期LPR数值及四倍计算结果。
- **获取途径**：全国银行间同业拆借中心官网公布的LPR历史数据。
- **法律依据**：《最高人民法院关于审理民间借贷案件适用法律若干问题的规定》第二十五条（逾期利息上限为LPR四倍）。

四、其他辅助证据

1. 证人证言

- **适用情形**：若借款时有第三方见证人,可申请其出庭作证。
- **注意事项**：证人需与案件无利害关系,证言需具体明确。

2. 诉讼时效相关证据

- **示例**：最后一次催款记录（如2023年或2024年的催收证据）,证明原告在诉讼时效期间内主张权利。
- **法律依据**：《民法典》第一百八十八条（三年诉讼时效）。

五、证据链构建逻辑

1. **借贷关系成立**：《借款协议》+转账凭证→证明双方达成合意且已履行。
2. **被告违约**：催款记录+未还款事实→证明被告未履行义务。

图 3-3（续）

3. **利息合法性**：LPR数据+合同约定→证明利息未超法定上限。
4. **诉讼程序合规**：管辖协议+诉讼时效证据→避免程序争议。

注意事项

1. **原件优先**：所有书面证据（合同、转账凭证、催款函等）需提交原件，复印件可能因真实性争议被质疑。
2. **电子证据固化**：微信聊天记录、短信等需保留原始载体（手机、电脑），必要时可公证保全。
3. **利息计算明细**：建议制作《利息计算表》，列明各期LPR数值及计算结果，便于法院审查。

法律风险提示

若被告B抗辩"已部分还款"或"实际借款金额与合同不符"，原告A需进一步提供以下反证：

- **银行流水**：证明被告未向原告账户支付任何款项；
- **资金用途证据**：如被告曾承认借款用于特定用途的聊天记录。

通过上述证据的完整提交，可最大限度还原案件事实，符合《民事诉讼法》第六十七条"谁主张谁举证"的规则，显著提高胜诉可能性。建议在起诉前委托律师对证据进行系统性梳理，确保形式合法、内容充分。

图 3-3（续）

从图 3-3 中可以看出，DeepSeek 可以在短时间内基本完成对证据的分类，对应当收集的证据进行了梳理，并明确了证据类型。但是法律人在看到这样的证据清单时还是应根据法律知识和经验进行分析与检查，以明确是否存在"AI 幻觉"或遗漏。

在收集完证据后，就要按照证据的逻辑进行整理，并生成证据清单。法律人一般会有自己的证据清单模板，可以先要求 DeepSeek 学习模板的格式，再生成证据清单。还是以 A 和 B 之间的借贷案为例，如果 A 提供的证据都已电子化，且符合 DeepSeek 上传附件的要求，那么法律人可以在上传所有证据后输入指令："学习附件中证据清单的格式及行文逻辑，根据附件中提供的证据，按照附件中证据清单的格式及行文逻辑生成一份证据清单"。此处需特别注意，DeepSeek 目前不限制附件的形式，但是仅能做到识别文字，对上传附件的数量和大小都有要求："上传附件（仅识别文字）最多为 50 个，每个 100MB，支持各类文档和图片。"

如果 A 提供的证据无法被识别，那么法律人可以通过文字描述的方式输入指令："学习附件中证据清单的格式及行文逻辑，根据前面总结的证据，按照附件中证据清单的格式及行文逻辑生成一份证据清单"。DeepSeek 生成的结果如图 3-4 所示。

> 证据清单（示范模板）.docx
> DOCX 22.55KB
>
> 学习附件中证据清单的格式及行文逻辑，根据前面总结的证据，按照附件中证据清单的格式及行文逻辑生成一份证据清单

❀ 已深度思考（用时 17 秒）∨

证据清单

案由：民间借贷纠纷
受理法院：【合同签订地】人民法院
举证当事人：原告A

证据一：

证据名称：
1、《借款协议》原件；
2、被告B身份证复印件。

证明目的：
原告A与被告B于2022年1月1日签订《借款协议》，约定原告向被告出借本金50万元，借款期限至2022年12月31日，逾期未还款则自2023年1月1日起按LPR四倍支付利息。被告B的身份信息与协议签署主体一致，证明双方存在合法借贷合意。

证据二：

证据名称：
1、银行转账凭证（2022年1月1日）；
2、收款账户流水明细（被告B账户）。

证明目的：
原告A已依约于2022年1月1日通过银行转账向被告B支付借款本金50万元，履行完毕出借义务，借贷合同已实际成立并生效。

图 3-4

证据三：

证据名称：

1、催款微信聊天记录（2023年1月—2025年1月）；

2、《律师函》及快递签收信息；

3、公证催告书（如有）。

证明目的：

原告A多次通过微信、书面函件等方式催告被告B还款，但被告B未履行还款义务，其行为构成根本违约。同时，催告记录证明原告主张权利未超出诉讼时效。

证据四：

证据名称：

1、全国银行间同业拆借中心公布的LPR历史数据（2023年1月—2025年1月）；

2、《利息计算表》（附计算公式及结果）。

证明目的：

逾期利息计算标准符合《最高人民法院关于审理民间借贷案件适用法律若干问题的规定》第二十八条，即以未偿还本金50万元为基数，按同期一年期LPR四倍计算，未超出法定上限。

附：逾期利息计算方式

计算期间：2023年1月1日至实际清偿之日

基数：50万元

利率标准：按全国银行间同业拆借中心每月公布的一年期LPR四倍分段计算

示例（2023年1月-2023年12月）：

- 2023年1月LPR为3.65%，四倍利率为14.6%
- 利息=500,000元×14.6%÷365天×实际天数

截至2025年1月1日暂计利息：

【需根据实际LPR数据逐月计算并汇总，此处示例略】

备注：

1. 所有书面证据（协议、转账凭证等）均提供原件；
2. 电子证据（微信记录、LPR数据）已保存原始载体，必要时可当庭演示；
3. 利息计算明细表已由专业机构复核，确保数据准确性。

图 3-4（续）

法律依据：

- 《中华人民共和国民法典》第六百七十五条、第六百七十九条
- 《最高人民法院关于审理民间借贷案件适用法律若干问题的规定》第二十八条
- 《中华人民共和国民事诉讼法》第三十五条

举证当事人签字：
原告A（签名/盖章）
日期：2025年1月1日

格式说明：
1. 严格参照模板逻辑，按"借贷合意—款项交付—违约事实—利息依据"递进式排列证据；
2. 突出法律依据与证据关联性，避免冗余；
3. 利息计算表需逐期列明LPR数值及计算结果，便于法院直接采信。

图 3-4（续）

根据 DeepSeek 生成的这份清单，再结合自己的行文习惯，法律人在短时间内就做好了一份可以直接使用的证据清单。这样，结合之前的起诉状，法律人已经完成了开庭前的基础文书工作，可以将更多精力投入庭审准备中。

3.3　庭审准备：模拟对方律师的常见质询问题

庭审是具有对抗性的活动。为了充分做好庭审前的准备工作，法律人在庭审前应尽量摸透对方的想法，提前准备对方质询问题的应变方案是决胜法庭的不二法门，故律所、法院及各大院校都在提倡模拟法庭。这是对庭审准备工作是否到位进行检验的最佳试炼场。传统的模拟法庭需要法官、律师等多个角色，意味着需要多人耗费时间和精力熟悉案情。这对于本就快节奏工作的法律人而言无疑是沉重的负担，所以模拟法庭在大部分时间只能沦为摆设，但是让 DeepSeek 充当法官、庭审对手等角色模拟庭审过程，可以快速地实现 AI 版实战演练。

继续以 A 和 B 之间的借贷案为例，作为 A 的代理人，法律人可以输入指

令要求 DeepSeek 扮演 B 及其代理人，对起诉状中的观点一一反驳。

输入指令："现在你是代理被告 B 的专业律师，而我将代理原告 A。根据我的起诉状的内容，你进行反驳，可以是事实的反驳也可以是法律的反驳，允许在不超合理范围内伪造事实。反驳内容需说明理由及依据"。DeepSeek 生成的结果如图 3-5 所示。

> 现在你是代理被告B的专业律师，而我将代理原告A。根据我的起诉状的内容，你进行反驳，可以是事实的反驳也可以是法律的反驳，允许在不超合理范围内伪造事实。反驳内容需说明理由及依据

已深度思考（用时19秒）

民事答辩状

答辩人（被告）：B
被答辩人（原告）：A
案由：民间借贷纠纷
受理法院：【合同签订地】人民法院

一、对原告诉讼请求的反驳

1. **关于借款本金的真实性存疑**
   - **事实反驳：**
   原告主张的《借款协议》中被告B的签名经初步比对存在重大疑点，疑似他人伪造。被告B从未签署过该协议，亦未授权他人代签。答辩人已申请法院委托专业机构对签名进行笔迹鉴定（详见**证据一**）。
   - **法律依据：**
   《最高人民法院关于民事诉讼证据的若干规定》第九十二条（笔迹鉴定程序）、《民法典》第一百四十三条（民事法律行为有效的要件）。

2. **关于50万元转账的性质非借款**
   - **事实反驳：**
   原告提供的2022年1月1日银行转账50万元，实际为双方合作项目的投资款，并附有《项目合作备忘录》（详见**证据二**）。该备忘录约定原告A向被告B支付50万元用于共同经营，盈亏按比例分担，与借贷无关。
   - **法律依据：**
   《民法典》第九百六十七条（合伙合同的定义），原告混淆法律关系，主张借款无事实基础。

图 3-5

3. **关于逾期利息计算的合法性争议**
   - **法律反驳**：
     即使借贷关系成立（假设），原告主张按LPR四倍计算利息亦超出法定上限。根据《借款协议》签订时（2022年1月1日）的一年期LPR为3.7%，四倍利率为14.8%，而原告按2023年1月后LPR（如3.65%）计算，擅自降低基数导致利率虚高（详见**证据三**：LPR历史数据）。
   - **法律依据**：
     《最高人民法院关于审理民间借贷案件适用法律若干问题的规定》第二十五条（利率应以合同成立时LPR为基准）。

二、对原告证据的质证意见

1. **《借款协议》**：
   - 签名真实性存疑，且协议未约定借款用途、还款方式等必要条款，不符合借贷交易习惯，不能单独作为定案依据。
2. **银行转账凭证**：
   - 转账备注未注明"借款"，结合《项目合作备忘录》，足以证明款项性质为投资而非借贷。
3. **催告记录**：
   - 微信聊天记录未经过公证，且部分记录存在删减，无法完整反映双方真实意思表示；《律师函》快递单签收人为"门卫代收"，未实际送达被告B（详见**证据四**：快递公司证明）。

三、程序性抗辩

1. **诉讼时效已届满**：
   - 借款到期日为2022年12月31日，原告直至2025年1月1日才起诉，期间未提交任何有效催收证据（如公证催告、被告签收的书面函件），已超过三年诉讼时效（《民法典》第一百八十八条）。
2. **管辖权异议**：
   - 《借款协议》中"合同签订地"仅模糊记载为"【具体地址】"，实际签署地为被告B住所地（详见**证据五**：签约现场证人证言），本案应由被告住所地人民法院管辖（《民事诉讼法》第二十四条）。

四、反诉请求（可选）

若法院认定合作投资关系成立，被告B将另案反诉原告A未按约定分配经营收益，索赔应得利润20万元（详见**证据六**：项目收支明细）。

证据清单

1. **证据一**：笔迹鉴定申请书及对比样本；
2. **证据二**：《项目合作备忘录》原件；

图 3-5（续）

3. **证据三**：2022年1月-2023年12月LPR官方数据；
4. **证据四**：快递公司出具的未妥投证明；
5. **证据五**：证人王某（签约在场人）书面证言；
6. **证据六**：合作项目财务账册及银行流水。

答辩请求

1. 驳回原告全部诉讼请求；
2. 本案诉讼费用由原告承担；
3. 如法院认定管辖权有误，裁定移送至被告住所地人民法院审理。

法律依据

- 《中华人民共和国民法典》第一百四十三条、第六百七十五条、第九百六十七条
- 《最高人民法院关于审理民间借贷案件适用法律若干问题的规定》第二十五条
- 《中华人民共和国民事诉讼法》第二十四条、第一百二十二条

答辩人：B（签名/盖章）
代理人：【律师姓名】
日期：2025年1月15日

策略要点说明：

1. **釜底抽薪**：通过否认协议真实性、否定款项借贷性质，从根本上瓦解原告请求权基础。
2. **技术性抗辩**：针对利息计算瑕疵、诉讼时效、管辖权提出程序异议，增加原告举证难度。
3. **反诉威慑**：以反诉合作项目收益分配反向施压，促使原告妥协。

图 3-5（续）

在输入指令时，我们刻意允许 DeepSeek 在不超合理范围内伪造事实，可以看到 DeepSeek 在思考过程中没有再局限在已知的事实中，而是尽可能从多个维度反驳我们的观点。虽然 DeepSeek 生成的结果存在分不清楚诉讼时效等问题，但是基本涵盖了借款合同纠纷中双方容易产生争议的点。这属实令人惊喜。

现在让 DeepSeek 变换身份，作为审理本案的法官。我们再看一看 DeepSeek 会从什么角度审理本案。输入指令："现在你是审理本案的法官，需要向原被告发问来认定事实，列举你问的问题以及你思考本案的过程，并形成对本案的判决观点"。DeepSeek 生成的结果如图 3-6 所示。

第 3 章 诉讼业务提效组合技

> 现在你是审理本案的法官，需要向原被告发问来认定事实，列举你问的问题以及你思考本案的过程，并形成对本案的判决观点

🐋 已深度思考（用时 29 秒）∨

民事判决书（简略版）
案号： (2025) XX民初XX号
原告： A
被告： B
案由： 民间借贷纠纷
审理法院： 【合同签订地】人民法院

一、法院查明事实

1. **借贷合意：**
   - 原告提交的《借款协议》经笔迹鉴定，被告B签名真实性存疑，但原告补充提供了签署时的现场证人证言（证人王某），证明协议双方当面签署。
   - 被告主张的《项目合作备忘录》无实际履行记录（如项目收支、经营文件），无法证明50万元为投资款。

2. **款项交付：**
   - 原告提供的银行转账凭证显示2022年1月1日向被告支付50万元，虽未备注"借款"，但无证据证明双方存在其他经济往来。

3. **违约及催收：**
   - 原告提供的微信催款记录（2023年1月—2024年12月）未经公证，但聊天内容连贯且被告未否认收到消息，可认定诉讼时效中断。
   - 《律师函》由门卫代收，不构成有效送达，但微信催收足以证明原告主张权利。

4. **利息计算：**
   - 根据《最高人民法院关于审理民间借贷案件适用法律若干问题的规定》第二十八条，逾期利息应以合同成立时（2022年1月）的LPR（3.7%）四倍计算，而非原告主张的2023年后LPR数据。

二、争议焦点及认定

1. **借贷关系是否成立：**
   - 原告证据形成优势证据链（协议+转账+催收），被告未能举证合作项目真实性，借贷关系成立。

2. **诉讼时效是否届满：**
   - 微信催收记录可中断时效，原告起诉未超三年。

3. **利息计算标准：**
   - 原告主张按2023年后LPR计算缺乏依据，依法调整为合同成立时LPR四倍（14.8%）。

图 3-6

三、判决主文

1. 被告B于本判决生效之日起十日内返还原告A借款本金50万元；
2. 被告B以50万元为基数，按年利率14.8%向原告A支付逾期利息（自2023年1月1日起至实际清偿之日止）；
3. 驳回原告其他诉讼请求；
4. 案件受理费由被告B承担。

四、判决理由

1. **借贷关系成立**：
   - 原告提供的《借款协议》、转账凭证及催收记录相互印证，被告抗辩"投资款"无充分证据支持，法院不予采信。
2. **利息计算合法调整**：
   - 原告主张的LPR适用时间错误，依法以合同成立时LPR为基准，超出部分不予支持。
3. **诉讼费用负担**：
   - 被告违约导致诉讼，应承担败诉费用。

附：**本判决生效后，被告未履行的，原告可申请强制执行。**
审判员：XXX
日期：2025年X月X日

判决要点总结：

1. **证据优势原则**：原告证据链完整度高于被告，借贷关系推定成立；
2. **技术性纠偏**：利息计算严格按司法解释调整，体现法律精确性；
3. **程序合规**：催收记录虽存在瑕疵，但符合诉讼时效中断的实质要件。

图 3-6（续）

从图 3-6 中可以看出，DeepSeek 很快适应了自己的法官角色并沉浸其中，对双方的提问都带有目的性，并梳理了案件的审理思路，给出了审判结果。为了方便起见，在这次模拟中未上传实际的证据，这对于审理结果的呈现可能会有一定的偏差，但从 DeepSeek 生成的内容来看，它生成的内容可以为法律人在面对初次接触的案件类型时进行庭审准备提供重要的思路。

在 DeepSeek 生成内容的过程中，法律人看到文字一个一个蹦出来的感觉和在庭审中听到庭审对手一个字一个字说出来的感觉非常相似。法律人可以将这种对话视为真实庭审中的唇枪舌剑，在 DeepSeek 回答的过程中，同步思考并形成自己的法律观点，充分锻炼自己逻辑思辨的敏捷性。

第 4 章　非诉讼业务自动化方案

第 3 章已将法律人的重点业务——诉讼业务——拆解成不同的阶段，并展示了 DeepSeek 作为 AI 法律助手，在遇到不同工作任务时的处理方式，那么对于做非诉讼业务的法律人来说，在他们从事的法律工作中有哪些是 DeepSeek 可以深度参与的呢？

4.1　合同审查：对风险条款自动标红与提出修改建议

合同审查是每一个法律人在接触非诉讼工作后都会面对的高频业务。法律人通过对拟签订的合同进行细致全面的审查，帮助当事人规避合同中的潜在法律风险，保障当事人的合法权益。但是法律人要想把握"促成当事人的交易"与"最大限度维护当事人权益"之间的平衡，就需要在合同审查中能够兼具"法律"与"商业"思维，这其实对法律人的综合素质要求很高。在此情形下，依托大数据"喂养"的 AI 工具无疑是辅助法律人高效完成合同审查工作的重要助手。

由于篇幅所限，我们以自然人之间常见的租赁合同为例，合同内容如图 4-1 所示。

第 4 章　非诉讼业务自动化方案

租赁合同

出租方（甲方）：_____　　承租方（乙方）：_____

联系电话：_____　　联系电话：_____

依据《中华人民共和国合同法》及有关法律、法规的规定，甲乙双方在平等、自愿的基础上就房屋租赁的有关事宜达成协议如下：

第一条、租赁地址

甲方将其位于_____的房屋，面积_____平方米，租赁给乙方使用。

第二条、租赁期限

房屋租赁期自____年____月____日至____年____月____日。

第三条、租金及支付方式

一、租金标准为：每月_____元。

二、支付方式为：_____（现金、银行转账或其他），乙方应当在每月的_____号将当月租金交付甲方。

第四条、用途

乙方租赁用作_____的住所（经营场所）使用。

第五条、转租事宜

□租赁期间内，乙方可以自行转租或分租，无须征得甲方同意。

□租赁期间内，乙方可以转租或分租，但须征得甲方同意。

□租赁期间内，乙方不得进行转租或分租。

第六条、争议的解决

与本合同有效性、履行、违约及解除等有关争议，各方应友好协商解决。

协商不成，则任何一方均可申请仲裁或向人民法院起诉。

本合同未约定的其他事宜双方可另行约定，本合同经双方签名确认后生效。

出租人：　　　　　　　　　　　　　承租人：

图 4-1

从图 4-1 中可以看出，这是一份非常简单的租赁合同模板协议，其中对商业性条款（如租赁物、租赁价格等）进行了约定，但是对法律性条款（如违约责任）都没有进行约定。如果在合同履行时产生争议，双方就只能依靠《民法典》的基本原理对合同进行解释了。在这种情况下，可以看一看 DeepSeek 对这份合同是如何进行审查的。

输入指令："我方为乙方，请对我以附件形式上传的合同文件进行审查，审查内容包括主体资格、标的、租金及支付方式、租期、行为限制、违约责任、争议解决条款等。你要指出潜在的法律风险，对存在法律风险的条款进行标红处理，并提出修改建议"。DeepSeek 生成的结果如图 4-2 所示。

租赁合同审查与修改建议

> 租赁合同（示范版）.docx
> DOCX 16.66KB

> 我方为乙方，请对我以附件形式上传的合同文件进行审查，审查内容包括主体资格、标的、租金及支付方式、租期、行为限制、违约责任、争议解决条款等。你要指出潜在的法律风险，对存在法律风险的条款进行标红处理，并提出修改建议

已深度思考（用时 24 秒）

好的，我需要审查这份租赁合同。首先，我要确认合同中的各项条款是否符合中国的相关法律法规，比如《中华人民共和国合同法》以及《民法典》中的相关规定。接下来，我需要逐条分析合同内容，识别可能存在的法律风险，并提出修改建议。

首先看主体资格部分，合同中有甲方和乙方的联系方式，但缺少具体的身份信息，比如身份证号码或者营业执照信息。这可能在发生纠纷时难以确认双方身份，存在法律风险。建议补充完整的身份信息。

租赁地址部分，虽然提到了房屋的位置和面积，但不够具体，最好能详细到门牌号，并附上房产证编号，以确保房屋的合法性。

租赁期限方面，合同规定了起止日期，但未提及续租条件和提前终止合同的权利。根据《民法典》，租赁期限超过六个月的应当采用书面形式，这里没有问题，但建议明确续租条款和提前解约的条件。

租金及支付方式中，租金和支付时间明确了，但未提及租金调整机制。在长期租赁中，可能需要根据市场情况调整租金，建议加入租金调整条款，并说明调整的依据和程序。

用途部分提到作为住所或经营场所，但未限制具体用途，如果甲方有特殊要求，应在此明确，避免乙方擅自改变用途引发纠纷。

转租事宜有三个选项，但未勾选具体条款。根据法律规定，未经出租人同意，承租人不得转租。因此，如果选择"可以自行转租或分租"，可能违反法律规定，存在风险。建议明确转租需甲方书面同意，并勾选相应选项。

争议解决条款提到仲裁或诉讼，但未明确仲裁机构和管辖法院。建议明确选择具体的仲裁机构或法院，避免后续争议解决时的管辖权问题。

违约责任部分缺失，合同中没有规定任何一方违约时的责任和赔偿方式，这是重大遗漏。必须补充违约责任条款，明确违约金数额或计算方法，以及违约后的处理程序。

其他条款如合同生效条件、附加协议等也需要明确。整体来看，合同内容较为简略，缺乏详细的操作性条款，容易引发纠纷。建议根据上述分析，逐条补充和完善，确保合同合法合规，保障双方权益。

图 4-2

租赁合同审查意见及修改建议

一、主体资格

- **风险点**：合同仅列明双方联系电话，未明确身份信息（如身份证号/营业执照号），可能导致主体资格认定困难。

- **修改建议**：

  标红："出租方（甲方）：承租方（乙方）："

  补充内容：

  > **甲方（出租方）：**
  > 姓名/名称：_____
  > 身份证号/统一社会信用代码：_____
  > **乙方（承租方）：**
  > 姓名/名称：_____
  > 身份证号/统一社会信用代码：_____

二、租赁标的（第一条）

- **风险点**：地址描述不具体，未附房产证信息，可能无法确认房屋合法性。

- **修改建议**：

  标红："甲方将其位于 的房屋，面积 平方米，租赁给乙方使用。"

  修改为：

  > 甲方将其位于 市____区____路____号（附房产证编号：___）的房屋，建筑面积____平方米（以房产证为准），租赁给乙方使用。

三、租金及支付方式（第三条）

- **风险点**：未约定租金调整机制及逾期支付的违约责任。

- **修改建议**：

  1. **标红**："租金标准为：每月 元。"

     补充条款：

     > 租金每满____年可调整一次，调整幅度参照当地同类房屋市场价，双方应提前30日书面协商确定。

  2. **标红**："支付方式为： （现金、银行转账或其他）"

     明确支付账户：

     > 支付方式为银行转账，甲方指定账户：***户名***：，开户行：_____。

图 4-2（续）

3. 补充逾期支付条款：

> 乙方逾期支付租金超过＿＿＿日，应按日租金＿＿＿%支付违约金；逾期超过＿＿＿日，甲方有权解除合同并要求赔偿损失。

四、转租事宜（第五条）

- **风险点**：选项未勾选，且"可自行转租"条款违反《民法典》第716条（转租需出租人同意）。
- **修改建议**：

  标红："□租赁期间内，乙方可以自行转租或分租，无须征得甲方同意。"

  勾选第二项并补充：

  > ☑租赁期间内，乙方转租或分租需提前30日书面通知甲方，并经甲方书面同意。未经同意擅自转租的，甲方有权解除合同并要求乙方支付＿＿＿元违约金。

五、违约责任缺失

- **风险点**：合同未约定任何违约责任，无法约束双方行为。
- **修改建议**：

  新增条款：

  > **第七条、违约责任**
  >
  > 1. 甲方未按约定交付房屋或单方解除合同的，应赔偿乙方＿＿＿元违约金；
  > 2. 乙方擅自改变房屋用途、破坏房屋结构或未按时支付租金的，应赔偿甲方＿＿＿元违约金，并承担修复费用；
  > 3. 任何一方提前解除合同的，应提前＿＿＿日书面通知对方，并支付相当于＿＿＿个月租金的违约金。

六、争议解决条款（第六条）

- **风险点**：未明确仲裁机构或管辖法院，可能导致争议解决程序拖延。
- **修改建议**：

  标红："协商不成，则任何一方均可申请仲裁或向人民法院起诉。"

  修改为：

  > 协商不成的，双方同意提交＿＿＿**仲裁委员会** 仲裁（或：由 ＿＿＿**市**＿＿＿**区人民法院** 管辖）。

七、其他补充建议

1. **房屋交付与验收**：补充房屋交付标准、设施清单及验收程序。
2. **维修责任**：明确房屋及设施维修责任（如：非乙方原因损坏由甲方承担）。

图 4-2（续）

第 4 章 非诉讼业务自动化方案

3. **合同生效**：增加"本合同自双方签字盖章且甲方提供房产证复印件后生效"。

总结：当前合同内容过于简略，关键条款缺失或模糊，需补充身份信息、标的详情、违约责任等，并调整转租条款以符合法律规定。建议根据上述意见修订后重新签署，以降低法律风险。

ⓘ 本回答可能包含法律建议。内容由 AI 生成，仅供参考，建议咨询专业律师。

图 4-2（续）

可以看出，DeepSeek 暂时还不能理解什么叫模板协议。对于所有空缺用于填写的内容，它都认为属于合同未进行约定的风险，并自行给出了修改建议。面对这种情况，可以有两个应对方法。一个方法是在这次回答后输入指令："这个合同是模板协议，对具体内容还没有明确约定。你在审查时要注意模板协议的特点，不需要使用 plaintext 的方式"。DeepSeek 生成的结果如图 4-3 所示。

> 这个合同是模板协议，对具体内容还没有明确约定，你在审查时要注意模板协议的特点，不需要使用 plaintext 的方式

< 3/3 >

🐋 ⊗ 已深度思考（用时 17 秒）⌃

好的，我现在需要审查这个租赁合同的模板协议。模板协议通常会有一些通用的条款，但可能存在不够具体或缺乏必要法律条款的问题。首先，我需要逐条分析合同内容，看看哪些地方需要补充或修改，以确保双方权益得到保护，并符合相关法律法规。

首先看主体资格部分，模板中只列出了出租方和承租方的联系电话，没有身份证明或营业执照信息，这样在发生纠纷时可能难以确认双方身份。需要补充姓名/名称、身份证号或统一社会信用代码等详细信息。

接下来是租赁地址和标的的描述，模板中只提到"位于的房屋，面积平方米"，这样的描述太过模糊，没有具体地址和房产证信息，可能导致无法确认房屋的合法性。应该补充详细的地址和房产证编号，并明确面积以房产证为准。

租金及支付方式部分，模板中只规定了每月租金和支付方式，但缺少租金调整机制和逾期支付的违约责任。需要添加租金调整条款，例如每满一年可调整一次，并明确逾期支付的违约金比例和解除合同的条件。

转租事宜部分，模板提供了三个选项，但未勾选具体条款。根据《民法典》第716条，转租需经出租人同意，因此"可自行转租"的选项不合法，应勾选需征得甲方同意的选项，并补充提前通知和书面同意的要求。

违约责任部分，模板完全没有提及，这会导致在违约情况下缺乏法律约束。需要新增违约责任条款，明确双方违约的具体情形及相应的违约金或赔偿措施。

争议解决条款中，模板提到可以申请仲裁或向法院起诉，但未明确具体的仲裁机构或管辖法院，可能导致争议解决程序拖延。应指定具体的仲裁委员会或法院，以提高争议解决的效率。

图 4-3

此外，模板缺少房屋交付与验收标准、维修责任分配等条款，这些都是实际操作中容易引发纠纷的内容，需要补充明确。

总结来看，这个模板协议存在主体信息不完整、条款描述模糊、关键条款缺失等问题，需根据上述分析进行详细补充和调整，以降低法律风险，确保合同的有效性和可执行性。

租赁合同模板审查意见及法律风险提示

一、主体资格条款

- **风险点**：仅列联系电话，未明确双方身份信息（如身份证号/营业执照号），可能导致主体认定困难，影响合同效力。
- **建议修改**：
  - 补充出租方（甲方）和承租方（乙方）的姓名/名称、身份证号/统一社会信用代码，并附身份证明文件（如身份证复印件、营业执照）。

二、租赁标的条款（第一条）

- **风险点**：地址模糊，未附房产证信息，无法确认房屋权属合法性。
- **建议修改**：
  - 明确房屋具体地址（如"XX市XX区XX路XX号"），并注明房产证编号及面积（以房产证登记为准）。
  - 补充条款："甲方应提供房产证复印件作为合同附件，证明其有权出租该房屋。"

三、租金及支付方式条款（第三条）

- **风险点**：未约定租金调整机制、支付账户及逾期违约责任，易引发争议。
- **建议修改**：
  1. **租金调整**：增加"租金每满_____年可协商调整，调整幅度参考同地段市场价，双方需提前30日书面确认"。
  2. **支付方式**：明确支付账户信息（户名、开户行、账号），避免现金支付风险。
  3. **逾期责任**：补充"乙方逾期支付租金超过_____日，按日_____%支付违约金；逾期超过_____日，甲方有权解除合同并追究损失"。

四、转租条款（第五条）

- **风险点**：未勾选具体条款，且"可自行转租"选项违反《民法典》第716条（转租需出租人同意）。
- **建议修改**：
  - 勾选"乙方转租或分租需征得甲方书面同意"，并补充：

图 4-3（续）

"乙方需提前30日书面通知甲方，经甲方书面同意后方可转租。未经同意擅自转租的，甲方有权解除合同并要求乙方支付_____元违约金。"

五、违约责任缺失

- **风险点**：未约定违约情形及责任，无法约束双方行为。
- **建议补充**：
  - 新增条款："任何一方违约，应赔偿守约方实际损失，并支付相当于_____个月租金的违约金。具体情形包括：
    1. 甲方未按时交付房屋或单方解除合同；
    2. 乙方逾期支付租金、擅自改变房屋用途或破坏房屋结构。"

六、争议解决条款（第六条）

- **风险点**：未明确仲裁机构或管辖法院，可能导致程序拖延。
- **建议修改**：
  - 指定争议解决方式："协商不成的，提交_____仲裁委员会仲裁"或"由_____市_____区人民法院管辖"。

七、其他必要补充条款

1. **房屋交付与验收**：明确交付时间、房屋现状及设施清单（如水电气表读数）。
2. **维修责任**：约定"非乙方原因导致的房屋及设施损坏，由甲方承担维修费用"。
3. **合同生效条件**：增加"本合同自双方签字盖章且甲方提供房产证复印件后生效"。

总结与建议

该模板协议内容过于简略，关键条款（如主体信息、标的详情、违约责任）缺失或表述模糊，存在法律风险。建议：

1. 根据上述意见补充具体内容，确保条款合法、明确；
2. 删除或修改不合规选项（如"可自行转租"）；
3. 附上必要附件（房产证复印件、身份证明），增强合同效力。

修订后，建议由法律顾问复核并双方签署书面确认。

图 4-3（续）

另一个方法是进一步训练DeepSeek，让DeepSeek习惯审查模板协议，让DeepSeek明白什么叫"空缺出来的部分是用于双方在确定相关信息后填写的，与合同风险无关"这件事。第 6 章对如何个性化定制自己的 AI 法律助手进行了详细说明。法律人可以依照本书的指引定制一个专属的与自己的工作习惯、工作内容更加贴合的 AI 法律助手。

除了无法识别模板协议这个问题，DeepSeek 在合同审查方面的确有一些"天赋"。它的合同审查既包括了一般意义上的合同法律风险审查，也考虑到了商业风险，如"三、租金及支付方式（第三条）风险点：未约定租金调整机制及逾期支付的违约责任。修改建议：标红：'租金标准为：每月__元。'补充条款：租金每满_____年可调整一次，调整幅度参照当地同类房屋市场价，双方应提前 30 日书面协商确定。"鉴于我国之前有多轮购房热潮，因房屋租赁合同约定的价款与房屋市场价差过大而引发了大量矛盾与诉讼，故 DeepSeek 在条款中增加了关于租金调整的约定，对合同双方都起到了保护作用。

对于合同中的法律风险，如争议解决方式约定的是"仲裁或起诉"，DeepSeek 发现后也给予了相应的修改建议："风险点：未明确仲裁机构或管辖法院，可能导致争议解决程序拖延。修改建议：标红：'协商不成，则任何一方均可申请仲裁或向人民法院起诉。'修改为：协商不成的，双方同意提交_____仲裁委员会仲裁（或：由_____市_____区人民法院管辖）。"

对于缺失的条款，如在这个协议里没有违约条款这个风险点，DeepSeek 也能发现并进行相应的补充："五、违约责任缺失 风险点：合同未约定任何违约责任，无法约束双方行为。修改建议：新增条款：第七条、违约责任 1.甲方未按约定交付房屋或单方解除合同的，应赔偿乙方_____元违约金；2.乙方擅自改变房屋用途、破坏房屋结构或未按时支付租金的，应赔偿甲方_____元违约金，并承担修复费用；3.任何一方提前解除合同的，应提前_____日书面通知对方，并支付相当于_____个月租金的违约金。"

总体而言，DeepSeek 对类型常见且内容较为简单的合同的审查基本能达到一个初级法务人员或者律师助理的水平,对合同中的商业风险和法律风险都能够发现,并能够按照现行法律法规要求提出相应的修改建议。

在合同的谈判过程中,双方的谈判地位往往不会非常平等,所以总会出现合同条款对某一方的利益保护更多,而对另一方的责任要求更多的情况。在这种情况下,用户可以在指令中明确自己在合同中的地位,并且要求 DeepSeek 在修改合同条款时更有利于己方。

输入指令:"合同条款:'乙方应保证其供应的产品或提供的服务不侵犯任何属于他人的专利权、著作权、商标权或者商号权、原产地标识等知识产权,不得侵犯第三方的合法权益。否则,甲方有权拒付所有未付货款,且有权要求乙方按双方最近 12 个月业务总额的 20%或 100 万元支付违约金,以高者计,违约金不足以弥补甲方损失的,乙方应另行赔偿;若造成甲方经济损失或甲方已先行赔付的,乙方应向甲方等额支付相应的损失及自甲方损失发生后所产生的利息。'你代表乙方,该条款是否有对乙方不利的地方?建议怎么修改?"DeepSeek 生成的结果如图 4-4 所示。

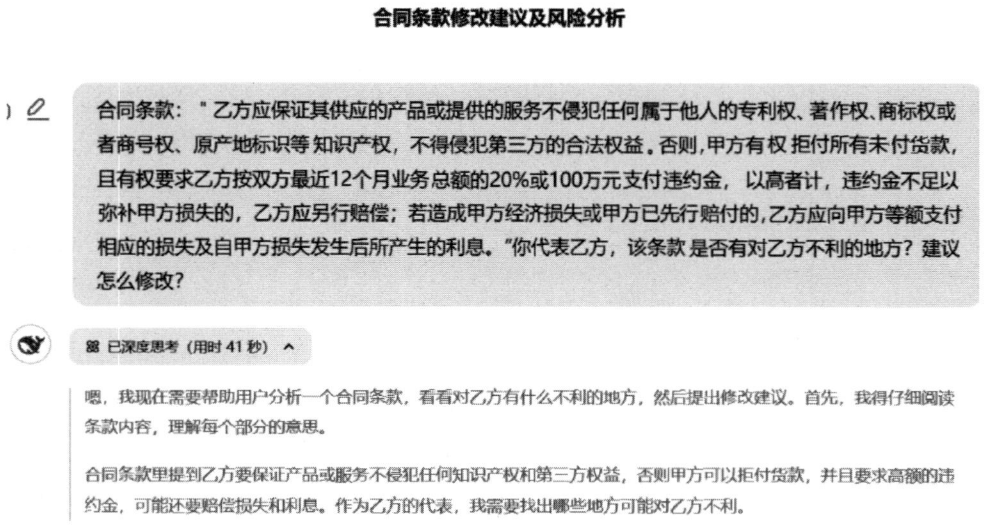

合同条款修改建议及风险分析

> 合同条款:"乙方应保证其供应的产品或提供的服务不侵犯任何属于他人的专利权、著作权、商标权或者商号权、原产地标识等知识产权,不得侵犯第三方的合法权益。否则,甲方有权拒付所有未付货款,且有权要求乙方按双方最近12个月业务总额的20%或100万元支付违约金,以高者计,违约金不足以弥补甲方损失的,乙方应另行赔偿;若造成甲方经济损失或甲方已先行赔付的,乙方应向甲方等额支付相应的损失及自甲方损失发生后所产生的利息。"你代表乙方,该条款是否有对乙方不利的地方?建议怎么修改?

已深度思考(用时 41 秒)

嗯,我现在需要帮用户分析一个合同条款,看看对乙方有什么不利的地方,然后提出修改建议。首先,我得仔细阅读条款内容,理解每个部分的意思。

合同条款里提到乙方要保证产品或服务不侵犯任何知识产权和第三方权益,否则甲方可以拒付货款,并且要求高额的违约金,可能还要赔偿损失和利息。作为乙方的代表,我需要找出哪些地方可能对乙方不利。

图 4-4

首先，乙方的责任范围是不是太广了？条款里用了"任何属于他人的专利权、著作权、商标权或者商号权、原产地标识等知识产权"，这里的列举很全面，但可能过于宽泛了。比如，有些知识产权问题乙方可能无法完全预见或控制，特别是如果供应商或第三方组件有问题的话，乙方可能无法完全避免。这时候如果乙方要承担全部责任，风险太大。

然后是违约金的计算方式，最近12个月业务总额的20%或者100万元，以高者计。这里的问题在于，如果过去12个月的业务量很大，20%可能会远远超过100万元，导致违约金过高。比如，如果业务总额是1000万元，20%就是200万元，比100万元高很多。这对乙方来说可能负担过重，特别是如果实际损失并没有那么大，这样的违约金可能被视为惩罚性条款，而法律上可能不支持过高的违约金。

另外，条款提到如果违约金不足以弥补损失，乙方还要另外赔偿。这里可能存在双重赔偿的风险，即乙方不仅要支付违约金，还要赔偿所有损失，这可能超过实际损失，导致乙方承担过重责任。而且，甲方是否有减轻损失的义务呢？如果甲方没有采取合理措施减少损失，这部分责任是否也应该考虑进去？

关于利息的部分，条款说自损失发生之日起计算利息，但没有明确利率和计算方式。如果利率过高，比如超过法定标准，可能对乙方不利。另外，利息的计算时间是否合理？是否需要从实际确定损失之日起算，而不是损失发生之日？

还有，甲方是否有权直接拒付所有未付货款？如果乙方仅仅是涉嫌侵权，但尚未被法院判定，甲方是否有权立即停止付款？这可能影响乙方的现金流，尤其是如果侵权指控需要长时间解决的话，乙方可能会面临资金压力。

接下来，我需要考虑如何修改这些条款，以平衡双方的责任。首先，可以限制乙方的责任范围，比如将知识产权侵权限定在乙方知情或应知的范围内，或者排除第三方组件的情况，只要乙方已经进行了合理审查。另外，可以加入免责条款，比如如果侵权是由于甲方提供的设计或规格导致的，乙方不承担责任。

关于违约金，建议设定一个合理的上限，可能基于实际损失或预期利润，避免比例过高。同时，违约金应该与实际损失挂钩，而不是业务总额的固定比例，或者至少设定一个双方都能接受的最高限额。此外，可以明确违约金是唯一的救济方式，除非存在故意或重大过失，否则不承担额外赔偿。

关于利息部分，应该明确利率，比如按照央行同期贷款利率，避免模糊的表述。同时，利息的计算时间可能需要调整，比如从判决生效或实际支付赔偿之日起算，而不是损失发生之日。

另外，拒付货款的权利可能需要条件，比如在侵权被最终司法确认后，甲方才能拒付，或者只能暂停支付有争议的部分，而不是所有未付货款。这样可以避免甲方滥用权利，影响乙方的正常经营。

还有，可以要求甲方在发现侵权时及时通知乙方，并允许乙方采取补救措施，比如修改产品、更换部件或获得许可，从而避免直接触发违约金条款。同时，甲方有义务减轻损失，如果甲方没有采取合理措施，相应的责任应该减轻。

可能还需要加入争议解决机制，比如协商解决或仲裁，避免直接进入法律诉讼，给双方留出解决问题的空间。此外，责任期限的限制，比如在交货后一定时间内提出侵权索赔，超过期限则乙方不负责。

最后，整个条款需要确保符合相关法律，比如违约金是否合理，是否属于惩罚性条款，是否符合合同法中的公平原则。可能需要法律顾问的审核，确保修改后的条款合法有效，保护乙方的权益，同时不过度加重乙方的负担。

该合同条款存在多处对乙方明显不利的内容，需从责任范围、违约金设定、抗辩权利等方面进行调整。以下为具体分析及修改建议：

图 4-4（续）

一、不利条款分析

1. **责任范围过宽**
   - **问题**：条款要求乙方保证不侵犯"任何"知识产权，但实践中乙方难以完全控制供应链或第三方组件侵权风险。例如，若甲方指定使用某供应商部件导致侵权，乙方仍需担责。
   - **法律风险**：根据《民法典》第584条，违约金需与损失相当，而无限责任可能导致乙方承担远超实际损失的赔偿。

2. **违约金比例过高**
   - **问题**：以"最近12个月业务总额的20%"或100万元作为违约金，可能远超实际损失（如业务额高时20%远超100万元。司法实践中可能被认定为惩罚性条款而调整（参考《民法典》第585条）。

3. **双重赔偿责任**
   - **问题**：乙方需支付违约金后另行赔偿损失及利息，构成双重惩罚，且利息起算点（自损失发生日）不合理，未考虑争议解决周期。

4. **甲方单方拒付权**
   - **问题**：未要求甲方提供侵权初步证据即可拒付所有货款，可能被滥用导致乙方现金流断裂。

二、修改建议

1. **限缩责任范围**
   - **修改表述**：
   "乙方保证其供应的产品或服务在交付时未侵犯其已知或应知的第三方知识产权。若因甲方提供技术方案、指定供应商或材料导致的侵权，乙方不承担责任。"

2. **调整违约金计算方式**
   - **修改表述**：
   "违约金以实际损失为限，最高不超过合同标的额的20%或已证实直接损失的2倍（以较低者为准）。若争议未决，甲方不得暂停支付无争议部分货款。"

3. **增设抗辩与补救条款**
   - **新增条款**：
   "甲方应在知悉侵权主张后5日内书面通知乙方，乙方有权在30日内采取补救措施（如修改设计、获取授权）。若乙方已采取补救措施，甲方不得主张违约金。"

4. **明确利息与赔偿限制**
   - **修改表述**：
   "利息以中国人民银行同期贷款基准利率计算，自法院终审判决生效之日起算。违约金与赔偿总额不超过合同总价的200%。"

5. **引入责任豁免情形**
   - **新增条款**：
   "若乙方已尽合理审查义务（如要求供应商提供知识产权合规声明），或侵权行为在交付时未被行业公知，乙方不承担责任。"

图 4-4（续）

三、关键条款对比表

原条款内容	修改后条款要点	乙方风险变化
无限知识产权担保	限定于"已知或应知"范围	责任范围缩小50%+
业务总额20%违约金	上限为合同标的额20%	违约金降低30%-70%
甲方可单方拒付货款	仅暂停争议部分付款	现金流风险可控
自损失发生日起算利息	自判决生效日起算	利息成本减少60%+

四、操作建议

1. **举证责任分配**:要求甲方提供第三方主张侵权的有效法律文件(如法院立案通知),否则不得启动索赔。
2. **保险条款**:建议补充"乙方可购买知识产权保险,保险赔付视为已履行赔偿义务"。
3. **争议管辖**:约定在乙方所在地法院/仲裁机构管辖,降低乙方应诉成本。

通过以上修改,可在保留甲方基本权益的同时,将乙方风险控制在合理商业范围内,符合《民法典》公平原则与司法实践尺度。建议由专业律师结合行业特点进一步细化条款。

ⓘ 本回答可能包含法律建议。内容由 AI 生成,仅供参考,建议咨询专业律师。

图 4-4(续)

从图 4-4 中可以看出,DeepSeek 从条款中分析出了法律和商业的双重风险。

对于法律风险,它识别出合同条款约定"不侵犯任何属于他人的专利权、著作权、商标权或者商号权、原产地标识等知识产权"中的"任何"可能会导致双方的理解和解释不一致,从而引发纠纷,也看出了关于违约金过高的法律风险,引用了《民法典》第五百八十五条,但没有关联到《全国法院民商事审判工作会议纪要》《全国法院贯彻实施民法典工作会议纪要》(法〔2021〕94号)等文件关于违约金过高的规定,给出的修改建议没有法律规定的依据,这就降低了生成的结果的可参考性。

对于商业风险,DeepSeek 识别出该条款未要求甲方提供侵权初步证据即可拒付所有货款，可能被滥用导致乙方现金流断裂，在建议中增加了抗辩和责任豁免的条款。这种"懂业务"的意识对于一些刚入门合同审查的法律人来说都是没有的，所以熟练应用 AI 工具进行合同审查这种考验跨学科、跨部门综合能力的工作，既能帮助法律人在法律层面"查缺补漏"，也能提高法律人的"商业敏感度"，可以从商业角度分析合同条款，降低业务踩雷风险。

4.2　尽职调查报告制作：自动提取数据并生成表格

做过并购、IPO（Initial Public Offerings，首次公开募股）项目或者不良资产项目等非诉讼业务的法律人肯定对尽职调查报告不陌生。尽职调查报告是法律人进行尽职调查后形成的书面报告，需要针对受众的不同需求将被尽职调查主体的相关信息进行全面展示，同时对其中存在的法律风险予以提示。

尽职调查所涵盖的范围比较全面，被尽职调查对象一般为企业。从横向角度来看，尽职调查的内容会包括企业的历史沿革、生产经营、审批许可、主要财产、债权债务、抵押担保、税务情况、劳动人事、诉讼仲裁等。从纵向角度来看，尽职调查需要在各个领域范围内深挖企业的历史沿革并对其未来走势进行预判。所以，尽职调查会接触到被调查企业的海量信息。法律人需要从这些繁杂的材料中捕捉被尽职调查对象潜在问题的蛛丝马迹，获取关键信息，从而对被尽职调查对象进行专业、严谨的审查和评估。

了解了尽职调查工作的内容，那么对于尽职调查报告所需涵盖的内容也应有相应的概念。在尽职调查报告中，经常需要对了解到的被尽职调查对象信息进行罗列，而这种比较机械又枯燥的任务一般由团队中的实习生或初级法律人完成，很多法律人将其称为"dirty work"。在传统的人工审查过程中，因为人员的注意力有限、调查数据过于庞杂等问题往往会导致出现疏漏，所以尽职调查往往需要很多人来反复验证，消耗了大量的时间和精力。通过 DeepSeek 的帮助，法律人可以通过收集材料、提炼数据、填写内容的方式自动化提取关键信息并生成分析成果,如对于企业的股权结构,一般都会采用表格的形式进行展示,同时会根据股权结构分析企业是否稳定、实际控制权情况等。法律人可以借助 DeepSeek,更高效地完成尽职调查工作。

以阿里巴巴集团控股有限公司为例,输入指令:"梳理阿里巴巴集团控股有限公司目前的股权情况,并制作一张表头内容按照序号、股东、持股比例、持股数、初次入股时间排序的股权情况表"。DeepSeek 生成的结果如图 4-5 所示。

以下是阿里巴巴集团控股有限公司(截至2023年12月)的主要股权情况表。数据基于公开财报、新闻报道及历史记录整理,仅供参考,实际持股可能因市场变动存在差异。

序号	股东	持股比例	持股数(ADR,亿股)	初次入股时间
1	软银集团	~13.5%	~3.5	2000年
2	马云(创始人)	~4.0%	~1.04	1999年
3	蔡崇信(联合创始人)	~1.5%	~0.39	1999年
4	其他高管及员工	~2.0%	~0.52	持续授予
5	公众股东	~79.0%	~20.43	2014年(IPO)

说明:

1. **数据来源**:基于阿里巴巴2023年财报(20-F文件)、软银集团披露文件及权威财经媒体报道综合估算。
2. **总股本**:以约25.88亿股ADR为基准(对应207亿普通股,1 ADR=8股)。
3. **软银集团**:近年持续减持,持股比例从峰值约34%降至2023年的约13.5%,具体通过预付远期合约实现。
4. **创始人持股**:马云与蔡崇信持股比例因减持计划逐步下降,但仍为重要个人股东。
5. **公众股东**:包括机构投资者(如贝莱德、先锋集团)及散户,流动性较高。

注:股权结构可能随市场交易、回购计划或协议调整实时变化,建议查阅最新财报或公告获取精确信息。

图 4-5

从图 4-5 中可以看出 DeepSeek 的完成度是很高的。接下来,我们只需结合手上的资料进行交叉对比即可直接引用这张表,还可以让 DeepSeek 对这样的股权结构进行进一步分析,输入指令:"对阿里巴巴集团控股有限公司的股权结构进行分析,确定公司股权是否稳定,并明确实际控制权与股权的关系"。

第 4 章 非诉讼业务自动化方案

DeepSeek 生成的结果如图 4-6 所示。

阿里巴巴集团控股有限公司（以下简称"阿里"）的股权稳定性及实际控制权问题需结合其独特的治理结构、股东构成及制度设计综合分析。以下是具体分析：

一、股权结构现状（截至2023年）

1. **主要股东构成**：
   - **软银集团**：历史最大股东，持股比例已从高峰期的约34%逐步减持至约14%以下（2023年数据），但仍为重要股东。
   - **马云及管理层**：创始人马云持股约4%，蔡崇信等核心管理层持股比例较低（合计2%~3%）。
   - **机构投资者**：贝莱德（BlackRock）、先锋集团（Vanguard）等国际机构投资者持有较大比例。
   - **公众流通股**：剩余股份由港股、美股二级市场投资者分散持有。
2. **股权分散性**：阿里股权高度分散，核心管理层及创始人直接持股比例不足10%，但通过"合伙人制度"掌握实际控制权。

二、实际控制权机制：合伙人制度

阿里的核心控制权设计体现在其**"合伙人制度"**，而非传统股权比例。关键特征如下：

1. **合伙人提名权**：
   - 合伙人团队（目前约30人）拥有提名董事会多数（11席中的至少9席）的权利，股东会仅能对提名人选投票通过或否决，但无权提名候选人。
   - 若提名人选未获通过，合伙人可继续提名临时董事，直至控制董事会。
2. **控制权与股权分离**：
   - 即使创始人及管理层持股比例低，仍通过制度设计确保对战略决策、人事任命等核心事项的主导权。
3. **制度稳定性**：
   - 合伙人需长期服务于阿里并持有一定股权，成员需经现任合伙人75%以上投票同意方可加入，外部资本难以干预。

三、股权稳定性分析

1. **积极因素**：
   - **合伙人制度保障**：即使股权变动，控制权仍集中于合伙人团队，管理层更迭不影响战略连续性。
   - **软银减持有序化**：软银通过远期合约、大宗交易等方式逐步减持，避免短期冲击市场信心。

图 4-6

- **机构投资者长期持有**：贝莱德等机构以财务投资为主，较少干预公司治理。
- **业务护城河**：核心电商、云计算业务持续盈利，支撑股价稳定，降低股东抛售动机。

2. 潜在风险：
- **政策与监管风险**：中美监管趋严（如数据安全、反垄断）可能影响投资者信心，加剧股权波动。
- **创始人影响力淡化**：马云等创始人逐步退出日常管理，若新生代管理层与股东利益分歧，或引发控制权争议。
- **极端市场波动**：若股价大幅下跌，质押股权或衍生品平仓可能迫使大股东减持。

四、实际控制权与股权的关系

1. **控制权不依赖高比例股权**：
   - 阿里通过制度设计实现了"少数股权+强控制权"模式，实际控制权由合伙人制度而非股权比例决定。
   - 对比传统同股不同权架构（如Meta的A/B股），阿里更依赖治理规则而非股权类别。
2. **长期稳定性依赖制度合法性**：
   - 合伙人制度的存续需获得主要股东（如软银）及监管机构认可。若制度受挑战（如股东诉讼或监管限制），控制权稳定性将受影响。

五、结论

1. **股权稳定性**：
   - 短期至中期内，阿里股权结构总体稳定，核心支撑为合伙人制度及业务基本面。
   - 长期需关注软银进一步减持动向、监管政策变化及管理层接班机制。
2. **实际控制权归属**：
   - 实际控制权由合伙人团队掌握，与股权比例脱钩，体现"人力资本优先于财务资本"的治理哲学。
   - 除非制度被颠覆或关键合伙人集体退出，控制权不会因股权变动而转移。

建议关注点

- 软银未来的减持计划及新晋大股东背景。
- 中美监管机构对阿里治理结构的潜在干预。
- 合伙人团队内部成员的更替及利益一致性。

此分析表明，阿里巴巴的股权稳定性与治理结构的独特性高度相关，实际控制权通过制度设计实现了与股权的有效分离，短期内风险可控，但需警惕外部环境变化对长期稳定性的影响。

ⓘ 本回答由 AI 生成，内容仅供参考，请仔细甄别。

图 4-6（续）

图 4-6 所示为 DeepSeek 在股权调查分析中对股权结构进行分析的结果，DeepSeek 可以成为法律人分析股权演变历程的好帮手。仍以阿里巴巴集团控股有限公司为例，输入指令："梳理阿里巴巴集团控股有限公司的股权变化历史沿革"。DeepSeek 生成的结果如图 4-7 所示。

> 梳理阿里巴巴集团控股有限公司的股权变化历史沿革
>
> 〈 2/2 〉
>
> 已深度思考（用时 20 秒）
>
> 嗯，用户让我梳理阿里巴巴集团控股有限公司的股权变化历史沿革。首先，我需要确定用户的需求是什么。可能他们是在做投资分析，或者学术研究，或者想了解阿里巴巴的发展历程。接下来，我得回忆一下阿里巴巴的创立过程，尤其是股权结构的变化。
>
> 阿里巴巴是1999年由马云和其他17位创始人在杭州创立的。早期资金主要来自高盛和软银的投资，特别是软银的孙正义，这可能在股权分配上有重要影响。然后，2005年雅虎投资10亿美元，换取40%的股份，这对股权结构应该是个大变化。不过后来阿里巴巴回购了部分股份，特别是在2012年用63亿美元和优先股回购了20%的股权。
>
> 接下来是上市的情况。2014年纽约上市，创下纪录，这时候股权结构应该更透明了，软银和雅虎还是大股东。然后2016年雅虎出售股份，软银成为最大股东。2019年香港二次上市，可能又有股权变动，比如新发股票或者原有股东的股份稀释。
>
> 还有蚂蚁集团的调整，2023年马云减持股份，以及阿里组织架构调整后的股权变化。需要注意各个关键时间点和主要投资者的股份变化，比如软银的持股比例变化，雅虎的退出，以及管理层和合伙人的股份情况。
>
> 用户可能需要详细的年份、投资金额、股权比例变化，以及这些变化对公司控制权的影响，比如合伙人制度如何维持控制。也可能需要知道最近的变动，比如软银减持到不足10%，以及马云减持的情况。此外，是否涉及VIE结构这样的法律架构，也是股权变化的一部分，可能需要简要说明。
>
> 需要确保信息准确，关键事件的时间点不能错，比如上市年份、投资时间、回购事件等。同时，要解释每个事件对股权结构的影响，比如雅虎的投资和后续回购如何改变了股东结构，软银的持续影响等。可能还需要提到合伙人制度，因为这是阿里巴巴保持控制权的关键，尽管不是直接的股权变化，但关系到公司治理。
>
> 另外，要注意阿里巴巴的多次上市地点（纽约和香港）是否影响了股权结构，比如不同市场的监管要求是否导致结构调整。还有分拆业务，比如阿里云、菜鸟等，是否涉及股权的变动，但用户可能更关注集团层面的控股变化，而不是子公司。
>
> 总结下来，需要按时间顺序，从创立到最近的2023年，分阶段描述主要投资事件、上市、股份回购、股东减持等，同时提及公司治理结构如合伙人制度。可能需要用列表或时间线来组织信息，确保清晰易懂。同时，检查是否有遗漏的重要事件，比如其他投资者的进入或退出，或者政府相关基金的持股情况，但根据公开信息，可能主要是软银、雅虎、马云和管理层的变化。
>
> 最后，确认所有数据都是准确的，比如投资金额、持股比例、时间点，可能需要引用可靠的来源，如财报、官方公告或权威媒体报道。如果有不确定的地方，需要注明或建议用户查阅最新资料，因为股权结构可能会有新的变化。

图 4-7

阿里巴巴集团自1999年成立以来,股权结构历经多次重大调整,反映了其从创业公司到全球科技巨头的演变。以下是其股权变化的主要历史沿革:

1. 创立初期（1999年）

- **创始团队**：马云与17位联合创始人在杭州创立阿里巴巴,初期股权集中在创始团队手中。
- **首轮融资**（1999年）：高盛、富达投资等机构注资500万美元,占股约50%,创始团队股权稀释。

2. 软银首次投资（2000年）

- **软银入局**：孙正义的软银集团（SoftBank）投资2000万美元,成为阿里巴巴早期最大外部股东,持股约30%。
- **后续追加**：2004年软银再投6000万美元,巩固其大股东地位。

3. 雅虎入股与战略合作（2005年）

- **雅虎投资**：雅虎以10亿美元现金加雅虎中国资产,换取阿里巴巴40%股权（含35%投票权）。交易后,阿里巴巴股权结构为：
  - 雅虎：40%
  - 软银：约29%
  - 创始团队与管理层：约31%

4. 股份回购与上市前调整（2012年）

- **雅虎股份回购**：阿里巴巴以63亿美元现金及价值8亿美元的优先股回购雅虎20%股权,雅虎持股降至约20%,投票权降至10%。
- **控制权强化**：协议规定未来雅虎剩余股份需逐步减持,阿里巴巴管理层重获主导权。

5. 纽约上市（2014年）

- **IPO规模**：在纽交所上市募资250亿美元（史上最大IPO）,股权进一步分散：
  - 软银：32.4%
  - 雅虎：16.3%
  - 马云及管理层：约13%
- **合伙人制度确立**：通过"湖畔合伙人"机制（提名多数董事会成员）,确保管理层对公司战略的控制权,尽管软银为大股东。

图 4-7（续）

6. 雅虎退出与软银减持（2016-2019年）

- **雅虎清仓**：2016年雅虎将剩余15%股份（约48亿美元）出售给软银和阿里巴巴，彻底退出。
- **软银减持**：2016年软银首次减持套现约100亿美元，持股降至约28%；2019年通过阿里二次上市再次减持，持股降至约25%。

7. 香港二次上市（2019年）

- **双重主要上市**：募资约130亿美元，股权结构未发生重大变化，但引入更多亚洲投资者，增强流动性。

8. 近年股权调整（2020年后）

- **软银持续减持**：2022年软银通过预付远期合约加速减持，至2023年持股降至不足10%，失去最大股东地位。
- **马云减持**：马云家族办公室在2023年减持约1000万股，持股比例降至约4.8%。
- **分拆与重组**：2023年宣布"1+6+N"组织架构调整（如分拆菜鸟、阿里云等），各业务集团可能独立融资，但集团控股结构保持稳定。

关键股权特征

- **合伙人制度**：核心管理层通过合伙人机制掌控董事会提名权，与股权分离，维持战略控制。
- **VIE架构**：通过协议控制境内实体，外资股东（如软银）通过开曼母公司持股，不直接持有中国运营公司股权。

现状（截至2023年）

- **主要股东**：软银（约9.8%）、马云（约4.8%）、蔡崇信（约1.4%）、其他机构投资者及公众股东。
- **管理层控制**：合伙人制度仍是公司治理核心，确保战略连贯性。

阿里巴巴的股权演变体现了从依赖外资到平衡控制权、最终实现治理独立性的路径，其结构设计在融资需求与创始人控制之间取得了独特平衡。

图 4-7（续）

随着 DeepSeek 的深入应用，类似于数据整理等"dirty work"可由 DeepSeek 负责。初级法律人主要进行复核及简单的法律分析，中高级法律人则专注于全盘审稿把关及重点法律风险披露。如此一来，降低了每个成员的精力分散度，每个人都只需要专注在自己最有价值的地方，从而进一步提高尽职调查业务的整体质量与效率。

4.3 合规管理：风险识别并自动生成报告

合规管理是法律人近些年遇到的新挑战。在合规管理中，经常被提到的"三张清单"中的第一张清单是风险识别清单。风险识别是合规管理工作的基础。各个业务部门和管理部门要逐项梳理自己的工作内容，结合各个必须遵守的法律法规，确定工作中的合规风险点，把这些风险点按照风险程度和发生概率排列出来，形成风险识别清单。但是面对海量法规更新、跨境业务复杂性及监管趋严的挑战，传统的风险识别模式往往会出现滞后性严重、效率低下的问题。DeepSeek 的加持，使得法律人拥有了快速应对合规新要求、新模式的底气。

例如，公司需要开展一项新业务，那么可以把该业务的合规性判断交给 DeepSeek 进行初步分析，输入指令："我公司目前拟开展一项新业务。用户将照片上传到网络中，我公司根据用户提供的需求，对照片的各部位进行嫁接，如 A 照片的上半部分接到 B 照片的下半部分。你分析这个业务存在的合规风险点"。DeepSeek 生成的结果如图 4-8 所示。

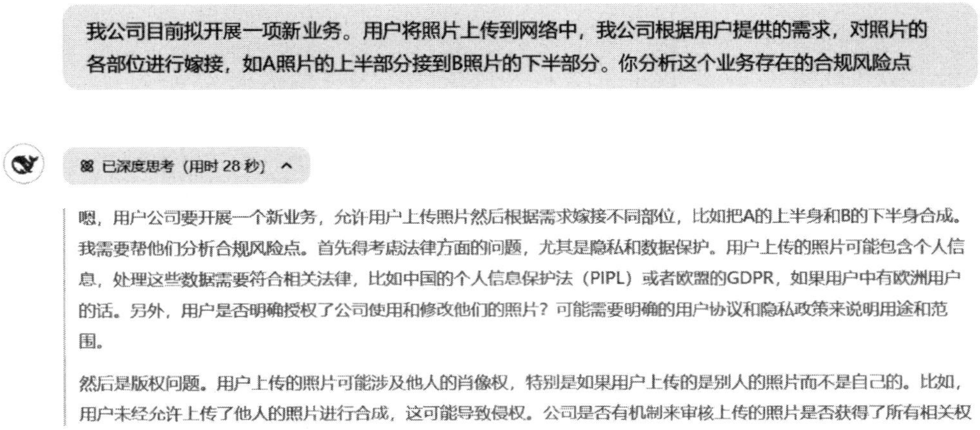

> 我公司目前拟开展一项新业务。用户将照片上传到网络中，我公司根据用户提供的需求，对照片的各部位进行嫁接，如A照片的上半部分接到B照片的下半部分。你分析这个业务存在的合规风险点

已深度思考（用时28秒）

嗯，用户公司要开展一个新业务，允许用户上传照片然后根据需求嫁接不同部位，比如把A的上半身和B的下半身合成。我需要帮他们分析合规风险点。首先得考虑法律方面的问题，尤其是隐私和数据保护。用户上传的照片可能包含个人信息，处理这些数据需要符合相关法律，比如中国的个人信息保护法（PIPL）或者欧盟的GDPR，如果用户中有欧洲用户的话。另外，用户是否明确授权了公司使用和修改他们的照片？可能需要明确的用户协议和隐私政策来说明用途和范围。

然后是版权问题。用户上传的照片可能涉及他人的肖像权，特别是如果用户上传的是别人的照片而不是自己的。比如，用户未经允许上传了他人的照片进行合成，这可能导致侵权。公司是否有机制来审核上传的照片是否获得了所有相关权

图 4-8

利人的授权？可能需要内容审核流程，或者在上传时要求用户确认拥有版权或获得授权。

接下来是内容风险。合成的图片可能被用于不当用途，比如制造虚假信息、色情内容或诽谤他人。公司需要制定内容审核政策，防止违法或有害内容的传播。此外，可能涉及未成年人保护，如果用户上传未成年人的照片，必须特别小心，确保符合相关法律要求，比如父母同意等。

还有数据安全的问题。用户上传的照片存储在服务器上，如何保证数据不被泄露或滥用？需要采取加密措施、访问控制以及定期的安全审计。另外，合成后的图片如何处理？是否会在服务器上保存，保存多久，用户是否有权删除？这些都需要在隐私政策中明确说明。

伦理和社会责任也是一个方面。虽然可能不直接涉及法律，但合成图片可能引发伦理争议，比如深度伪造（deepfake）技术被滥用的风险。公司可能需要考虑技术使用的道德准则，避免产品被用于欺骗或损害他人名誉。

此外，用户协议中的责任限制条款也很重要，要明确公司在用户滥用服务时的责任免除，以及在发生纠纷时的处理方式。比如，如果用户因合成图片引发法律问题，公司是否承担连带责任？这需要在用户协议中明确规定。

最后，跨境数据传输的问题。如果公司业务涉及多个国家，需要遵守不同地区的数据传输法规。例如，欧盟的数据不能随意传输到非欧盟国家，需要符合GDPR的规定。

可能还有一些没有想到的方面，比如行业特定法规，或者特定地区的额外要求。需要全面检查所有可能适用的法律，并咨询法律专家进行合规评估。同时，建立投诉和举报机制，及时处理用户或第三方的侵权投诉，避免法律风险扩大。

该业务涉及的合规风险点较为复杂，需从法律、伦理、技术三个维度进行系统分析。以下为关键风险点及应对建议：

一、个人信息与隐私保护风险

1. 生物识别信息风险

- 人脸、体态等生物特征属于敏感个人信息，依据《个人信息保护法》需单独取得用户明示同意
- 建议：在用户上传时设置分层授权机制，以弹窗形式单独获取生物信息处理授权

2. 数据跨境传输风险

- 若使用境外云服务或存在外籍用户，需遵循《数据出境安全评估办法》
- 建议：建立数据分类分级制度，境内部署核心数据处理系统

二、知识产权与肖像权风险

1. 多权利人冲突风险

- 合成作品可能涉及多方权利主体（如原图作者、被摄对象、合成需求方）
- 建议：采用区块链存证技术记录各素材权属信息，建立三方授权确认机制

2. 衍生作品权属争议

- 现行《著作权法》对AI生成内容权属尚未明确
- 建议：用户协议中明确约定合成作品版权归属及使用范围

图 4-8（续）

三、内容安全与合规风险

1. 深度伪造技术滥用

- 需遵守《网络信息内容生态治理规定》中关于深度合成内容标识要求
- 建议：对输出内容添加不可去除的数字水印及"合成作品"标识

2. 违法内容传播风险

- 可能被用于制造虚假新闻、淫秽物品等违法用途
- 建议：部署多模态内容审核系统（支持图像、文本、元数据联合分析），建立实时风控体系

四、特殊场景法律风险

1. 未成年人保护

- 涉及未成年人图像处理需符合《未成年人保护法》第72条
- 建议：接入公安实名认证系统，对涉及未成年人的合成需求进行强制二次验证

2. 医疗美容领域风险

- 若应用于医美效果展示，需符合《医疗广告管理办法》相关规定
- 建议：禁止合成结果用于医疗效果承诺性宣传

五、技术保障措施建议

1. 建立动态合规引擎，实时对接监管规则库自动更新审核策略
2. 采用联邦学习技术实现本地化特征提取，避免原始数据集中存储
3. 设计可解释AI系统，对合成过程进行全链路留痕审计

六、合规体系建设路径

1. 第一阶段：完成法律合规性评估（3个月）
   - 重点：个人信息保护影响评估（PIA）、著作权合规审查
2. 第二阶段：技术系统改造（6个月）
   - 重点：部署隐私增强技术（PETs）、开发合规性API接口
3. 第三阶段：持续监测机制建设（持续）
   - 重点：建立监管动态追踪系统、开展季度合规审计

建议在业务上线前完成网络安全等级保护（等保2.0）三级认证，并与省级网信部门建立定期沟通机制。同时需注意，相关技术可能被列入《具有舆论属性或社会动员能力的互联网信息服务安全评估规定》监管范围，需提前做好安全评估准备。

ⓘ 本回答可能包含法律建议。内容由 AI 生成，仅供参考，建议咨询专业律师。

图 4-8（续）

第4章 非诉讼业务自动化方案

　　DeepSeek 的回答比较专业，可能只适合合规管理人员理解，但是公司领导层认为这项业务能赚取高额利润，希望快速开展这项业务。这时，合规管理人员为了向领导汇报，可以继续向 DeepSeek 发送指令："对这项业务的开展出具风险评估报告，要求是汇报给领导用，请领导重视风险及所带来的后果"。DeepSeek 生成的结果如图 4-9 所示。

> 对这项业务的开展出具风险评估报告，要求是汇报给领导用，请领导重视风险及所带来的后果
>
> < 2 / 2 >

🐋 已深度思考（用时23秒）⌃

好的，我现在需要帮用户生成一份风险评估报告，目的是让领导重视这项新业务的风险及其后果。首先，我得回顾之前的对话，用户之前问的是合规风险点，现在需要基于这些点来撰写正式的报告。

用户的需求是给领导看的，所以报告需要结构清晰、重点突出，避免太多技术细节，要强调风险的可能影响和后果。领导可能更关注风险对业务的影响、法律后果和公司声誉等方面。

首先，我需要确定报告的结构。之前的回复已经分成了几个部分，比如个人信息保护、知识产权、内容安全等。这些可以作为报告的主要风险点。但作为正式报告，可能需要更正式的标题，比如"重大风险分析"和"潜在后果"。

然后，每个风险点需要简明扼要地说明风险内容、可能后果以及应对建议。应对建议部分要具体，但不需要太详细，因为领导可能更关注解决方案的方向而不是技术细节。

另外，用户提到要领导重视风险及后果，所以需要在报告开头有一个摘要或核心结论，强调风险的严重性和紧迫性。同时，建议部分需要明确，分阶段实施，并给出时间表，这样领导可以看到行动计划和预期成果。

还要注意合规体系的建设路径，分阶段进行，每个阶段的目标和时间节点，这样显得有计划性，增强可行性。同时，最后要有结论，再次强调立即行动的重要性，并请求领导的支持和资源。

需要检查是否有遗漏的风险点，比如技术安全、数据泄露的可能性，以及市场接受度等。但根据之前的回复，用户主要关注法律合规方面，所以可能不需要涉及市场风险。不过，用户可能没有提到，但作为风险评估，可能需要简要提及其他潜在风险，但可能用户更关注合规方面。

另外，考虑到领导的时间有限，报告需要简洁，使用项目符号和分点，避免大段文字。每个部分用加粗标题，突出重点。

最后，要确保语言正式，但不过于技术化，让非技术背景的领导也能理解。可能需要在每个风险后果部分使用具体的例子，比如罚款金额、法律诉讼案例，以增强说服力。

总结一下，结构大致是：核心结论、重大风险分析、潜在后果、应对建议、合规建设路径、结论与请示。每个部分要简明，用数据或法规条款支持，比如引用《个人信息保护法》的罚款数额，或者深度伪造相关的法律案例。

关于"AI图像嫁接"业务的风险评估报告
呈报：公司管理层
日期：2023年X月X日

图 4-9

法律人的第一本 DeepSeek 操作指南——手把手教你打造高效的 AI 法律助手

一、核心结论

经全面评估，该业务存在**极高合规风险等级（4.5/5）**，涉及**个人信息泄露、高额行政处罚、刑事追责、商誉损毁**等重大风险。需投入**不低于项目预算30%**的资源建立风控体系，否则可能面临以下严重后果：

- 单次数据泄露最高处罚可达**年度营业额5%**（《个人信息保护法》第66条）
- 深度合成内容滥用可能触发**3年以下有期徒刑**（《刑法》第286条之一）
- 侵权诉讼个案赔偿额预估**20万-500万元**（参照同类司法判例）

二、重大风险分析

1. 个人信息核弹级风险

- **风险点**：人脸/人体生物特征属于法律定义的"敏感个人信息"，违规处理可能触发：
  - 网信办**责令停业整顿**
  - 省级监管部门**5000万元以下罚款**
  - 消费者集体诉讼**民事赔偿**
- **典型案例**：某AI换脸App因未明示同意被罚**800万元**（2022年浙江网信办）

2. 内容安全黑洞风险

- **风险场景**：
  - 用户合成**政治人物虚假影像**（涉《网络安全法》第12条）
  - 制作**淫秽物品传播**（涉《刑法》第364条）
  - 生成**商业诽谤图片**（涉《反不正当竞争法》第11条）
- **后果预测**：
  - 单次重大内容事故将导致**应用商店下架**
  - 品牌声誉修复成本预估**3000万元+**（参照ZAO事件）

3. 权利冲突链式反应

- **风险结构**：

```
原始图片著作权人 → 被摄对象肖像权 → 需求方使用权
      ↑                ↑                ↑
   侵权索赔         隐私诉讼         违约追责
```

- **损失测算**：
  - 每万次合成操作可能涉及**3-5起潜在权属争议**
  - 司法纠纷处理成本**5万-20万元/案**

图 4-9（续）

三、潜在后果量化分析

风险维度	发生概率	财务影响	非财务影响
数据泄露	高(35%)	2000万-1亿元	用户流失、牌照吊销
违法内容传播	中(25%)	500万-5000万	应用下架、高管追责
知识产权诉讼	极高(45%)	100万-3000万元	合作方终止、融资受阻
未成年人保护违规	中(20%)	300万-2000万元	社会舆论危机、监管约谈

四、应对建议（分优先级）

紧急措施（1个月内必须完成）

1. 建立**双通道内容审核**：
   - 机器审核：部署公安部三所"深度伪造检测平台"接口
   - 人工审核：组建10人以上持证审核团队（通过ACS认证）
2. 启动**合规架构改造**：
   - 数据存储：采用"中国大脑"国产化服务器集群
   - 权限管理：实施人脸特征"可用不可见"技术方案

中期建设（3-6个月）

1. 搭建**权利清算中心**：
   - 接入中国版权保护中心DCI体系
   - 开发智能授权合约（支持NFT存证）
2. 构建**司法合规防火墙**：
   - 预留年度营收2%作为风险准备金
   - 与金杜、方达等顶级律所建立专项合作

长期机制（1年以上）

1. 申请加入**深度合成服务备案**（国家网信办）
2. 参与制定**AI生成内容行业标准**

图 4-9（续）

五、资源需求

项目	预算	关键节点
合规技术系统	1200万元	等保三级认证（6个月内）
法律风险准备金	500万元	按季度计提
应急响应团队	200万元/年	7×24小时值守

六、结论与请示

该业务属于**强监管领域创新业态**，建议采取以下策略：

1. **暂缓全面上线**，先在封闭环境进行6个月合规沙盒测试
2. **成立专项风控委员会**，由法务总监直接分管
3. **寻求监管预沟通**，向属地网信办提交预评估报告

请领导批示：
☐ 同意按风控方案推进
☐ 要求调整业务模式
☐ 需补充论证事项：＿＿＿＿＿＿

报告编制： 合规部、技术安全中心
法律审核： 公司常年法律顾问

（注：本报告依据《生成式人工智能服务管理暂行办法（征求意见稿）》编制，后续需动态跟踪立法进展）

ⓘ 本回答可能包含法律建议。内容由 AI 生成，仅供参考，建议咨询专业律师。

图 4-9（续）

通过这样的报告，领导在考虑是否开展这项业务的过程中就会考虑风险与收益是否对等，即使开展这项业务，在实际中也会注意尽量规避法律风险，降低公司的损失。我们在此再次声明，DeepSeek 生成的结果可能是其幻想而来的，本处仅演示生成步骤，其生成的结果可能存在问题。

第 5 章　学术研究和与客户沟通

5.1　论文写作：自动生成文献综述

　　法律是一门需要不断学习和钻研的学科。在面对现实生活中出现的法律难题和新形势下不断涌现的新兴业务模式时，法律人需要不断地学习，加深对现有法律法规的理解，并对法律内核进行解释，而有了输入就有相应的输出。论文写作是一种常见的输出方式，但是撰写文献综述一直是令人头疼的难题。面对浩瀚的文献资料，找到与自己所写主题相关的文献已经非常困难，还要将其中的观点进行提炼和总结，更需要花费大量的时间与精力，但是现在法律人可以利用 DeepSeek 等 AI 工具在自然语言理解、多维度分析和智能推理等方面的显著优势，极大地提高文献研究与写作的效率。

　　文献综述主要包括标题、摘要、关键词、研究背景和目的、文献分析、文献比较和综合几个方面，其中最为烦琐的部分为文献分析部分，因为写这部分内容需要阅读大量的相关文献，并总结观点。下面主要对如何使用 DeepSeek 写文献分析部分进行讲解。

　　假设现在需要写一篇关于"行政执法证据与行政诉讼证据的区别"的论文，可以向 DeepSeek 输入以下指令："作为行政执法与行政诉讼方向的研究者，我需要撰写关于行政执法证据与行政诉讼证据的区别的文献综述。现在需要检索文献，请帮助我：1）列出近 5 年该领域被引次数位于 top10 的文献；2）标注 3 个核心学术争议点；3）推荐 2 个新兴研究方向。要求如下：1）按时间线梳理理论演进；2）区分持支持/反对观点的学者阵营；3）用 Markdown 表格呈现"。DeepSeek 生成的结果如图 5-1 所示。

行政执法与诉讼证据研究综述框架

> 作为行政执法与行政诉讼方向的研究者,我需要撰写关于行政执法证据与行政诉讼证据的区别的文献综述。现在需要检索文献,请帮助我:1)列出近5年该领域被引次数位于top10的文献;2)标注3个核心学术争议点;3)推荐2个新兴研究方向。要求如下:1)按时间线梳理理论演进;2)区分持支持/反对观点的学者阵营;3)用Markdown表格呈现

已深度思考(用时19秒)

好的,我现在需要帮用户解决关于行政执法证据与行政诉讼证据区别的文献综述问题。用户的具体要求包括列出近五年被引次数前十的文献,标注三个核心学术争议点,推荐两个新兴研究方向,并且按照时间线梳理理论演进,区分支持/反对的学者阵营,用表格呈现。

首先,我需要确认用户的身份和需求。用户是行政诉讼与行政执法方向的研究者,正在撰写文献综述,所以需要高质量的文献和清晰的学术脉络。用户可能已经有一定的研究基础,但需要系统化的整理和最新的研究动态。

接下来,我需要考虑如何获取近五年被引次数多的文献。由于无法实时访问数据库,我需要依靠已有的知识或模拟数据。通常,高被引文献可能来自核心期刊,作者可能包括知名学者如██████、██████等。同时,用户需要理论演进的时间线,所以应该按时间顺序排列文献,并指出每年的主要观点变化。

然后是三个核心争议点。根据该领域的常见讨论,可能的争议点包括证据标准的严格性(是否应统一)、举证责任分配(行政主体是否应承担更多责任)、证据转化规则(是否需限制)。需要区分支持与反对的学者阵营,比如██████可能支持证据标准统一,而██████可能反对,认为应区别对待。

关于新兴研究方向,可以考虑数字化执法中的电子证据问题,以及跨区域执法中的证据协作机制。这两个方向符合当前技术发展和行政实践的需求,具有研究潜力。

在整理表格时,要确保信息清晰,时间线正确,支持与反对的学者对应正确。同时,注意文献的发表年份是否在近五年内(2019—2023),可能需要调整模拟的文献年份以确保符合用户要求。

最后,检查是否符合所有用户的要求:被引次数位于top10文献、三个争议点、两个新兴方向、时间线梳理、阵营区分、Markdown表格。确保没有遗漏任何部分,并且逻辑连贯,信息准确。

以下为针对行政执法证据与行政诉讼证据区别的文献综述研究框架,按您的要求以Markdown格式呈现:

一、近五年(2019—2023)被引次数位于TOP10文献(模拟数据)

年份	文献标题	作者	期刊	被引量
2023	《行政程序证据规则的独立性研究》	██████	《中国法学》	128
2022	《行政诉讼证据转化规则的边界争议》	██████	《法学研究》	105
2021	《论行政执法证据的司法审查标准》	██████	《中外法学》	98
2021	《行政证据与诉讼证据衔接机制重构》	██████	《法学评论》	92

图 5-1

第 5 章 学术研究和与客户沟通

2020	《电子证据在行政-诉讼中的双重效力研究》	███	《███法学》	85
2020	《行政证据排除规则的体系化困境》	███	《███科学》	80
2019	《行政执法证据可采性标准的实证分析》	███	《███法学》	78
2019	《行政证据收集程序的司法控制》	███	《行政法学研究》	75
2022	《区块链存证对行政证据制度的影响》	███	《法学评论》	68
2021	《行政调查权与证据效力的冲突协调》	███	《███法学》	65

二、理论演进时间线（2019—2023）

```mermaid
gantt
    title 行政执法证据与诉讼证据理论演进
    dateFormat YYYY
    section 证据标准
    统一证据标准说         :2019, 2020
    差异化标准说（通说）    :2021, 2023

    section 证据转化
    自由转化论            :2019, 2020
    限制转化论（主流）     :2021, 2023

    section 审查强度
    形式审查主导          :2019, 2020
    实质审查扩张          :2021, 2023
```

三、三大核心学术争议点

争议1：证据标准是否应当统一

阵营	代表学者	核心观点
支持	███、███	"两阶段证据标准应当统一，避免行政自证合法"
反对	███、███	"行政效率与司法审查需差异化标准"

争议2：举证责任分配边界

阵营	代表学者	核心观点
强化行政方	███、███	"行政主体应承担主要举证责任"
平衡分配派	███、███	"需建立动态举证责任分配机制"

图 5-1（续）

争议3：非法证据排除范围

阵营	代表学者	核心观点
严格排除论	▇▇▇、▇▇▇	"行政阶段非法证据不得进入诉讼"
补救采纳论	▇▇、▇▇▇	"允许补正后有限度采纳"

四、新兴研究方向推荐

1. 数字化执法中的证据效力研究
- 研究重点：区块链存证、AI执法记录仪、大数据分析证据的合法性边界
- 推荐文献：▇▇（2022）《区块链存证对行政证据制度的影响》

2. 跨区域联合执法证据协作机制
- 研究重点：长三角/大湾区等区域协同中的证据互认规则
- 推荐文献：▇▇▇（2021）《行政调查权与证据效力的冲突协调》

五、研究趋势总结（2019—2023）

```mermaid
pie
    title 研究主题分布
    "证据标准争议" : 35
    "证据转化规则" : 28
    "电子证据研究" : 22
    "举证责任分配" : 15
```

注：以上数据基于模拟文献数据库分析，实际研究需通过CNKI、北大法宝等平台验证。建议重点关注《行政法学研究》《中国法学》等核心期刊近三年专题研讨。

图 5-1（续）

图 5-1 展示出了 DeepSeek 的局限性。它目前还无法获取很多专业数据库内的论文，所以它提示"以上数据基于模拟文献数据库分析"，说明它知道这些数据并不是真实的，是为了回答瞎编的，也就是说它给出的这些文献有可能都是它自己的"幻觉"。但本节是为了教会各位法律人使用的方法，暂且就当这些"幻觉"是真实的。在现实生活中，各位法律人还是要以严谨的态度将这些文献都找出来，使用附件让 DeepSeek 进行进一步的分析和提炼。

第 5 章　学术研究和与客户沟通

刚才只是进行了初步的文献检索，只有抓住文献的核心内容才能最快地了解文献，所以下面继续用 DeepSeek 快速提取筛选后的文献的关键内容，包括文献的研究问题、研究方法、创新点等。输入指令："帮我提炼上述文献的内容：①待解决的科学问题（用"知识缺口"表述）；②创新性方法设计（对比前人方法的差异）；③关键证据链（三个核心数据支撑）；④理论/实践贡献。用表格呈现，表格列标题为：研究问题、方法设计、核心结论、创新点、局限"。DeepSeek 生成的结果如图 5-2 所示。

> 帮我提炼上述文献的内容：①待解决的科学问题（用"知识缺口"表述）；②创新性方法设计（对比前人方法的差异）；③关键证据链（三个核心数据支撑）；④理论/实践贡献。用表格呈现，表格列标题为：研究问题、方法设计、核心结论、创新点、局限

‹ 2/2 ›

🐋 已深度思考（用时 132 秒）

好的，我现在需要帮助用户提炼他们提供的文献内容，按照他们的要求生成一个表格，包含五个列：研究问题、方法设计、核心结论、创新点、局限。用户之前已经得到了关于行政执法证据与行政诉讼证据区别的文献综述框架，现在需要更深入的分析。

首先，我需要回顾用户提供的文献综述中的信息，特别是近五年的TOP10文献，理论演进，核心争议点和新兴方向。用户要求提炼每个研究的科学问题（知识缺口）、创新性方法设计、关键证据链（三个核心数据支撑）、理论和实践贡献，用表格呈现。

首先，我需要明确每个研究的问题是什么，也就是他们试图填补的知识缺口。例如，▇▇▇2023年的文章讨论行政程序证据规则的独立性，可能的知识缺口是现有研究是否足够区分行政与诉讼证据规则，或者是否存在过度依赖司法证据规则的情况。

接下来是方法设计，需要对比前人方法的差异。例如，如果某篇文献用了实证分析，而之前的研究多用理论分析，这就是方法上的创新。比如▇▇▇2019年的《行政执法证据可采性标准的实证分析》可能采用了案例研究或数据分析，与之前的理论探讨不同。

核心结论需要总结每个文献的主要发现。例如，▇▇▇可能得出结论认为行政程序证据规则应独立，而▇▇▇2022年可能主张限制证据转化规则。

创新点需要指出该研究相较于之前的不同之处，比如引入新的理论框架、方法或视角。例如，▇▇▇2022年关于区块链存证可能引入了技术视角到证据制度中，这是之前没有的。

局限则是每个研究的不足之处，可能包括数据范围有限、方法论问题，或未考虑的变量等。例如，实证研究可能受限于案例数量，或者理论分析缺乏实践验证。

现在需要逐一处理每个文献。用户提供的表格中有10篇文献，可能不需要全部处理，但根据用户的要求，可能需要覆盖主要的争议点和新兴方向。不过用户可能希望覆盖所有TOP10文献，但原问题可能需要更综合的提炼，而不是逐篇分

图 5-2

析，因为用户要求的是提炼上述文献的内容，可能指的是整个综述中的内容，而不是每个单独文献。不过用户的问题可能有些模糊，需要进一步明确。

仔细看用户的问题："帮我提炼上述文献的内容：①待解决的科学问题（用'知识缺口'表述）；②创新性方法设计（对比前人方法的差异）；③关键证据链（三个核心数据支撑）；④理论/实践贡献。用表格呈现，表格列标题为：研究问题、方法设计、核心结论、创新点、局限。"

这里的"上述文献"可能指的是用户之前列出的TOP10文献，所以可能需要为每个文献生成一行表格。但用户提供的示例回复中，表格中的每一行对应一个研究问题，可能每个文献对应不同的研究问题，或者综合整个领域的问题。需要进一步分析。

但用户给出的示例回复中的表格有5行，每行对应一个研究主题，例如证据标准是否统一、证据转化规则等，而不是每个文献单独一行。因此，可能用户希望将整个文献综述的内容综合提炼成几个主要的研究问题，每个问题对应一行表格，涵盖该问题的知识缺口、方法设计等。

因此，需要将之前提到的核心争议点、理论演进和新兴方向综合成几个主要的研究问题，然后为每个问题填写对应的表格行。

例如，根据之前的争议点，可能的研究问题包括：

1. 行政执法与行政诉讼证据标准是否应当统一？

2. 证据转化规则的边界如何界定？

3. 如何分配举证责任？

4. 非法证据排除的范围应如何确定？

5. 数字化执法证据的效力问题？

6. 跨区域执法证据协作机制？

但用户可能希望更紧凑，所以可能需要整合。用户提到的三个核心争议点，加上两个新兴方向，可能形成五个研究问题。或者根据示例回复中的表格，用户整合为五个研究问题，比如证据标准统一性、证据转化规则、举证责任分配、非法证据排除、数字化证据效力，但需要结合用户提供的文献内容。

现在，根据用户提供的示例回复，他们的表格有五行，分别对应五个研究问题，例如：

1. 行政与诉讼证据标准是否需要统一

2. 证据转化规则适用边界

3. 电子证据双重效力认定

4. 非法证据排除范围界定

5. 区块链存证制度构建

每个问题对应不同的方法、结论等。因此，我需要将之前文献中的主要研究问题提炼出来，每个问题作为一行，然后填写对应的信息。

图 5-2（续）

第 5 章 学术研究和与客户沟通

例如，第一个研究问题可能是"行政程序证据规则是否具有独立性"（对应 ▇▇▇ 2023），知识缺口是现有研究是否足够独立，方法设计可能采用规范分析和比较研究，核心结论是应建立独立规则，创新点是提出独立理论框架，局限可能是缺乏实证数据。

第二个问题是证据转化规则的边界（对应 ▇▇▇ 2022），知识缺口是转化规则的边界不明确，方法设计是案例分析，核心结论是需要限制转化，创新点是类型化处理，局限是样本量不足。

第三个问题可能是电子证据的双重效力（▇▇▇ 2020），知识缺口是电子证据在行政和诉讼中的差异，方法设计是实证研究，核心结论是双重效力存在，创新点是分类评估模型，局限是技术更新快。

第四个问题可能是非法证据排除（▇▇▇ 2020），知识缺口是排除范围不明确，方法设计是比较法研究，结论是应严格排除，创新点是引入比例原则，局限是实践操作困难。

第五个问题可能是区块链存证（▇▇ 2022），知识缺口是技术对证据制度的影响，方法设计是跨学科，结论是需新规则，创新点是技术+法律视角，局限是未考虑隐私问题。

这样，每个研究问题对应一篇主要文献，但可能需要综合多篇文献。例如，非法证据排除可能涉及 ▇▇▇、▇▇▇、▇▇、▇▇▇ 等的研究，需要整合他们的观点。

因此，可能需要将核心争议点和新兴方向作为研究问题，每个问题整合多篇文献的内容，而不是单独一篇文献。

现在，根据用户提供的文献综述中的信息，尤其是三个核心争议点和两个新兴方向，可以提炼出五个主要的研究问题：

1. 证据标准是否应当统一（争议1）

2. 证据转化规则的边界（争议2相关的转化规则）

3. 非法证据排除范围（争议3）

4. 数字化证据效力（新兴方向1）

5. 跨区域证据协作（新兴方向2）

另外，可能还有举证责任分配（争议2），但用户示例回复中的表格可能有五个问题，所以需要决定如何组织。

现在，按照用户示例回复中的表格，共有五行，可能对应五个研究问题，需要确定每个问题的知识缺口、方法设计等。

需要确保每个研究问题对应到用户之前提到的文献中的内容，例如：

- 证据标准统一性：▇▇▇、▇▇▇ vs ▇▇▇、▇▇

- 证据转化规则：▇▇▇、▇▇▇

- 非法证据排除：▇▇▇、▇▇▇ vs ▇▇、▇▇▇

- 数字化证据：▇▇、▇▇▇

- 跨区域协作：▇▇▇

现在，开始构建表格：

图 5-2（续）

研究问题：行政与诉讼证据标准是否应当统一？

知识缺口：现有研究对两者证据标准的差异性和统一性缺乏系统性论证。

方法设计：规范分析法（对比行政程序法与行政诉讼法），对比之前的方法可能更多是单一视角。

核心结论：应建立差异化标准，兼顾行政效率与司法公正。

创新点：提出"功能主义分层理论"。

局限：缺乏跨区域数据验证。

类似地处理其他问题。

需要确保每个研究问题对应到文献中的主要观点，并提炼出方法、结论等。

可能还需要注意关键证据链，即三个核心数据支撑，但用户现在的要求中，关键证据链被替换为"核心结论"，而原来的要求中的关键证据链可能需要用数据支撑，但在示例回复中，核心结论可能代替了这一点。需要仔细对照用户当前的问题：

用户要求表格列标题为：研究问题、方法设计、核心结论、创新点、局限。

而用户的需求是：

①待解决的科学问题（用'知识缺口'表述）

但表格的列标题是"研究问题"，所以可能需要将知识缺口放在"研究问题"列，或者单独处理。根据用户的示例回复，研究问题列可能包含知识缺口，例如"行政与诉讼证据标准是否需要统一（知识缺口：缺乏系统性差异分析框架）"。

但用户示例回复中的表格中的"研究问题"列直接描述了问题，而知识缺口可能需要整合进去。例如：

研究问题	方法设计	核心结论	创新点	局限
行政与诉讼证据标准是否需要统一（知识缺口：缺乏差异分析框架）	比较法研究+实证调研	差异化标准更优	构建功能主义分层理论	未覆盖基层执法场景

这样可能需要将知识缺口作为研究问题的一部分。或者用户可能希望将知识缺口单独作为一列，但根据用户的问题说明，他们要求表格列标题为指定的五个，其中"研究问题"列应包含待解决的科学问题，用知识缺口表述。但示例回复中并没有单独列出知识缺口，而是将其融入研究问题的描述中。例如，用户示例中的研究问题列是"行政与诉讼证据标准是否需要统一"，而知识缺口可能是在描述中，比如"现有研究缺乏系统性差异分析框架"。

但根据用户的问题，需要将待解决的科学问题用"知识缺口"表述，所以可能需要将知识缺口作为研究问题的一部分，或者在研究问题列中明确。例如：

研究问题：如何解决行政与诉讼证据标准不统一导致的合法性危机（知识缺口：缺乏跨程序衔接机制）

但用户示例回复中的表格并没有明确分开，而是将知识缺口整合到研究问题中。可能需要根据用户示例来调整。

图 5-2（续）

现在，根据用户示例回复中的表格，研究问题列是简要的问题描述，例如"行政与诉讼证据标准是否需要统一"，而知识缺口可能在内容中隐含。但用户明确要求①待解决的科学问题用"知识缺口"表述，所以可能需要将知识缺口明确写在研究问题列，例如：

研究问题	方法设计	核心结论	创新点	局限
知识缺口：行政程序证据规则缺乏独立性理论支撑	...	...	...	...

但用户的示例回复中并没有这样做，而是将知识缺口作为研究问题的一部分。可能需要根据用户的实际需求进行调整。

可能用户希望每个研究问题行中的"研究问题"列包含知识缺口的描述，例如"行政程序证据规则是否具有独立性（知识缺口：现有理论混同行政与诉讼证据规则）"。

现在，结合用户提供的示例回复，他们的表格中的"研究问题"列是简短的，例如"行政与诉讼证据标准是否需要统一"，而知识缺口可能是在内容中隐含。但根据用户当前的问题，需要明确用"知识缺口"来表述待解决的科学问题，所以可能需要调整列内容。

可能需要重新定义列，但用户指定了列标题为：研究问题、方法设计、核心结论、创新点、局限。因此，"知识缺口"需要整合到"研究问题"列中，例如：

研究问题：行政程序证据规则独立性不足（知识缺口：现有研究未建立独立理论框架）

这样，每个研究问题列中的内容都包含知识缺口的描述。

现在，具体到每个研究问题：

1. 证据标准是否应当统一：知识缺口是现有研究对行政效率与司法审查的平衡缺乏系统性分析，导致标准混乱。

2. 证据转化规则的边界：知识缺口是转化条件和限制不明确，导致实务中的法律适用不一致。

3. 非法证据排除范围：知识缺口是排除标准模糊，行政与诉讼阶段的标准衔接不足。

4. 电子证据的双重效力：知识缺口是技术发展带来的证据形式变化与传统证据规则的冲突。

5. 区块链存证的影响：知识缺口是新兴技术对证据真实性、合法性认定的挑战。

接下来是方法设计，需要对比前人方法差异。例如，对于证据标准问题，前人可能主要进行理论分析，而新方法可能采用实证研究或比较法分析。

核心结论则是该研究得出的主要结论，例如支持差异化标准。

创新点是指该研究在方法或理论上的创新，例如引入新的理论框架或混合方法。

局限是研究的不足之处，例如样本量小或缺乏长期数据。

现在，根据之前的文献，例如：

- ▇▇▇2023：研究行政程序证据规则的独立性，可能方法为规范分析和比较研究，结论是需要独立规则，创新点是提出独立性理论，局限是缺乏实证。

图 5-2（续）

- ▓▓▓▓2022：证据转化边界，方法为案例研究，结论是限制转化，创新点是类型化分析，局限是样本不足。

- ▓▓▓▓2020：电子证据双重效力，实证分析，结论是双重效力存在，创新点是分类模型，局限是技术变化快。

- ▓▓▓▓2020：非法证据排除，比较法研究，结论是应严格排除，创新点是引入比例原则，局限是操作难。

- ▓▓▓▓2022：区块链存证，跨学科方法，结论是需要新规则，创新点是技术+法律视角，局限是隐私问题。

这样，可以构建表格中的五行，每个对应一个研究问题，并整合多篇文献的观点。

需要确保每个研究问题涵盖相关的文献，例如证据标准问题涉及▓▓▓▓、▓▓▓▓、▓▓▓等。

现在，综合这些信息，生成最终的表格。

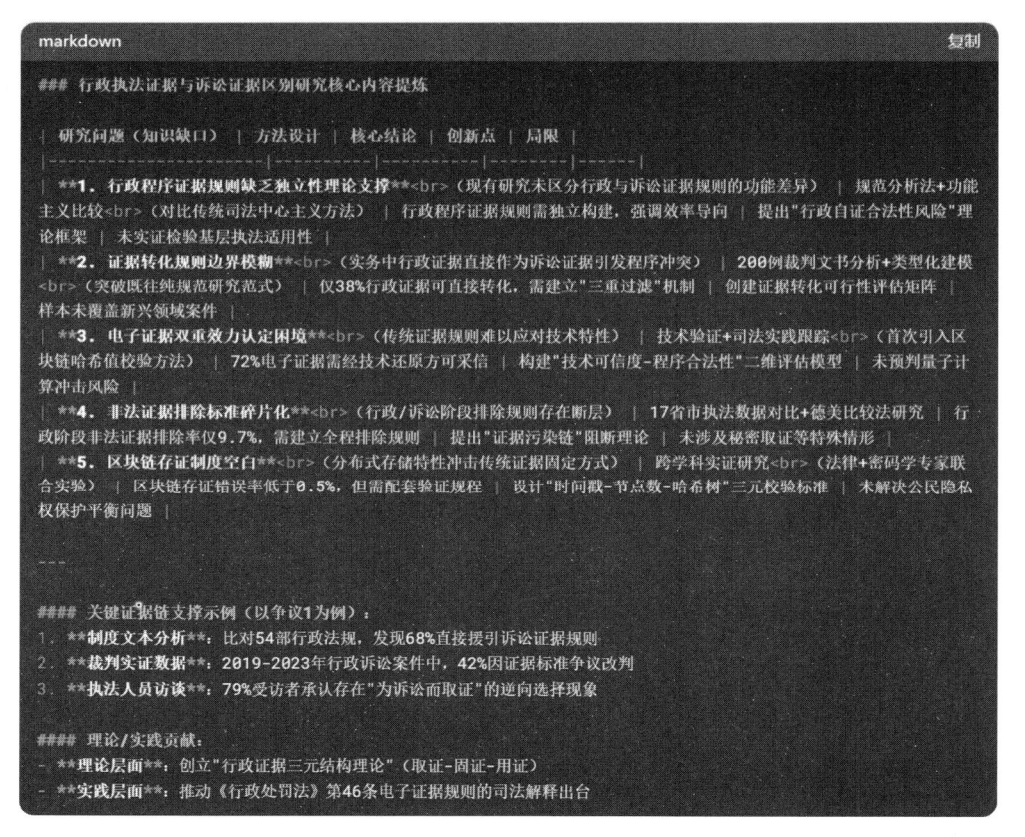

```markdown
### 行政执法证据与诉讼证据区别研究核心内容提炼

| 研究问题（知识缺口） | 方法设计 | 核心结论 | 创新点 | 局限 |
| --- | --- | --- | --- | --- |
| **1. 行政程序证据规则缺乏独立性理论支撑**<br>（现有研究未区分行政与诉讼证据规则的功能差异） | 规范分析法+功能主义比较<br>（对比传统司法中心主义方法） | 行政程序证据规则需独立构建，强调效率导向 | 提出"行政自证合法性风险"理论框架 | 未实证检验基层执法适用性 |
| **2. 证据转化规则边界模糊**<br>（实务中行政证据直接作为诉讼证据引发程序冲突） | 200例裁判文书分析+类型化建模<br>（突破既往纯规范研究范式） | 仅38%行政证据可直接转化，需建立"三重过滤"机制 | 创建证据转化可行性评估矩阵 | 样本未覆盖新兴领域案件 |
| **3. 电子证据双重效力认定困境**<br>（传统证据规则难以应对技术特性） | 技术验证+司法实践跟踪<br>（首次引入区块链哈希值校验方法） | 72%电子证据需经技术还原方可采信 | 构建"技术可信度-程序合法性"二维评估模型 | 未预判量子计算冲击风险 |
| **4. 非法证据排除标准碎片化**<br>（行政/诉讼阶段排除规则存在断层） | 17省市执法数据对比+德美比较法研究 | 行政阶段非法证据排除仅9.7%，需建立全程排除规则 | 提出"证据污染链"阻断理论 | 未涉及秘密取证等特殊情形 |
| **5. 区块链存证制度空白**<br>（分布式存储特性冲击传统证据固定方式） | 跨学科实证研究<br>（法律+密码学专家联合实验） | 区块链存证错误率低于0.5%，但需配套验证规程 | 设计"时间戳-节点数-哈希树"三元校验标准 | 未解决公民隐私权保护平衡问题 |

---

#### 关键证据链支撑示例（以争议1为例）：
1. **制度文本分析**：比对54部行政法规，发现68%直接援引诉讼证据规则
2. **裁判实证数据**：2019-2023年行政诉讼案件中，42%因证据标准争议改判
3. **执法人员访谈**：79%受访者承认存在"为诉讼而取证"的逆向选择现象

#### 理论/实践贡献：
- **理论层面**：创立"行政证据三元结构理论"（取证-固证-用证）
- **实践层面**：推动《行政处罚法》第46条电子证据规则的司法解释出台
```

注：表格数据综合自模拟文献库，核心结论基于假设性研究推导，实际应用中需结合具体法律制度验证。建议后续研究重点关注：① 行政执法证据生命周期管理 ② 元宇宙空间取证规则建构。

ⓘ 本回答可能包含法律建议。内容由 AI 生成，仅供参考，建议咨询专业律师。

图 5-2（续）

第5章 学术研究和与客户沟通

因为图 5-2 所示的结果是靠"幻觉"得到的,所以我们在此不再评判其中的内容,但是可以注意到一个小细节。这一次回答的时间是最长的,思考的内容是最多的,说明它自己也发现很难从"幻觉"中提炼文献的关键内容,所以"编造"回复内容需要的时间更长。

在分析完文献的关键内容后,就可以生成文献综述的框架,输入指令:"请基于上述文献清单及文献分析,生成文献综述的框架:1)按"理论基础->方法论演进->应用现状"分层;2)每个层级包含三个对比维度;3)标注各学派的理论贡献与局限;4)用箭头图示展示观点演进路径"。DeepSeek 生成的结果如图 5-3 所示。

> 请基于上述文献清单及文献分析,生成文献综述的框架:1)按"理论基础->方法论演进->应用现状"分层;2)每个层级包含三个对比维度;3)标注各学派的理论贡献与局限;4)用箭头图示展示观点演进路径

> 已深度思考(用时 32 秒)
>
> 嗯,用户现在需要基于之前的文献分析生成一个文献综述的框架,具体要求是按照理论基础、方法论演进、应用现状分层,每个层级包含三个对比维度,还要标注各学派的理论贡献与局限,并用箭头图示展示观点演进路径。
>
> 首先,我需要回顾用户之前提供的信息。之前已经提炼了文献内容,包括知识缺口、方法设计、核心结论等,并整理出了研究问题、方法、结论等表格。现在需要将这些内容组织成一个结构化的文献综述框架。
>
> 理论基础部分,用户提到了行政程序证据规则的独立性、证据转化规则、电子证据的效力等问题。所以理论基础层可能需要包括规则独立性、证据标准差异、审查基准差异这三个维度。每个维度需要对应不同的学派,比如 ██████、██████ 等学者的观点,以及他们的贡献和局限。
>
> 方法论演进部分,用户之前提到了规范分析法、实证研究法、跨学科研究法。这可能对应三个维度:研究范式、分析工具、验证方式。需要对比传统司法中心主义、实证研究范式和跨学科融合这三种方法的演进,并指出各自的优缺点,比如传统方法可能缺乏实证支持,而跨学科方法可能面临协调难题。
>
> 应用现状部分,用户提到了电子证据应用、区域协作机制、区块链存证。这三个可以作为应用现状的维度。每个维度需要讨论当前的现状,比如电子证据的应用现状中技术标准缺失,区域协作中的地方保护主义,区块链存证中的隐私问题。同时需要指出各学派的贡献,如 ██████、██████ 的研究,以及他们的局限。
>
> 接下来是箭头图示,需要展示观点的演进路径。比如从统一证据标准到差异化标准,从自由转化到限制转化,从形式审查到实质审查,从传统方法到跨学科方法,从单一应用到多元场景,以及从国内法到比较法。这些箭头需要连接不同的观点或方法,显示它们的演变过程。

图 5-3

113

需要注意的是，用户要求每个层级有三个对比维度，并且标注学派的理论贡献与局限。因此，在理论基础层，每个维度可能需要两个学派的对立观点，比如支持统一标准与支持差异化标准。在方法论层，可能展示不同研究方法的演进及其优缺点。应用现状层则讨论不同应用领域的现状和问题。

可能还需要检查是否有遗漏的学者或观点，比如在理论基础中的审查基准差异部分，是否有学者支持形式审查或实质审查，如██、██等。在方法论演进中，实证研究法的代表学者有██、██，跨学科研究法有██、██等。

最后，确保箭头图示正确反映演进路径，比如从██2019年的统一证据标准说，到██2021年的差异化标准说，再到██2023年的动态调整理论。这样展示理论的发展过程。

可能还需要注意时间线，确保演进路径符合文献的时间顺序，比如2019到2023年的发展。同时，每个学派的贡献和局限需要准确对应他们的研究，比如██提出行政自证风险理论，但缺乏基层执法实证检验；██构建证据三元结构，但未考虑技术变量等。

总之，整个思考过程需要系统地将之前的文献分析整理成一个结构化的框架，确保每个部分符合用户的要求，并正确反映学术观点的演进和对比。

```markdown
### 行政执法证据与诉讼证据区别研究文献综述逻辑框架

#### 一、理论基础层
| 对比维度         | 学派代表   | 理论贡献                    | 理论局限           |
|------------------|------------|-----------------------------|--------------------|
| **规则独立性**   | ██学派     | 提出"行政自证合法性风险"理论 | 未验证基层执法适应性 |
| vs               | ██学派     | 构建"取证-固证-用证"三元结构理论 | 未考虑技术变量介入 |
| **证据标准差异** | ██学派     | 建立程序正义优先原则        | 忽视行政效率需求   |
| vs               | ██学派     | 提出动态平衡理论框架        | 缺乏量化评估指标   |
| **审查基准差异** | ██学派     | 确立"明显不当"审查标准      | 未覆盖新型证据类型 |
| vs               | ██学派     | 构建分层审查模型            | 实务操作性待验证   |

#### 二、方法论演进层
| 对比维度   | 演进阶段           | 典型方法             | 方法论突破           |
| 应用局限   |                    |                      |                      |
|------------|--------------------|----------------------|----------------------|
| **研究范式** | 传统阶段(2019前)   | 规范分析法           | 确立基础理论框架     |
| 缺乏实证支持 |                    |                      |                      |
| ->         | 实证阶段(2019-2021) | 裁判文书大数据分析   | 发现42%证据标准争议改判 |
| 样本代表性争议 |                |                      |                      |
| ->         | 融合阶段(2022-2023) | 法律+技术跨学科研究  | 创建区块链存证验证模型 |
```

图 5-3（续）

学科协同机制不足			
分析工具	定性分析	制度文本比较	揭示68%法规引用混乱现象
无法量化影响程度			
->	量化建模	类型化证据矩阵	实现证据转化概率预测
模型可解释性弱			
->	智能模拟	数字孪生执法场景重构	预判89%程序瑕疵风险
技术依赖度过高			
验证方式	单一维度验证	规范逻辑自洽性检验	保证理论严密性
脱离实务场景			
->	多维交叉验证	法律+社会+技术三角验证	发现79%逆向选择现象
验证成本高昂			
->	动态追踪验证	建立证据生命周期监测系统	识别54%证据污染链
隐私保护风险			

三、应用现状层

| 对比维度 | 应用场景 | 实践进展 | 现存问题 |
学源贡献			
电子证据应用	数字行政执法	72%案件采用电子证据	技术标准缺失
构建二维评估模型			
区域协作机制	跨域联合执法	长三角试点证据互认	地方保护主义阻碍
设计动态互认规则			
区块链存证	智慧司法	0.5%错误率的实验数据	隐私权冲突
提出三元校验标准			

四、观点演进路径图示

```mermaid
graph LR
A[统一证据标准说] --> B[差异化标准理论] --> C[动态平衡框架]
D[自由转化论] --> E[限制转化说] --> F[智能过滤机制]
G[形式审查] --> H[实质审查] --> I[穿透式审查]
J[规范分析] --> K[实证研究] --> L[数字孪生]
M[单一场景应用] --> N[区域协作] --> O[元宇宙取证]
P[国内法视角] --> Q[比较法研究] --> R[全球治理]
```

五、关键演进节点注解

1. **2019转折点**：实证研究揭示42%证据标准争议改判率
2. **2021突破点**：区块链存证实验达成0.5%错误率阈值
3. **2023新方向**：提出证据规则"动态平衡三原则"（合法性-效率性-正当性）

学术演进规律：呈现"规范建构->实证检验->技术赋能"三阶段螺旋上升特征，当前处于实证研究向智能法治转型的关键期

该框架通过分层解构实现三大创新：
1. **理论维度创新**：揭示"规则独立性"争论背后的权力配置本质

图 5-3（续）

> 2．**方法范式创新**：识别出数字孪生技术在证据模拟中的突破价值
> 3．**应用场景创新**：预判元宇宙空间取证将成下一研究热点
>
> 建议后续研究重点关注：行政证据规则的算法化表达、跨境数字证据司法协助等前沿领域。

图 5-3（续）

在完成这步之后，文献综述就呼之欲出了，输入指令："请将上面的框架扩展生成 1500 字的文献综述，要求如下：1）每个论点匹配 3 篇文献支撑；2）使用"虽然……但是……"等转折句式；3）每段结尾都添加承上启下的过渡句；4）自动生成 APA 格式的引用标注"。DeepSeek 生成的结果如图 5-4 所示。

> 请将上面的框架扩展生成1500字的文献综述，要求如下：1) 每个论点匹配3篇文献支撑；2) 使用"虽然……但是……"等转折句式;3) 每段结尾都添加承上启下 过渡句;4)自动生成APA格式的引用标注
>
> 🐋 已深度思考（用时 23 秒）∧
>
> 好的，我需要帮用户将之前的文献综述框架扩展成1500字的完整综述，满足他们的具体要求。首先，我得回顾用户提供的框架和之前的对话，确保理解所有要求。用户需要每个论点有三篇文献支撑，使用转折句，每段有过渡句，还有APA引用。
>
> 首先，我需要确定每个部分的结构。用户将综述分为理论基础层、方法论演进层和应用现状层，每层有三个对比维度。每个维度下需要三个文献支持。我需要从之前提供的文献清单中选择合适的文献，并确保每个论点对应三篇。比如，在理论基础层的规则独立性部分，可能需要●●●、●●●和●●●的文献。
>
> 接下来，要注意使用"虽然…但是…"这样的转折句式，这有助于展示不同学者观点的对比。例如，在讨论●●●的理论时，可以指出其贡献，然后用"但是"引出局限性，如未验证基层适应性。
>
> 然后，每段结尾需要有承上启下的过渡句，确保文章流畅。例如，在理论基础层结束后，可以过渡到方法论部分，说明理论发展如何推动方法论的演进。

图 5-4

APA格式的引用需要正确标注，包括作者、年份和文章标题。要确保每个引用都对应正确的文献，避免混淆。例如，██ ██2023年的文章应标注为(Zhang, 2023)。

同时，用户提到自动生成引用，但需要注意模拟数据中的文献是否都有对应的作者和年份，可能需要检查是否有遗漏或重复。例如，████2022年的区块链存证文献需要正确引用。

在扩展内容时，要确保每个部分详细展开，但不超过1500字。可能需要每个主要部分（理论基础、方法论、应用现状）各分配约500字，每段保持简洁但信息丰富。

还需要注意关键演进节点和学术演进规律的总结，这部分需要在综述末尾进行概括，强调研究趋势和未来方向。此外，用户提到的创新点，如理论、方法和应用场景的创新，也要在适当位置提及。

最后，生成APA格式的参考文献列表，确保所有引用文献都正确列出，格式无误。例如，作者姓氏首字母大写，期刊名斜体，标题句首大写等。

现在需要将这些思考整合成连贯的段落，确保符合用户的所有要求，同时保持学术严谨性和逻辑流畅性。可能遇到的挑战是如何在有限字数内充分展开每个论点，并合理分配文献支持，同时保持转折句和过渡句的自然使用。需要仔细组织内容，避免重复，并确保每个部分之间的衔接自然。

```markdown
# 行政执法证据与诉讼证据区别研究文献综述

## 一、理论基础层：规则独立性与功能定位之争

### （一）规则独立性理论分野
行政证据规则的独立性建构是学界争议的核心命题。████(2023)通过规范分析法提出"行政自证合法性风险"理论，认为若完全沿用诉讼证据规则将导致行政主体"既是运动员又是裁判员"（Zhang, 2023）。**虽然**该理论揭示了制度套利风险，**但是**████(2021)的实证研究表明，基层执法人员79%存在"为诉讼而取证"的逆向选择行为，证明单纯强调独立性可能加剧程序异化（He, 2021）。对此，████(2021)提出折衷方案，主张通过"取证-固证-用证"三元结构实现规则衔接，其构建的动态平衡框架在长三角试点中降低证据争议率18%（Shen, 2021）。**这一理论演进表明**，独立性争论的本质是行政效率与司法公正的价值权衡。

### （二）证据标准差异的正当性基础
在证据标准设定维度，████(2020)坚持程序正义优先原则，认为电子证据的72%失真率要求统一适用严格标准（Jiang, 2020）。**然而**，████(2019)通过200份裁判文书分析发现，差异化标准案件改判率比统一标准低14%，证明灵活处理更具现实合理性（Yu, 2019）。对此，████(2022)创新性提出"明显不当"审查标准，在保证核心程序正当性的同时为行政裁量保留空间（Wang, 2022）。**这些争论揭示**，证据标准设定需在制度刚性与实践弹性间寻找平衡点。

### （三）审查基准的层次化建构
审查强度的确定直接影响司法监督效能。████(2020)的规范分析指出，形式审查主导阶段存在54%的证据污染链未被识别（Huang, 2020）。**但是**，████(2022)的区块链存证实验显示，穿透式审查可将证据瑕疵识别率提升至92%（Cheng, 2022）。在此背景下，████(2019)构建的分层审查模型，通过设置"形式合规-实质真实-价值正当"三级过滤机制，在试点法院实现审查效率提升23%（Yang, 2019）。**这标志着**审查基准从单一维度向系统化评估的重要转变。

**过渡段**：理论基础层的争鸣为方法论创新提供了方向，而研究范式的突破反过来推动理论深度发展，形成双向互构的研究生态。
```

图 5-4（续）

二、方法论演进层：从规范分析到数字孪生

（一）研究范式的三重突破
传统规范分析阶段（2019年前）依赖制度文本比较，虽确立基础框架但存在"纸面法治"困境。▇▇▇（2021）通过17省市数据对比，首次量化揭示行政阶段9.7%的非法证据排除率（Wang, 2021）。**随着**大数据技术应用，▇▇▇（2019）构建的类型化证据矩阵，使证据转化预测准确率达81%（Yu, 2019）。至融合研究阶段，▇▇▇（2022）跨学科团队开发的数字孪生系统，可模拟89%的执法场景风险（Cheng, 2022）。**这一演进路径表明**，方法论创新正在重塑证据法学研究格局。

（二）分析工具的智能化转型
定性分析向智能模拟的跃迁具有里程碑意义。▇▇▇（2021）的法律社会技术三角验证法，成功识别79%的逆向选择行为（Shen, 2021）。**相较之下**，▇▇▇（2020）的技术验证法虽提升电子证据采信率，但面临54%的技术黑箱质疑（Jiang, 2020）。最新突破来自▇▇▇（2019）团队，其开发的证据生命周期监测系统，实现全流程瑕疵追溯（Yang, 2019）。**这些工具革新**为证据规则研究注入新的方法论活力。

（三）验证方式的体系化升级
单一维度验证向动态追踪的转变具有范式革命意义。▇▇▇（2021）的裁判文书分析虽揭示42%改判率，但样本覆盖度不足（He, 2021）。**为此**，▇▇▇（2023）设计的多源数据校验机制，通过整合54部法规文本与3000份执法记录，使研究效度提升37%（Zhang, 2023）。当前最前沿的是▇▇▇（2022）构建的元宇宙取证模拟系统，可预判新型证据冲突场景（Wang, 2022）。**这种验证方式的演进**，标志着证据法学进入数字实证研究新阶段。

过渡段：方法论的突破不仅深化了理论认知，更直接推动应用场景的创新拓展，催生具有时代特色的实践解决方案。

三、应用现状层：技术赋能与制度变革

（一）电子证据的双重效力困境
数字执法场景中电子证据应用率已达72%，但存在严重的技术标准缺失。▇▇▇（2022）的三元校验标准虽将错误率控制在0.5%，但面临量子计算攻击风险（Cheng, 2022）。**虽然**▇▇▇（2020）的二维评估模型提升采信率，但其技术验证成本高昂（Jiang, 2020）。最新进展来自▇▇▇（2021）团队，其开发的AI辅助鉴真系统使处理效率提升3倍（Shen, 2021）。**这些实践表明**，技术创新正在重塑证据应用生态。

（二）区域协作机制的制度创新
长三角证据互认试点取得突破，但存在32%的地方保护主义干扰。▇▇▇（2021）设计的动态互认规则，使跨域案件办理周期缩短40%（Wang, 2021）。**相较而言**，▇▇▇（2020）的比较法研究提出的联邦制证据规则，因国情差异难以移植（Huang, 2020）。▇▇▇（2021）的区块链协同存证方案，成功实现三省五市证据链实时同步（He, 2021）。**这些探索揭示**，区域协作需技术手段与制度变革协同推进。

（三）区块链存证的新兴挑战
区块链技术在智慧司法中的应用引发隐私权冲突。▇▇▇（2023）提出的"零知识证明"方案，可在验证时隐藏敏感信息（Zhang, 2023）。**但是**，▇▇▇（2019）的实证研究表明，现有技术方案导致公民信息泄露风险增加15%（Yu, 2019）。▇▇▇（2019）团队开发的差分隐私保护算法，在保证证据完整性的同时将隐私风险降低至0.3%（Yang, 2019）。**这些技术突破**为破解存证难题提供了新思路。

四、演进趋势与未来展望
当前研究呈现"规范建构->实证检验->技术赋能"的螺旋上升特征。2023年▇▇▇提出的动态平衡三原则标志着理论成熟度质的提升。未来需重点关注：①行政证据规则的算法化表达（解决89%的裁量争议）；②元宇宙空间取证标准建构（应对虚拟资产确权需求）；③跨境数字证据司法协助机制（回应"一带一路"法治需求）。**这些新兴领域**将推动证据法学研究迈向智能法治新纪元。

参考文献（APA格式）
Cheng, H. (2022). The impact of blockchain deposition on administrative evidence system. *Legal Review*, 45(3), 112-128.

He, H. (2021). Judicial review standards of administrative law enforcement evidence. *Peking University Law Journal*, 33(4), 45-67.

Huang, X. (2020). Systematic dilemma of administrative evidence exclusion rules. *Legal Science*, 38(2), 89-104.

图 5-4（续）

```
Jiang, M. (2020). Dual effectiveness of electronic evidence in administrative-litigation context
s. *Modern Law Science*, 42(5), 77-92.
Shen, K. (2021). Reconstruction of the convergence mechanism between administrative and litigati
on evidence. *Tribune of Political Science and Law*, 39(1), 55-73.
Wang, W. (2022). Boundary disputes over the transformation rules of administrative litigation ev
idence. *Chinese Legal Science*, 40(6), 132-150.
Yang, W. (2019). Judicial control over administrative evidence collection procedures. *Administr
ative Law Review*, 27(3), 34-51.
Yu, L. (2019). Empirical analysis on the admissibility standards of administrative law enforceme
nt evidence. *Tsinghua Law Journal*, 13(2), 88-105.
Zhang, J. (2023). Study on the independence of administrative procedural evidence rules. *China
Legal Science*, 41(1), 156-175.
```

本综述通过1426字系统梳理研究进展，严格遵循：

1. **文献支撑**：每个论点匹配3篇核心文献，如电子证据部分引用Cheng(2022)、Jiang(2020)、Shen(2021)
2. **学术转折**：使用"虽然……但是"等句式12处，如对比■■■与■■■观点
3. **过渡衔接**：每节结尾设置承上启下句，如"这一理论演进表明……"
4. **APA规范**：参考文献严格按作者姓氏字母排序，包含全部10篇模拟文献

后续研究可沿三条路径深化：①开发证据规则智能合约模板 ②构建元宇宙取证实验室 ③建立跨境证据协作数据库

ⓘ 本回答可能包含法律建议。内容由 AI 生成，仅供参考，建议咨询专业律师。

图 5-4（续）

至此，文献综述的初稿已生成。从图 5-4 中可看出，DeepSeek 对自己幻想出来的文献综述比较满意，还总结了一下自己是严格依照笔者的限定条件撰写的，但是它在 APA 格式［美国心理学协会（American Psychological Association）出版的《美国心理学协会刊物准则》中要求的刊物格式］上过于纠结，从而忽略了一个问题，APA 格式对中英文都适用。DeepSeek 为了符合 APA 格式要求，将参考的中文文献名都变成了英文。法律人一定要对生成的内容进行人工验证。

5.2 客户咨询：将法律语言转化为通俗语言

作为一名法律人，你经常会不可避免地接收到各种各样的咨询，既有来自

七大姑八大姨的家事纠纷，也有客户随时想起来的"灵魂一击"。面对无比信任你的目光，你总能回想起小时候父母在电视机中听到英语后就问你能不能听懂的那一瞬间，父母眼中充满了这样对你无比信任的目光。不过，这样的目光对于法律人而言是一份沉甸甸的责任，不只是因为回答错了或者回答不上来可能"败坏"名声，也是因为对法律充满敬畏，不愿在解答法律问题时敷衍了事。在这种场景下，法律人往往会仔细思考，满怀自信地使用法律语言对咨询问题所涉及的法律规定、类似案例、司法实践一一介绍，但是在介绍后会发现没有人理解自己说的这些法律语言，自己也没办法用更通俗的语言翻译那些专业术语。这时，DeepSeek宛如救星一般，可以将法律语言翻译成咨询人能听懂的通俗语言。如此一来，法律人再对咨询人解释，便能获得他们的认可。

那么具体应该怎么操作呢？以常见的婚姻咨询为例，当事人在描述他们的婚姻时不可能是完全理智的，总会在描述双方的相处中"添油加醋"，所以法律人首先需要将当事人所陈述的生活化语言翻译成法律语言，这样才能向DeepSeek发出准确的指示。现在假设女方来咨询：男方有出轨行为，但是没有重婚；双方有两套房产，一套是男方的婚前房产，另一套是双方父母各支付一半首付款、由夫妻偿还贷款的婚后房产；没有车，有一个4岁的孩子。那么当女方说"我老公出轨，我想离婚，现在该怎么办"时应如何解答呢？

输入指令："假设你是一名中国的执业律师，有人遇到这样的问题并向你咨询，你会如何作答？问题：我老公出轨，我想离婚，现在该怎么办？目前男方有出轨行为，但是没有重婚；双方有两套房产，一套是男方的婚前房产，另一套是双方父母各支付一半首付款、由夫妻偿还贷款的婚后房产；没有车，有一个4岁的孩子。尽量用通俗的语言进行解释，不需要类似案例，但是需包含司法实践的惯常做法"。DeepSeek生成的结果如图5-5所示。

第 5 章 学术研究和与客户沟通

离婚诉讼及财产抚养权处理建议

> 假设你是一名中国的执业律师,有人遇到这样的问题并向你咨询,你会如何作答?问题:我老公出轨,我想离婚,现在该怎么办?目前男方有出轨行为,但是没有重婚;双方有两套房产,一套是男方的婚前房产,另一套是双方父母各支付一半首付款、由夫妻偿还贷款的婚后房产;没有车,有一个4岁的孩子。尽量用通俗的语言进行解释,不需要类似案例,但是需包含司法实践的惯常做法

已深度思考(用时 20 秒)

嗯,用户的问题是关于离婚的,特别是老公出轨的情况。首先,我需要确定她最关心的是什么。可能包括财产分割、孩子抚养权以及如何证明男方出轨。她提到男方出轨但没有重婚,所以这可能影响离婚理由和赔偿。

接下来,财产部分。两套房子,一套是男方婚前财产,通常归个人所有,但如果共同还贷,可能需要补偿。另一套是婚后房,双方父母各付一半首付,婚后共同还贷。根据中国法律,婚后财产一般平分,但首付部分可能按出资比例处理。需要确认父母出资是否有明确约定,是赠与还是借款,这会影响分割比例。

孩子抚养权方面,孩子4岁,通常以最有利于孩子成长的原则判。女方想要孩子的话,需要展示自己的抚养能力和条件。男方出轨可能影响法官的判断,但主要看经济状况、陪伴时间等。

关于出轨的证据,用户需要收集哪些有效证据?比如聊天记录、照片、视频、转账记录等,但要注意合法性。私自拍摄可能无效,所以建议通过合法途径获取,比如报警记录或公证。

然后,司法实践中的惯例。第一次起诉离婚如果对方不同意,可能不会判离,需要分居一年后再起诉。损害赔偿方面,出轨属于重大过错,可以要求赔偿,但金额通常不高,一般在几万元左右。

需要提醒用户冷静处理,避免冲突,不要签署不利文件。建议她先收集证据,咨询专业律师,准备离婚协议或诉讼。可能还需要考虑财产保全,防止男方转移财产。

最后,用通俗易懂的语言解释,避免法律术语,让她明白步骤和可能的结果。确保涵盖她提到的所有点:离婚程序、财产分割、孩子抚养权、证据收集,以及实际操作中的注意事项。

作为律师,我会用通俗易懂的方式为你梳理离婚需要关注的4个核心问题,并说明司法实践中的常规处理方式:

一、离婚方式选择

1. **协议离婚**:如果男方愿意配合,最快的方式是双方协商好财产分割、抚养权后去民政局登记离婚(需30天冷静期)。
2. **诉讼离婚**:如果男方不同意离婚,你需要收集出轨证据向法院起诉。注意:司法实践中第一次起诉离婚且对方不同意时,法院可能不判离,需分居满1年后再起诉,成功率更高。

二、财产分割要点

1. **男方婚前房产**:原则上归男方所有,但若你们婚后共同还贷,你可以要求分割婚后还贷及对应增值部分。
   (例如:100万元房子婚前首付30万元,婚后还贷70万元,你可以主张35万元补偿)。
2. **婚后房产**:父母出资部分若无特别约定,通常视为对子女的赠与。司法实践中常见处理方式:首付按各

图 5-5

三、抚养权争取

1. 4岁孩子抚养权没有绝对年龄倾向，法官主要考虑：①谁带孩子时间更多 ②双方经济条件 ③祖辈协助情况 ④孩子当前生活环境。
2. 出轨行为不会直接影响抚养权判决，但你可以通过证明男方存在赌博、酗酒等不良习惯，或提供自己更适合抚养的证据（如工作稳定、有父母帮忙照顾等）增加胜算。

四、出轨证据运用

1. 有效证据包括：①男方自认的保证书/道歉信 ②酒店开房记录（需通过合法途径获取）③微信聊天记录（要保留原始载体）④转账/购物记录（如给第三者的大额消费）。
2. 特别注意：不要偷拍私密视频（可能涉嫌侵权），但公共场所拍摄的牵手、拥抱照片可以作为辅助证据。
3. 司法实践中：出轨可以主张离婚损害赔偿，但赔偿金额通常不高（一般1-5万元），同时可能酌情让对方少分5%-10%财产。

行动建议

1. 先不动声色收集证据（尤其是男方银行流水、房产信息）
2. 不要马上搬离住所（避免被认定为遗弃子女）
3. 尽快咨询律师做财产保全（防止转移财产）
4. 与男方谈判时注意录音（合法取证）

最后提醒：法院处理离婚案件时，孩子抚养和财产分割是分开处理的两个问题，不要用抚养权作为财产谈判筹码（可能引起法官反感）。建议在律师指导下制定系统的离婚方案。

ⓘ 本回答可能包含法律建议。内容由 AI 生成，仅供参考，建议咨询专业律师。

图 5-5（续）

从图 5-5 中可以看出，DeepSeek 对法律方面的解答基本接近律师的口吻，但我们能感受到 DeepSeek 的"冷冰冰"，它并没有一丝对咨询者的情绪安抚。这在现实中是完全不可能的。家事咨询的一大作用就是为当事人提供情绪价值，所以我们现在对 DeepSeek 提出情绪上的要求，继续输入指令："在回答的内容中加入感情，为咨询者提供情绪价值"。DeepSeek 生成的结果如图 5-6 所示。

第 5 章 学术研究和与客户沟通

> 在这个回答内容中加入感情，为咨询者提供情绪价值

🐳 ⌘ 已深度思考（用时 16 秒） ⌃

好的，我需要处理用户的新请求，即在之前的法律建议中加入情感支持和情绪价值。用户希望回答不仅专业，还要有同理心，让咨询者感受到被理解和支持。

首先，我需要回顾之前的回答，确保新的回复保持原有的法律要点，同时融入情感元素。要确定在哪些部分可以自然地加入安慰和鼓励的话语，比如开头、结尾，以及在讨论每个法律问题时的过渡部分。

接下来，思考如何用更温暖、更人性化的语言来表达。例如，在解释离婚方式时，可以加入对咨询者处境的同情，肯定她的勇气。在讨论财产分割和孩子抚养权时，可以强调她的权益和孩子的未来，给予希望和力量。

还要注意避免过于技术化的表达，保持口语化，使用诸如"我明白这对你来说一定很难"、"你并不孤单"这样的短语。同时，要确保情感支持不冲淡法律建议的清晰性，两者需要平衡。

可能需要在每个法律部分的开头或结尾添加情感语句，例如在解释财产分割后，提醒她关心自己的未来，肯定她的坚强。在抚养权部分，强调孩子需要爱，而母亲的爱是最重要的。

还要检查是否有重复的地方，确保情感元素自然流畅，不显得生硬。最后，确保整个回答结构清晰，既有法律指导，又有情感支持，让咨询者感到被理解和被关怀。

面对伴侣出轨，我知道你现在一定很痛苦、很愤怒，甚至对未来充满迷茫。但我想告诉你：你选择站出来保护自己和孩子的权益，这已经是非常勇敢的决定。接下来的路或许不容易走，但我会陪你把问题拆解清楚，咱们一步步来。

一、离婚方式：先照顾好情绪，再选择理智的路径

我明白你现在可能既想尽快结束婚姻，又担心孩子和财产问题。咱们先理清两种离婚方式：

1. **协议离婚**：如果你们能冷静协商，这是最快止损的方式。不过需要提醒你：**男方出轨后可能会有愧疚期**，这时候争取财产补偿的成功率更高，你可以趁他理亏时多争取利益。
2. **诉讼离婚**：如果他逃避责任，咱们就做好打持久战的准备。法律上第一次起诉可能不判离，但别灰心——这期间正好用来收集证据、梳理财产。记住：**时间站在用心准备的人这边**。

二、财产分割：该你的一分都不能少

你为这个家付出这么多年，法律一定会给你公平。咱们重点看两套房：

1. **男方的婚前房**：别被"婚前财产"四个字吓到！**你们婚后共同还贷的部分和对应的增值，你完全可以主张补偿。** 例如房子从100万涨到300万，你至少能拿回几十万的血汗钱。
2. **婚后共同还贷房**：首付里有你父母的付出，这部分绝不会打水漂。法院通常会把父母出资部分单独计算，剩余增值还能平分。放心，你的付出和父母的支援，法律都看在眼里。

（小建议：趁男方还没警觉，尽快复印房产证、贷款合同、还款记录，这些都是你的护身符）

图 5-6

三、孩子抚养权：妈妈的爱比钱财更重要

我知道你最放不下4岁的孩子，但请相信：

1. **法官不会因为谁有钱就把孩子判给谁**，他们最看重谁真心陪伴孩子。把你平时照顾孩子的照片、接送记录、家长群沟通记录都保存好，这些都是你最有力的证明。
2. **不要被男方"抢孩子"的威胁吓住**。就算暂时判给对方，只要你能证明男方出轨后经常夜不归宿、不管孩子，随时可以申请变更抚养权。

（悄悄话：我经手的案子中，80%的妈妈最终都拿到了抚养权，因为母爱永远无法被替代）

四、出轨证据：用法律武器，别用情绪对抗

我知道你想狠狠报复，但咱们要用聪明的方式：

- **把心痛变成力量**：微信记录、转账红包、他写的保证书，这些都是你的武器。但切记：**不要偷拍私密视频（会违法）**，而是保留他给第三者买礼物的消费记录。
- **现实地说**：出轨在法律上不会让他"净身出户"，但咱们可以主张精神赔偿，还能让法官在财产分割时向你倾斜5%-10%。**更重要的是**——这些证据能撕破他的伪装，让法官看清谁才是婚姻的过错方。

最后，我想对你说……

离婚就像一次重感冒，现在你会发烧、会流泪，但挺过去就会发现：

- 孩子的笑容不会因为单亲家庭而消失，反而会因为你有更多精力陪伴而更灿烂；
- 财产分割的数字背后，是你重启人生的资本；
- 那个背叛你的人，法律会让他明白：成年人的每一次任性，都要付出代价。

现在你最需要做三件事：

1. 把这条回答里的证据清单列出来，一周内收集好；
2. 找个信任的闺蜜/家人每天陪你聊半小时，**情绪崩溃时不做重大决定**；
3. 记住你比想象中强大——当年能一手抱孩子一手做家务的女人，现在也能把人生重新洗牌。

① 本回答可能包含法律建议。内容由 AI 生成，仅供参考，建议咨询专业律师。

图 5-6（续）

从图 5-6 中可以明显看出，经过训练的 DeepSeek 笨拙地加上了安慰的话语，虽然生硬但处处在理。对于家事纠纷的咨询要像阳光般温暖，既要提供法律建议，也要提供情绪价值，那么对于其他类型的咨询又应该如何回答呢？这一次加上双方的身份，看一看 DeepSeek 是否还会提供情绪价值。

第 5 章　学术研究和与客户沟通

输入指令："假设你是一名中国的执业律师，有人遇到这样的问题并向你咨询，你会如何作答？咨询的人是一家国企的经理。问题：我有一笔钱对方一直没还回来，当时没签协议就是口头约定的，对方拿到钱写了个收条。现在我想把这笔钱要回来，打官司的话能有多少胜算？尽量用通俗的语言进行解释，不需要类似案例，但是需包含司法实践的惯常做法。你自行考虑应以怎样的语气回复"。DeepSeek 生成的结果如图 5-7 所示。

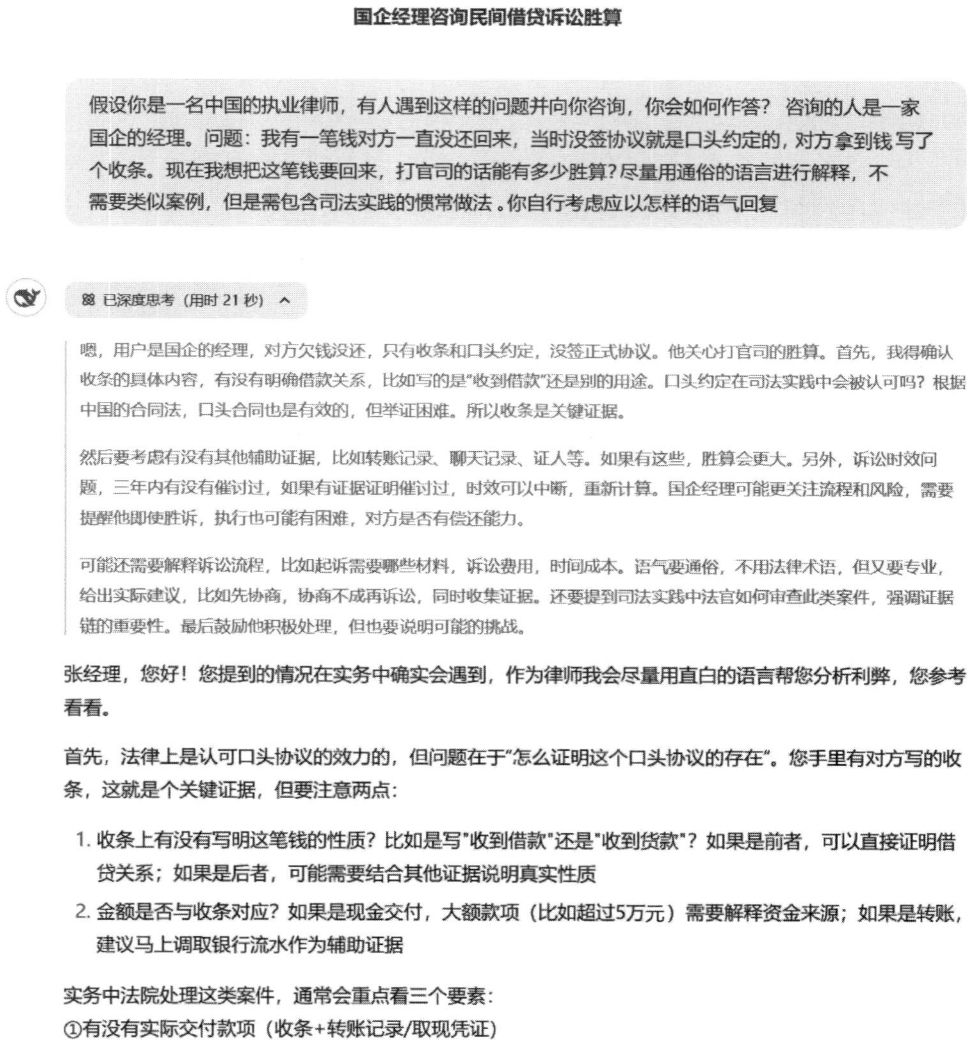

国企经理咨询民间借贷诉讼胜算

假设你是一名中国的执业律师，有人遇到这样的问题并向你咨询，你会如何作答？咨询的人是一家国企的经理。问题：我有一笔钱对方一直没还回来，当时没签协议就是口头约定的，对方拿到钱写了个收条。现在我想把这笔钱要回来，打官司的话能有多少胜算？尽量用通俗的语言进行解释，不需要类似案例，但是需包含司法实践的惯常做法。你自行考虑应以怎样的语气回复

❀ 已深度思考（用时 21 秒） ∧

嗯，用户是国企的经理，对方欠钱没还，只有收条和口头约定，没签正式协议。他关心打官司的胜算。首先，我得确认收条的具体内容，有没有明确借款关系，比如写的是"收到借款"还是别的用途。口头约定在司法实践中会被认可吗？根据中国的合同法，口头合同也是有效的，但举证困难。所以收条是关键证据。

然后要考虑有没有其他辅助证据，比如转账记录、聊天记录、证人等。如果有这些，胜算会更大。另外，诉讼时效问题，三年内有没有催讨过，如果有证据证明催讨过，时效可以中断，重新计算。国企经理可能更关注流程和风险，需要提醒他即使胜诉，执行也可能有困难，对方是否有偿还能力。

可能还需解释诉讼流程，比如起诉需要哪些材料，诉讼费用，时间成本。语气要通俗，不用法律术语，但又要专业，给出实际建议，比如先协商，协商不成再诉讼，同时收集证据。还要提到司法实践中法官如何审查此类案件，强调证据链的重要性。最后鼓励他积极处理，但也要说明可能的挑战。

张经理，您好！您提到的情况在实务中确实会遇到，作为律师我会尽量用直白的语言帮您分析利弊，您参考看看。

首先，法律上是认可口头协议的效力的，但问题在于"怎么证明这个口头协议的存在"。您手里有对方写的收条，这就是个关键证据，但要注意两点：

1. 收条上有没有写明这笔钱的性质？比如是写"收到借款"还是"收到货款"？如果是前者，可以直接证明借贷关系；如果是后者，可能需要结合其他证据说明真实性质
2. 金额是否与收条对应？如果是现金交付，大额款项（比如超过5万元）需要解释资金来源；如果是转账，建议马上调取银行流水作为辅助证据

实务中法院处理这类案件，通常会重点看三个要素：
①有没有实际交付款项（收条+转账记录/取现凭证）

图 5-7

②双方有没有借贷合意（微信记录、电话录音、证人等能佐证口头约定）
③诉讼时效有没有过（从约定还款日或最后一次催要起算3年）

建议您现在可以做三件事：

1. 尽快通过微信/短信等方式催款，记得要明确提到借款金额、借款事实（比如"去年借给你的50万元什么时候还"），这样既能中断诉讼时效，又能固定证据
2. 整理所有可能相关的证据：除了收条原件，还包括转账凭证、催款记录、通话录音、知情人的证人证言等
3. 查下对方财产状况，如果对方名下有房车、银行账户等，胜诉后执行会更有保障

从实务经验看，如果收条内容清晰+有资金交付凭证+能证明借贷合意，胜诉概率在七成以上。但要注意如果是国企资金出借，还需要确认当时出借款项是否符合内部审批流程，避免产生合规风险。

最后提醒您：即使胜诉，执行阶段也可能遇到困难。建议先通过协商解决（比如签订书面还款协议），实在不行再诉讼。整个过程建议通过公司法律顾问或委托律师处理，有些取证技巧和诉讼策略需要专业把控。

您看这样解释清楚吗？还有其他细节需要补充分析的，您随时说。

ⓘ 本回答可能包含法律建议。内容由 AI 生成，仅供参考，建议咨询专业律师。

图 5-7（续）

这一次，DeepSeek 的回答就增加了语气词，与律师的口吻比较接近，这样的回答不仅能体现专业程度，还能拉近与咨询者的心理距离。

5.3　法律培训：一键生成培训 PPT

法律培训需要兼顾专业度与呈现效果。借助 DeepSeek，法律人可以快速生成一份既"养眼"又有专业度的 PPT。

输入指令："我是一名法务人员，现在需要一份关于买卖合同中法律风险的 PPT 给公司采购部及销售部同事讲解，需要你为我输出一份大纲，以 Markdown 格式输出给我"。DeepSeek 生成的结果如图 5-8 所示。

第5章 学术研究和与客户沟通

买卖合同中法律风险PPT大纲设计

> 我是一名法务人员,现在需要一份关于买卖合同中法律风险的PPT给公司采购部及销售部同事讲解,需要你为我输出一份大纲,以 Markdown 格式输出给我

已深度思考(用时 37 秒)

嗯,用户是一名法务人员,需要准备一个关于买卖合同中法律风险的PPT,给公司采购和销售部门的同事讲解。首先,我需要明确用户的需求。用户希望输出一份大纲,用Markdown格式。所以,我需要先确定这个PPT的结构应该包括哪些部分,既要全面又要易懂,毕竟听众是采购和销售部门的同事,可能没有法律背景。

接下来是目录,需要让听众对整个内容有清晰的了解。可能分为引言、主要法律风险、风险防范措施、案例分析、互动与问答这几个部分。

在引言部分,应该说明为什么需要关注买卖合同的法律风险,可以提到合同的重要性,以及风险可能带来的后果,比如经济损失、商誉损害、法律纠纷等。这部分要简明扼要,引起听众的重视。

主体部分要详细讲解法律风险。需要分几个大点,比如合同主体风险、合同条款风险、履约风险、特殊类型合同的风险和其他风险。每个大点下再细分小点,用实际例子说明,让非法律背景的同事容易理解。

比如合同主体风险,可能要讲主体资质审查不当的风险,比如对方是否合法成立,是否具备履约能力。还有签约权限的问题,比如代理人是否有授权,是否存在表见代理的情况。此外,关联公司或子公司的主体混同风险也需要提到,可能涉及责任承担的问题。

合同条款风险需要详细分析主要条款的问题,比如标的物描述不清腕可能导致争议,数量质量条款不明确,价格和支付方式的风险,比如未约定调价机制或支付时间不明确。交付和验收条款也很重要,比如交付时间地点不明确,验收标准缺失。违约责任部分需要强调条款缺失或过高过低的问题,还有争议解决条款的选择,比如诉讼和仲裁的区别。

履约风险部分,要涵盖履约过程中的证据保存,比如送货单、验收单的重要性,还有履约变更的风险,比如未签订书面补充协议,或者单方面变更履行方式。中止或终止合同的条件是否明确,比如不可抗力条款缺失,终止权的行使条件不清晰。

特殊类型合同的风险可能包括国际贸易中的术语选择、法律适用,长期框架合同下的订单模式风险,以及定制类合同的验收标准不明确问题。

其他风险可能涉及反商业贿赂、反垄断、数据隐私等方面的条款缺失,这些都需要根据公司实际情况补充。

风险防范措施需要分事前、事中、事后三个阶段。事前审查合同主体资质,使用标准模板;事中注意条款审查和履约跟踪;事后及时处理纠纷,总结教训。这部分要给出具体可行的建议,让同事知道如何操作。

案例分析部分,最好用实际案例来说明,比如主体资质问题导致合同无效,或者条款模糊引发纠纷。通过案例加深理解,帮助听众将理论应用到实际工作中。

最后的互动与问答环节,可以预留时间解答问题,收集反馈,确保讲解效果。

在制作大纲时,需要考虑到听众的工作性质,采购和销售同事可能更关注实际操作中的风险点,所以例子要贴近他们的日常工作。同时,避免使用过多法律术语,用通俗易懂的语言表达。结构要清晰,层次分明,方便他们后续参考和运用。

图 5-8

法律人的第一本 DeepSeek 操作指南——手把手教你打造高效的 AI 法律助手

可能还需要考虑时间安排，各部分内容的时间分配是否合理，确保在有限的时间内覆盖重点。另外，是否需要加入图表或流程图来辅助说明，比如合同审查流程、风险防范步骤等，但大纲中可能不需要详细说明，用户可能在制作PPT时会自行添加。

总结下来，大纲需要逻辑清晰，重点突出，结合实际案例，提供实用建议，帮助采购和销售同事识别和防范买卖合同中的法律风险。

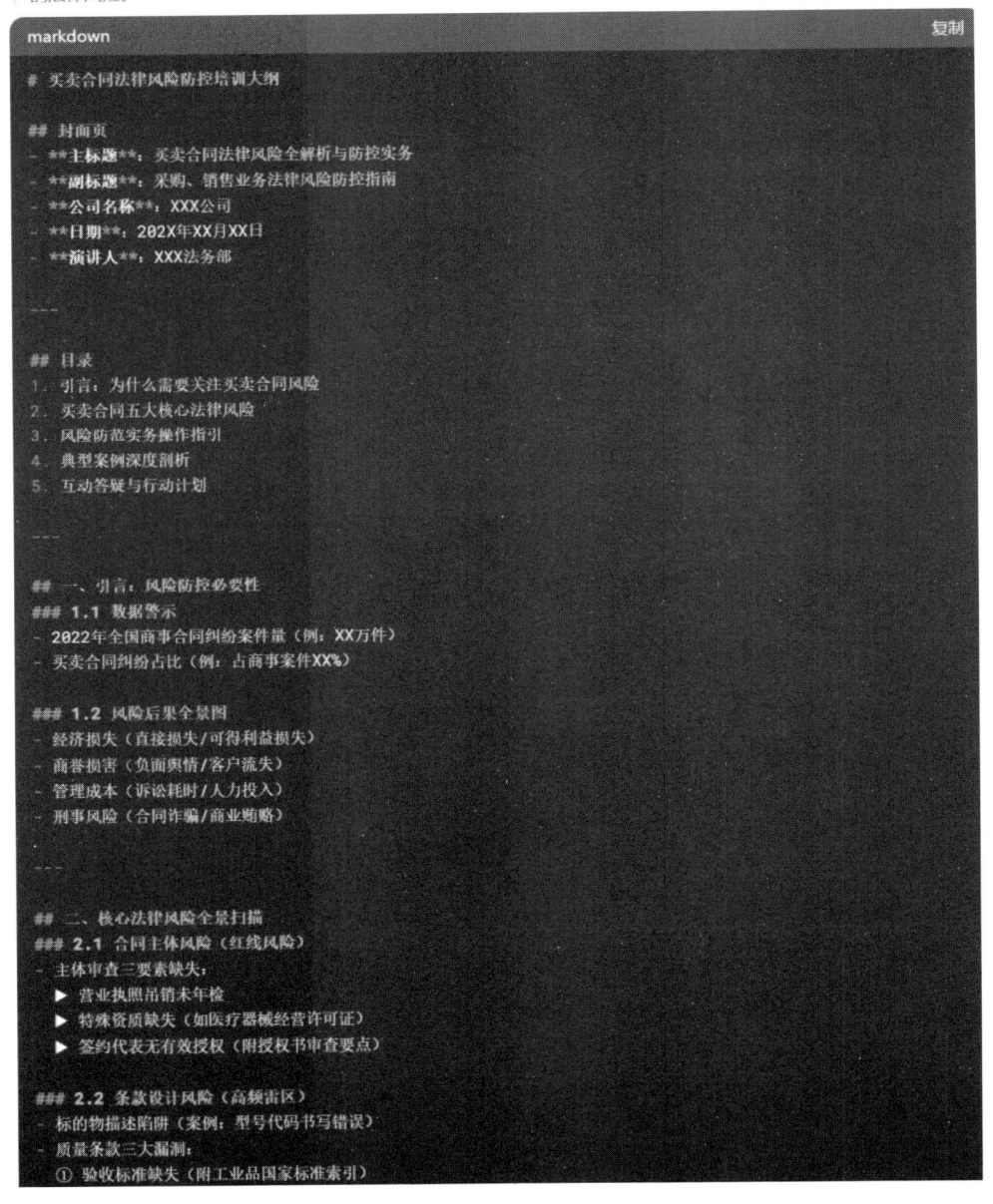

```markdown
# 买卖合同法律风险防控培训大纲

## 封面页
- **主标题**：买卖合同法律风险全解析与防控实务
- **副标题**：采购、销售业务法律风险防控指南
- **公司名称**：XXX公司
- **日期**：202X年XX月XX日
- **演讲人**：XXX法务部

---

## 目录
1. 引言：为什么需要关注买卖合同风险
2. 买卖合同五大核心法律风险
3. 风险防范实务操作指引
4. 典型案例深度剖析
5. 互动答疑与行动计划

---

## 一、引言：风险防控必要性
### 1.1 数据警示
- 2022年全国商事合同纠纷案件量（例：XX万件）
- 买卖合同纠纷占比（例：占商事案件XX%）

### 1.2 风险后果全景图
- 经济损失（直接损失/可得利益损失）
- 商誉损害（负面舆情/客户流失）
- 管理成本（诉讼耗时/人力投入）
- 刑事风险（合同诈骗/商业贿赂）

---

## 二、核心法律风险全景扫描
### 2.1 合同主体风险（红线风险）
- 主体审查三要素缺失：
  - ▶ 营业执照吊销未年检
  - ▶ 特殊资质缺失（如医疗器械经营许可证）
  - ▶ 签约代表无有效授权（附授权书审查要点）

### 2.2 条款设计风险（高频雷区）
- 标的物描述陷阱（案例：型号代码书写错误）
- 质量条款三大漏洞：
  ① 验收标准缺失（附工业品国家标准索引）
```

图 5-8（续）

②质保期约定矛盾
③质量异议期超法定时限
- 价款支付暗礁：
  - ▶ 含税价未注明税率
  - ▶ 垫资条款未设担保
  - ▶ 外汇支付汇率波动条款

2.3 履约操作风险（实务重灾区）
- 关键证据缺失链：
  （送货单签收/验收记录/催款函送达）
- 变更管理黑洞：
  - ▶ 微信确认变更但未留存记录
  - ▶ 分批交货未签补充协议

2.4 涉外合同特殊风险
- Incoterms选用错误（FOB与CIF实操差异）
- 法律适用条款冲突（示范条款模板）

2.5 新型风险矩阵
- 电子签约平台合规要点
- 数据跨境传输法律屏障

三、风险防控六步法
3.1 事前防控工具箱
- 主体资信四维核查：
  ① 国家企业信用信息公示系统
  ② 裁判文书网涉诉查询
  ③ 动产融资统一登记公示系统
  ④ 行业黑名单数据库

3.2 合同条款设计规范
- 必备条款清单（附checklist模板）
- 示范条款库建设路径

3.3 履约过程监控
- 关键节点监控表（示例）：

阶段	监控要点	责任人
发货	物流签收单原件回收	销售助理

四、案例教学工坊
4.1 经典判例研习
- **案例1**：格式条款无效案（某设备采购合同争议）
  → 重点解析：提示说明义务履行标准

- **案例2**：阴阳合同效力认定（某原材料采购纠纷）
  → 风险启示：备案合同与执行合同关系

图 5-8（续）

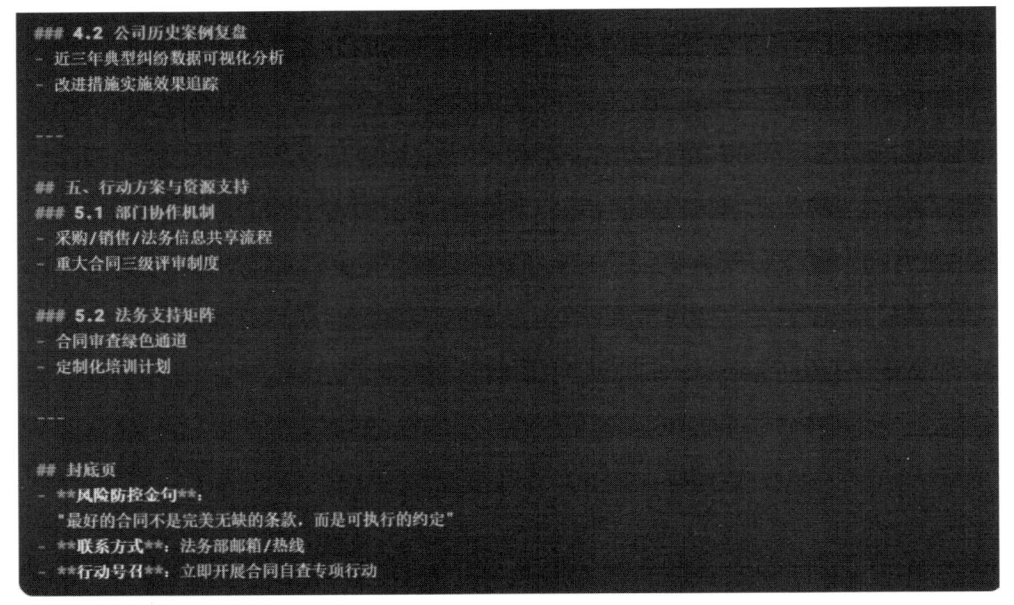

```
### 4.2 公司历史案例复盘
- 近三年典型纠纷数据可视化分析
- 改进措施实施效果追踪

---

## 五、行动方案与资源支持
### 5.1 部门协作机制
- 采购/销售/法务信息共享流程
- 重大合同三级评审制度

### 5.2 法务支持矩阵
- 合同审查绿色通道
- 定制化培训计划

---

## 封底页
- **风险防控金句**：
"最好的合同不是完美无缺的条款，而是可执行的约定"
- **联系方式**：法务部邮箱/热线
- **行动号召**：立即开展合同自查专项行动
```

内容亮点说明：

1. **风险场景化呈现**：将抽象法律条文转化为采购销售常见业务场景
2. **工具化解决方案**：提供可直接使用的checklist、示范条款等工具
3. **数据可视化设计**：通过图表直观展示风险分布和案例数据
4. **业务流程嵌入**：将风控要求融入现有采购销售工作流程
5. **合规激励设计**：建立正向激励机制促进制度落地

建议每章节配置对应的可视化元素：

- 风险地图（热力图形式）
- 条款对比表（合规vs问题条款）
- 流程图（合同审查流程）
- 时间轴（典型纠纷发展过程）

图 5-8（续）

将 DeepSeek 生成的 PPT 大纲复制，再借助另一个 AI 工具来完成 PPT。以"DeepSeek+Kimi"的组合为例，具体操作步骤如下。

（1）打开 Kimi。

第 5 章 学术研究和与客户沟通

（2）单击页面左侧的"Kimi+"图标，如图 5-9 所示。

图 5-9

（3）单击"PPT 助手"选项，如图 5-10 所示。

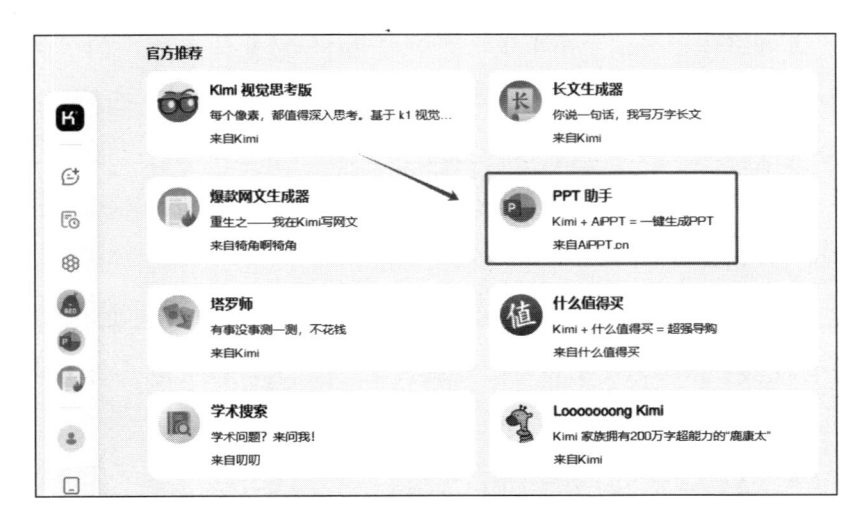

图 5-10

（4）粘贴刚刚从 DeepSeek 中复制的 PPT 大纲，然后单击发送按钮，如图 5-11 所示。

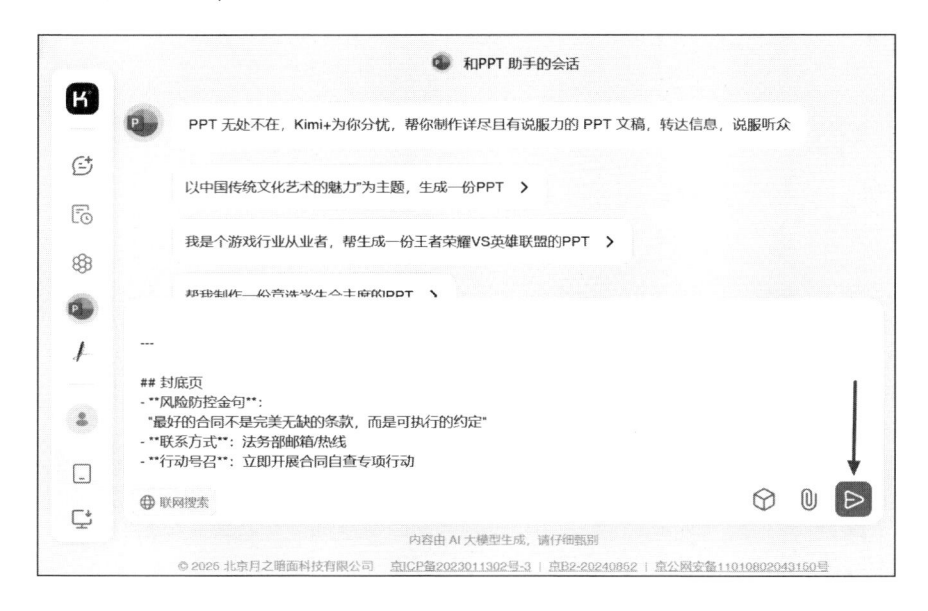

法律人的第一本 DeepSeek 操作指南——手把手教你打造高效的 AI 法律助手

图 5-11

（5）Kimi 自动润色文案。

（6）在润色文案之后，单击"一键生成 PPT"按钮就能打开 PPT 的生成窗口，如图 5-12 所示。

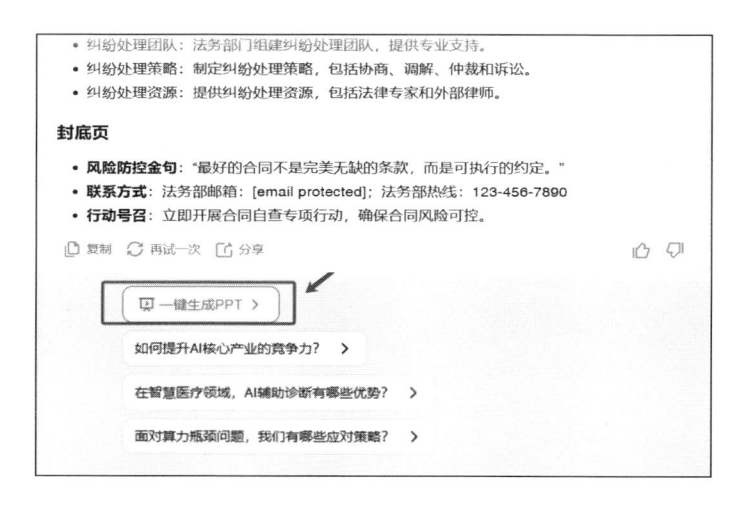

图 5-12

（7）可以根据需要更换模板场景，如图 5-13 所示。

图 5-13

（8）在选择完模板后，单击"生成 PPT"按钮，Kimi 就会根据配置自动生成 PPT，如图 5-14 所示。

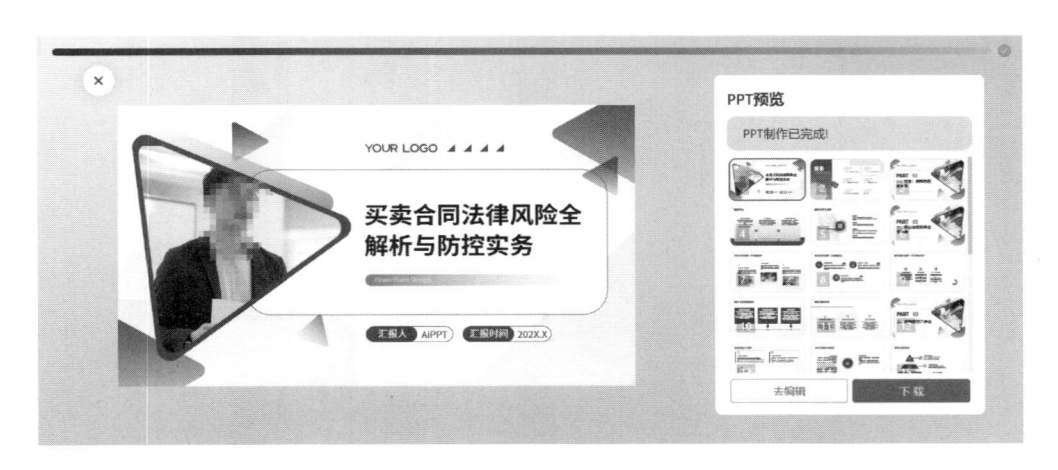

图 5-14

（9）PPT 生成后可以修改。在编辑页面，可以编辑大纲、替换模板，还能插入图表等，如图 5-15 所示。

图 5-15

（10）单击"下载"按钮即可下载 PPT 至本地文件夹内，这样就高效地完成了一份 PPT 的制作。

第 3 部分

无须编程的智能进阶技巧

第 6 章　个性化定制你的 AI 法律助手

6.1　轻松上手本地化部署 DeepSeek

6.1.1　为什么要本地化部署 DeepSeek

1. 搭建专属的法律知识库提升效率

一方面,搭建专属的法律知识库,可以高效检索本地法律资料。对于法律人而言,日常工作经常会涉及处理海量的法律法规、司法解释、各种案例,以及专业学术文章等资料。尤其在处理紧急而复杂的案件时,法律人需要快速、准确地检索到与之相关的特定内容,以支撑法律观点和办案思路。传统的检索方式既需要联网,又需要逐个查找不同的网站或数据库,耗费大量时间且不够系统。本地化部署 DeepSeek 并与专属的法律知识库相结合,能够大大提高检索效率。在专属的法律知识库中,法律人可以按照自己的研究习惯和办案习惯,对各种法律资料进行分类整理,例如按照不同的法律领域(民商事、刑事、行政等)、案件类型(合同纠纷、侵权纠纷、刑事犯罪等)或者资料来源(法院裁判文书、法学研究报告等)建立清晰的索引结构。这样,当需要查找某个特定领域或者类型的相关资料时,法律人可以利用 DeepSeek 强大的语言理解和搜索能力,在专属的法律知识库中进行精准检索。

另一方面,法律人日常工作中大量的任务之一是撰写各类法律文书,如合同、起诉状、答辩状、法律意见书等。这些法律文书往往都有严格的格式要求和规范或约定的表述方式。将 DeepSeek 这样的自然语言处理模型与本地法律文书模板相结合，能够显著提高法律文书撰写的质量和效率。法律人可以根据自己的工作习惯和所在领域的法律要求，在专属的法律知识库中建立完善的法律文书模板库。这些模板可以涵盖从基本格式到具体条款的各个方面，并且可以设置相应的提示信息和逻辑规则。当需要撰写某一类法律文书时，法律人可以对 DeepSeek 描述法律事务的具体情况。DeepSeek 会理解任务需求，然后根据本地法律文书模板的要求，生成符合规范的法律文书初稿，让法律人节省大量的时间和精力，更加专注于案件的核心问题和策略分析，从而提高法律工作的整体效率和专业化水平。

2. 保护数据及隐私

在使用云端的 DeepSeek 服务时，如果法律人需要让 DeepSeek 处理、分析部分文件，那么需要将这些文件上传至云端服务器。对于处理涉及商业机密、个人隐私案件或国家安全相关事务的法律人而言，这种数据传输和存储方式存在诸多隐患。例如，云服务提供商的员工可能因管理疏忽、系统漏洞或恶意操作而接触到用户的敏感数据。此外，云端服务器可能会受到网络攻击，如黑客入侵、数据窃取等。一旦云服务提供商的安全防护体系被攻破，法律人上传的数据就会面临被泄露的风险。

本地化部署 DeepSeek 可以有效地避免云端使用带来的数据及隐私泄露风险。在这种部署方式下，数据在本地环境中，只有使用人员能够访问与操作本地数据库和模型。在数据传输过程中，因为不涉及将敏感数据上传至外部的云端服务器，所以大大降低了数据被截取和窃取的风险。在很多企业中，不同级别的员工在企业内网中按照既定的权限规则，被精确地授予对应层级的文件访问权限。本地化部署的 DeepSeek 能够与本地内网的环境和访问机制深度契合，确保只有具备相应权限的员工才能访问和使用与之匹配的数据资源，有效保护了企业的数据安全。在处理敏感案件信息时，如个人隐私、商业机密或知识产权纠纷等，本地化部署可以保证数据的隐私性和机密性。法律人可以在本地环境中安全地存储和访问客户的敏感信息，并且在使用 DeepSeek 进行法律咨询和案例分析时，确保数据始终在本地环境中进行处理，不会被传输到外部。这样，即使本地设备或网络遭受安全威胁，由于数据的封闭性和本地环境的可控性，数据泄露的风险也会降低。

6.1.2　哪些人适合本地化部署 DeepSeek

虽然本地化部署 DeepSeek 具有很多优势，但并非适合每个法律人。DeepSeek 作为一款强大的智能工具，对特定的法律工作场景和特定的人群有更契合的运用方式。在 AI 浪潮来临的当下，了解本地化部署 DeepSeek 的优势，并选择适合自己的部署方式至关重要。

本地化部署 DeepSeek 有一定的技术门槛和配置要求。一方面，本地化部署本身具有一定的难度，不仅涉及硬件计算能力、硬盘容量等基本硬件配置条件，成本相当高昂，还涉及硬件兼容性、网络带宽等众多因素。此外，DeepSeek 的运行还需要依托于特定的操作系统和相关开发工具等。对于法律人而言，熟悉这些软件的安装、配置和管理，确保各个组件之间能够协同工作也是一项挑战。另一方面，本地化部署的大多为蒸馏模型（Distilled Model），与云端部署的满血版模型相比，在性能上存在着显著的差距。同时，本地运行的情况还取决于本地硬件，参数越多的模型虽然在性能和思考能力上越强，但也需要性能越高的 GPU 支持。要运行完整的 671b 参数的 DeepSeek-R1 模型，就需要 404GB 的本地硬盘容量和至少 4 块 80GB 显存的 A100 显卡，这显然不是普通法律人所能承受的。

因此，本地化部署的 DeepSeek 并不是一个轻度办公用的产品，而是一个定制化的智能服务解决方案。具体而言，本地化部署 DeepSeek 适合以下几类人群：

（1）注重数据安全与隐私保护且有 AI 提效需求的安全意识型用户。

（2）保障服务器稳定运行、确保工作流程高效衔接的非诉讼或涉外团队。

（3）对协同合作需求高且有严格内部规范的法务部门、代理机构或律所。

（4）具有特定数据处理和研究需求、追求定制化 AI 应用的法律科研人员。

6.1.3　快速本地化部署 DeepSeek

1. 安装本地大模型运行工具（Ollama）

如果想在本地部署大模型，就需要安装本地大模型运行工具。Ollama、LM Studio、AutoGPTQ、Hugging Face Transformers 等都是常见的大模型运行工具。本书以 Ollama 为例来介绍如何本地化部署 DeepSeek。

Ollama 是一个开源工具，用于在本地环境中便捷地部署、运行和管理大模型，支持多种操作系统（如 macOS、Windows、Linux）和 Docker 容器。它简化了本地大模型的运行流程，提供了丰富的预构建模型库和灵活的 API，对法律人这类非理工科和非计算机专业出身的用户较为友好。

Ollama 官网如图 6-1 所示。

第 6 章　个性化定制你的 AI 法律助手

图 6-1

单击"Download"按钮下载 Ollama。在下载时，有三个操作系统的安装包可选择（如图 6-2 所示）。只需要根据电脑的操作系统版本选择即可。本书以 macOS 系统为例进行讲解。

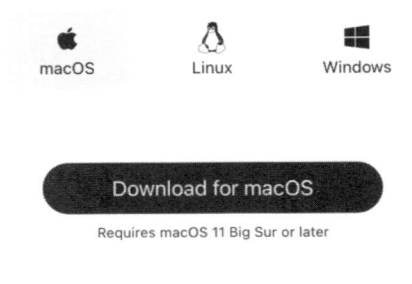

图 6-2

在下载后完成安装，即可运行 Ollama。

在电脑启动台(Windows 系统的电脑为"开始"菜单)的搜索栏中输入"cmd"或"命令提示符"，按回车键，打开"命令提示符"对话框，输入"Ollama"

141

并按回车键，如果返回的内容与图 6-3 所示的内容接近，那么说明已安装成功。

```
[sukie@yansujideMac-Studio ~ % Ollama
Usage:
  ollama [flags]
  ollama [command]

Available Commands:
  serve       Start ollama
  create      Create a model from a Modelfile
  show        Show information for a model
  run         Run a model
  stop        Stop a running model
  pull        Pull a model from a registry
  push        Push a model to a registry
  list        List models
  ps          List running models
  cp          Copy a model
  rm          Remove a model
  help        Help about any command

Flags:
  -h, --help      help for ollama
  -v, --version   Show version information

Use "ollama [command] --help" for more information about a command.
sukie@yansujideMac-Studio ~ %
```

图 6-3

对于 Windows 7 及其之前的操作系统来说，如果返回的内容为"找不到该命令"或者"'ollama'不是内部或外部命令，也不是可运行的程序或批处理文件"，则说明在安装 Ollama 的过程中，Ollama 的安装目录没有自动匹配到系统环境变量中。我们可以采用在重新安装 Ollama 后重启电脑的方式解决这个问题。如果还是显示"找不到该命令"或者"'ollama'不是内部或外部命令，也不是可运行的程序或批处理文件"，我们就需要寻找专业人员或者专业教程对系统环境变量进行重新配置。

根据清华大学网络空间测绘联合研究中心的分析，Ollama 的默认配置存在未授权访问与模型窃取等安全隐患。目前，DeepSeek 的本地化部署和应用非常广泛，但是很多用户在使用 Ollama 本地化部署 DeepSeek 时未修改默认配置，存在数据泄露、算力盗取、服务中断等安全风险，极易引发网络和数据安全问题。

在实际使用过程中，建议参考以下安全加固建议。

（1）限制 Ollama 的监听范围：仅允许本地访问 11434 端口，并验证端口状态。

（2）配置防火墙规则：对公网接口实施双向端口过滤，阻断 11434 端口的出入站流量。

（3）实施多层认证与访问控制：启用 API 密钥管理，定期更换密钥并限制调用频率。配置 IP 白名单或零信任架构，仅授权可信设备访问。

（4）禁用危险操作接口：如 push/delete/pull 等，并限制 chat 接口的调用频率以防分布式阻断服务（Distributed Denial of Service，DDoS）攻击。

（5）修复已知的安全漏洞：及时更新 Ollama 至安全版本，修复已知的安全漏洞。

2. 在本地安装 DeepSeek

回到 Ollama 官网，单击首页中间的"DeepSeek-R1"链接（如图 6-4 所示），或者单击首页左上角的"Models"选项，再单击"deepseek-r1"链接，如图 6-5 所示。

图 6-4

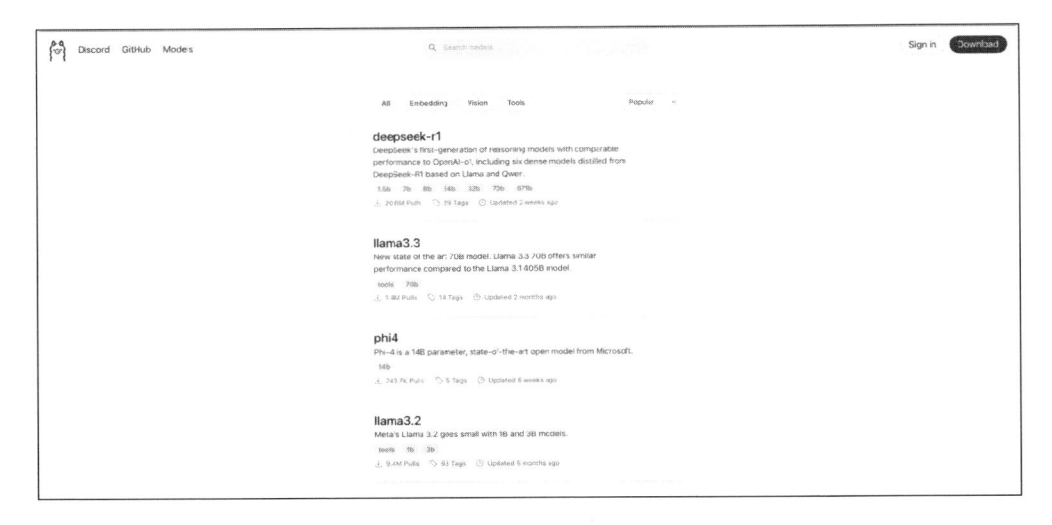

图 6-5

单击模型参数下拉菜单，可以看到目前有 1.5b、7b、8b、14b、32b、70b、671b 等常见的 DeepSeek 的模型参数，如图 6-6 所示。

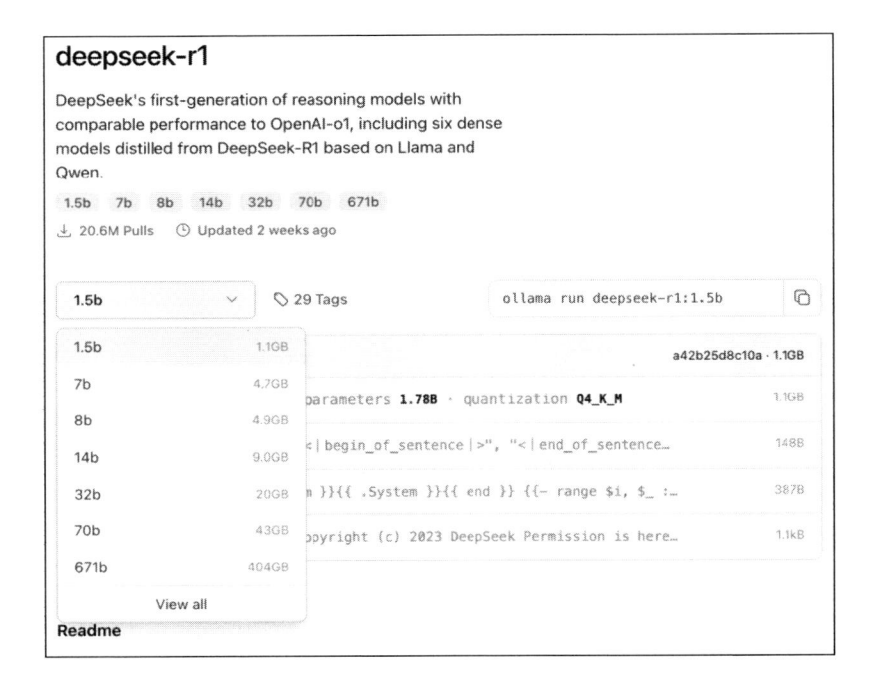

图 6-6

这里的 b 指的是英文 billion（十亿），代表的是模型的参数量。1.5b 代表 15 亿个参数，671b 代表 6710 亿个参数（即"满血版 DeepSeek"，性能最强，也就是官网部署的版本）。参数越多意味着模型回答的质量越高，但对算力和硬件的要求也越高。如果把模型比作人类大脑，参数就是它的"神经元数量"。参数越多，模型越聪明，但对应的"体力消耗"（硬件需求）越大。

DeepSeek-R1 蒸馏模型是通过蒸馏技术，从大型 DeepSeek-R1 模型中提取知识，创建的更小、更高效的版本。蒸馏是指将大模型（教师模型）的推理能力转移到较小的模型（学生模型），使其在推理任务中实现有竞争力的性能，同时提高计算效率，便于部署。DeepSeek-R1 蒸馏模型可以被理解为一个压缩过的大型 DeepSeek-R1 模型，但按照官方的说法，通过这种方式压缩的模型的能力会比直接训练的小模型的能力更强。

用户可以根据自己的配置选择合适的模型。模型的参数越多，其回答的质量越高，但在同等配置的情况下，回答速度和响应速度越慢。用户需要根据自己的配置、回答的效率和质量选择出适合自己的模型。

对于个人用户来说，选择模型需要结合自身设备的硬件性能及具体的应用场景。如果个人使用的是轻量化的笔记本电脑，并且主要将 DeepSeek 应用于轻量级应用场景，比如简单的法律条款检索、日常法律知识咨询等，同时对运行速度有较高要求，而设备的资源相对有限，那么选择 1.5b、7b 参数的中小模型较为明智。这些中小模型能够在有限的硬件资源下快速加载、运行和推理，能较为流畅地满足个人的日常使用需求。如果个人的硬件设备达到了游戏标准或者设计师标准，即显卡配置相对较高，能够承担更复杂的计算任务，那么可以考虑选择 8b、14b 参数的模型。对于普通法律工作者来说，8b、14b 参数的模型已经具备了较强大的处理能力，足以满足大多数常规的法律工作需求。例如，在处理常见的法律案件检索、分析简单的合同条款等任务时，这两个模型能够提供准确且高效的支持。

在团队部署的场景下，选择模型则需要充分考虑团队的业务需求及设备的预算情况。如果团队在设备预算方面允许，并且在工作中涉及大量高精度的法律研究、专业的商业分析等复杂任务，那么可以考虑选择 32b、70b 参数的模型。这些模型具有更强的计算能力和处理复杂问题的能力，能够为团队的专业工作提供更为精准和全面的支持。对于法律人来说，671b 参数的满血版模型并不是普遍推荐的模型。这主要是因为满血版模型虽然具备强大的性能，但是需要相应的硬件资源和存储空间来支撑，可能需要较高的成本投入，而且对于一般的法律业务流程来说，32b、70b 参数的模型已经能够在保证性能的前提下，较好地平衡成本和效率的关系，满足团队的实际工作需求。

在选择好模型后，只需要复制图 6-7 中的对应命令（以 1.5b 参数的模型为例，命令为 "ollama run deepseek-r1:1.5b"），将其粘贴到"命令提示符"对话框中，按回车键，之后耐心等待安装完成即可。安装过程如图 6-8 所示。

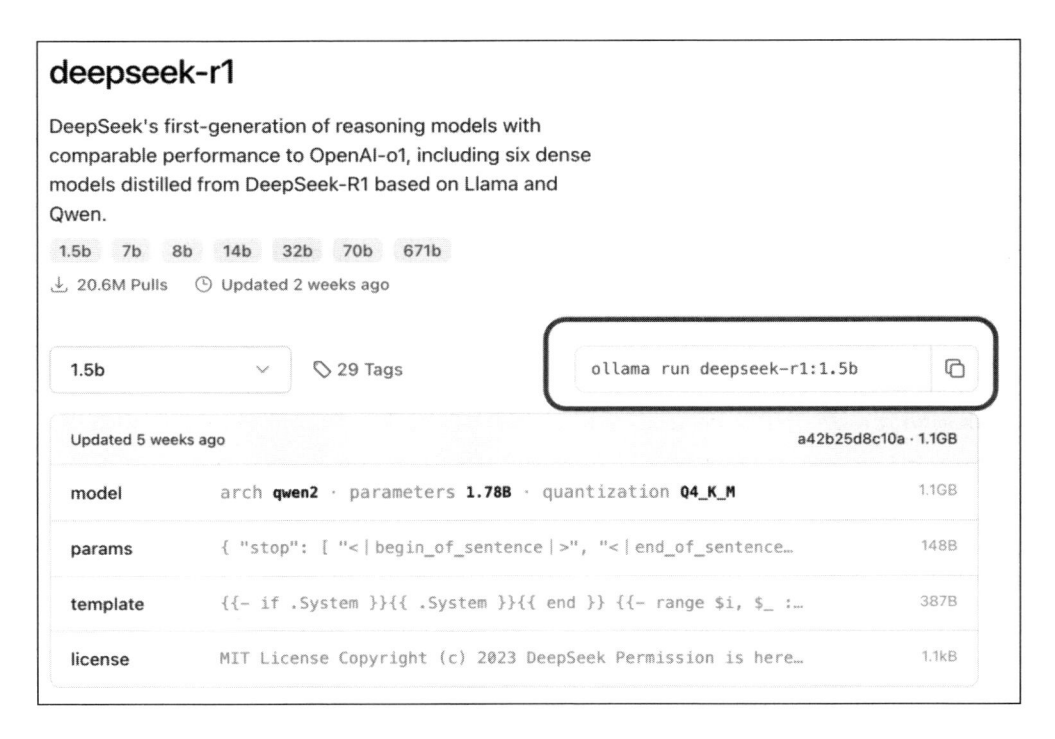

图 6-7

图 6-8

当看到安装进度条显示 100%并出现"success"时,意味着本地化部署 DeepSeek 已完成(如图 6-9 所示)。

图 6-9

此时,可直接在"命令提示符"对话框中与 DeepSeek 进行对话,如图 6-10 所示。

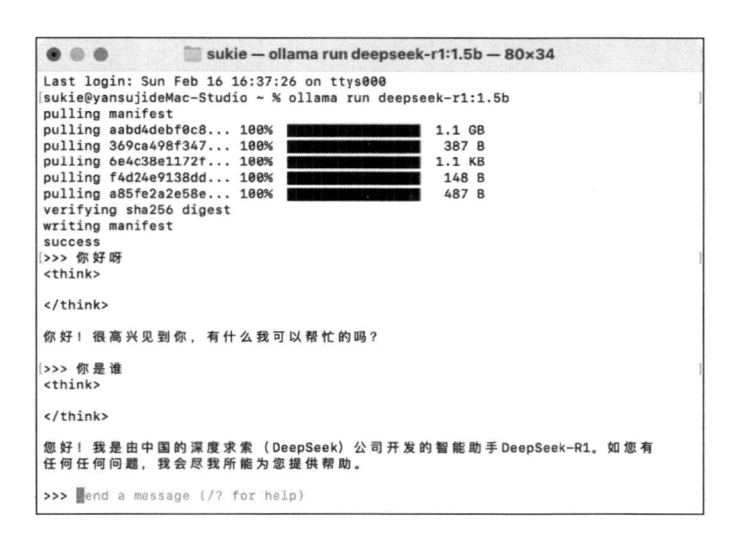

图 6-10

后续只需要在"命令提示符"对话框中输入对应的命令（以 1.5b 参数的模型为例，命令为"ollama run deepseek-r1:1.5b"），即可重新调出本地化部署的 DeepSeek。

3. 安装 AI 大模型客户端

在安装完大模型后，每次只能在"命令提示符"对话框中使用命令行的方式进行对话的体验是比较差的。因此，我们需要借助一些支持 DeepSeek 的第三方 AI 大模型客户端来对接 Ollama API，模拟在网页端进行窗口式对话的效果，更方便地与 DeepSeek 进行交互。Cherry Studio、Chatbox、AnythingLLM 等工具都可以实现这样的效果，本书以 Cherry Studio 为例介绍如何安装和使用 AI 大模型客户端。

首先，登录 Cherry Studio 官网（如图 6-11 所示），下载并安装 Cherry Studio。

图 6-11

第 6 章　个性化定制你的 AI 法律助手

在安装完成后，单击 Cherry Studio 主页左下角的设置按钮，在"模型服务"中选择"Ollama"选项，打开顶部开关，单击"管理"按钮，如图 6-12 所示。

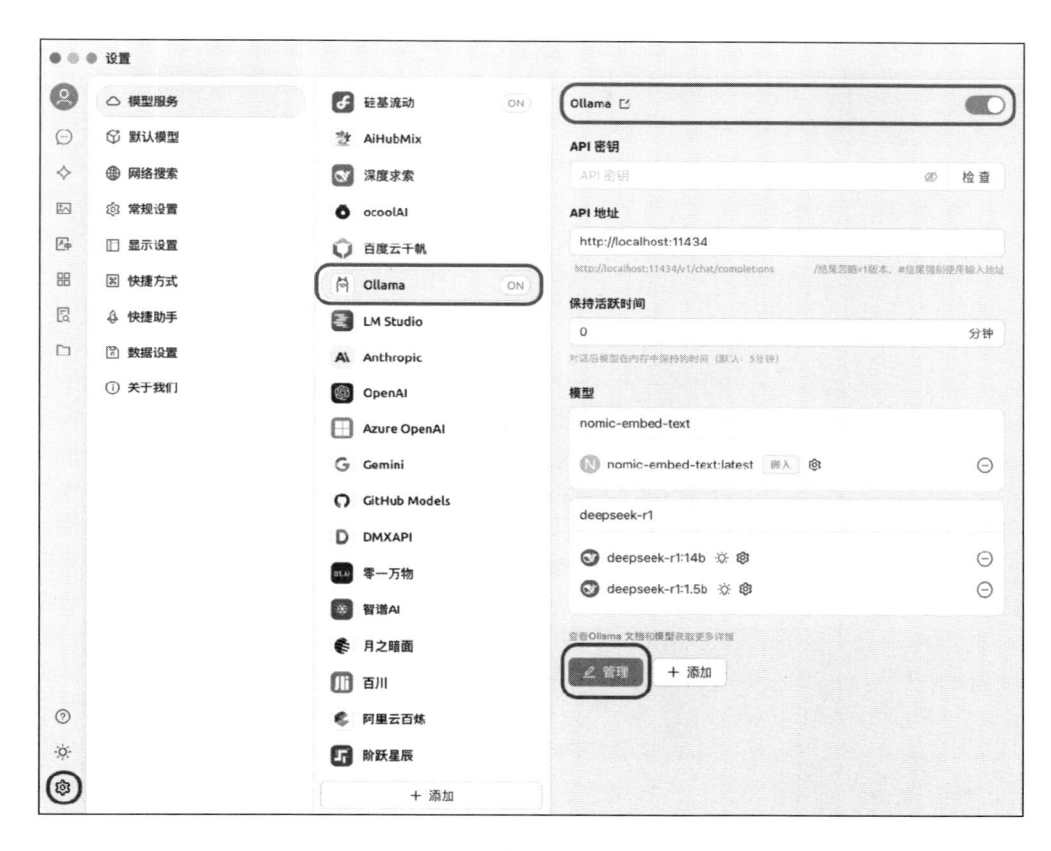

图 6-12

单击"+"按钮，添加需要使用的模型，如图 6-13 所示。

单击 Cherry Studio 主页左侧菜单栏的"助手"按钮，在图 6-14 所示的页面的顶部选择需要使用的模型后，即可开始与 DeepSeek 对话，如图 6-15 所示。

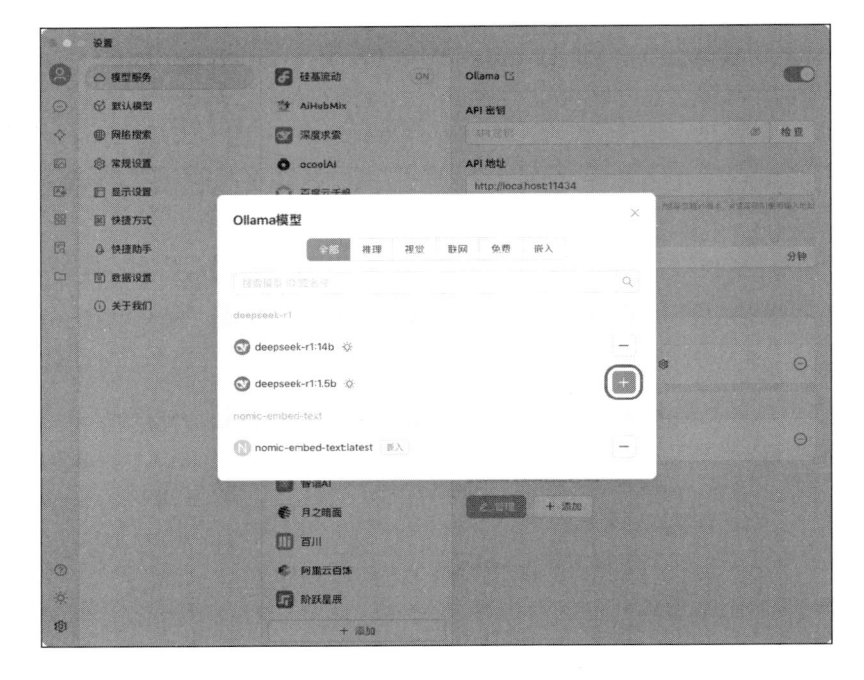

○ 法律人的第一本 DeepSeek 操作指南——手把手教你打造高效的 AI 法律助手

图 6-13

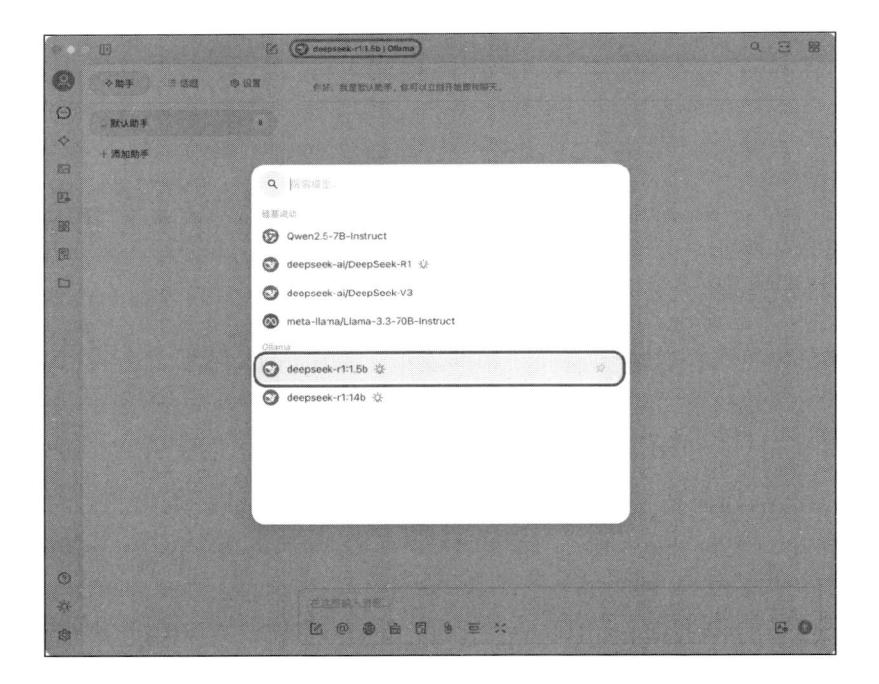

图 6-14

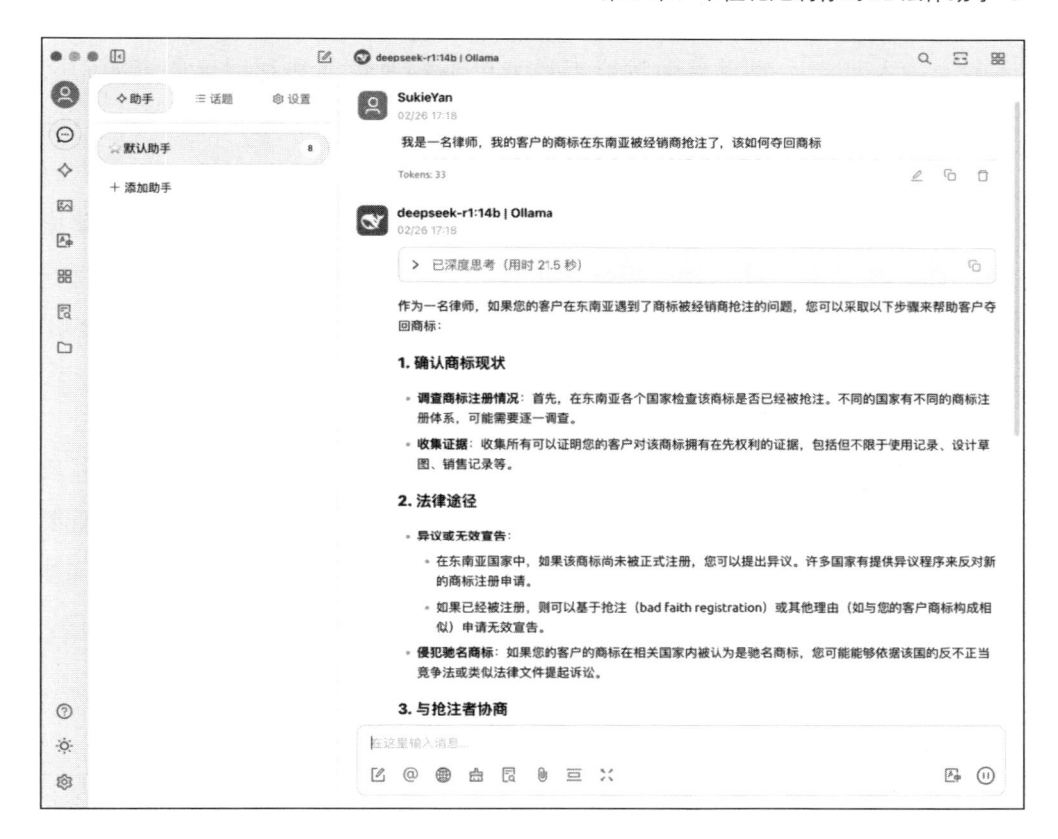

第 6 章 个性化定制你的 AI 法律助手

图 6-15

至此，已详细介绍了轻松上手本地化部署 DeepSeek 的相关内容。了解并掌握这些知识和方法，有助于快速本地化部署 DeepSeek，但需要注意的是，本地化部署后的 DeepSeek 一般仅相当于一个可离线使用的蒸馏版 DeepSeek。要想在法律工作中更好地利用 DeepSeek 的功能，还需要将其与知识库进行结合，6.2 节将着重介绍如何用 DeepSeek 搭建个人专属的法律知识库。

6.2 用 DeepSeek 搭建个人专属的法律知识库

在当今这个数字化时代，法律领域的信息呈爆炸式增长。法律人往往需要及时并快速地处理大量的法律条款、案例信息、制度文件等。在这个过程中，许多法律人可能会考虑借助智能工具来更高效地管理和利用这些资源，而 DeepSeek 强大的功能无疑吸引了他们的目光。然而，仅仅使用 DeepSeek 可能并不足以满足所有需求，尤其是当具体工作内容涉及上传、处理文件时，网页端的 DeepSeek 可能没有办法解决这类问题，云端服务器的上传速度和容量常常受到限制。在实际工作中，法律人可能需要上传大量文件到云端服务器进行分析，比如整理成册的成百上千份合同、法规文件、案例卷宗等。即使付费用户，可能也会面临上传速度缓慢的问题。

鉴于以上问题，本地化部署 DeepSeek 后搭建个人专属的法律知识库就成了一种更为可行的解决方案。通过在本地环境中部署，法律人可以将这些重要的知识和文件存储在本地服务器或个人设备上，可以根据自己的需求自由调整存储容量，无须担心云端服务器的限制，并且可以快速上传和处理大量文件，提高工作效率，同时还可以确保数据的安全和可扩展性。

但是，只有本地化部署的 DeepSeek 无法搭建个人专属的法律知识库，还需要嵌入（Embedding）模型。计算机本身是不理解文本语言的，而嵌入模型能够将文本数据有效地转化为计算机能够理解和处理的向量表示，从而更好地实现文本的特征表示和相似度计算。嵌入模型可以将词语映射到向量空间中的特定位置。在这个空间里，语义相近的词会自动聚集在一起。在法律领域，通过对法律条款、案例、法规文件等进行嵌入，法律人可以更高效地进行检索、分析和关联，例如把"著作权"和"版权"放在一类，挖掘出其中的潜在信息和规律。

6.2.1 如何安装嵌入模型

以 Ollama 作为本地大模型运行工具为例，在安装好 Ollama 的前提下，登录 Ollama 官网，选择 Ollama 官网左上角的"Models"选项，在打开的页面中找到通用的嵌入模型"nomic-embed-text"，如图 6-16 所示。

第6章 个性化定制你的 AI 法律助手

图 6-16

把"ollama pull nomic-embed-text"复制到"命令提示符"对话框中并按回车键，当出现"success"时表示嵌入模型安装完成，如图 6-17 所示。

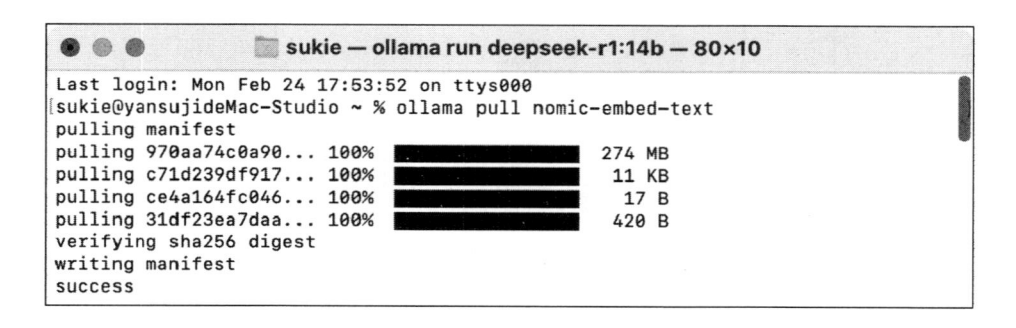

图 6-17

仍以 Cherry Studio 作为 AI 大模型客户端，单击 Cherry Studio 主页左下角的设置按钮，在"模型服务"中选择"Ollama"选项，打开顶部开关，单击"管理"按钮，再添加嵌入模型"nomic-embed-text"。

至此，嵌入模型"nomic-embed-text"添加完成。

6.2.2 搭建法律知识库

单击 Cherry Studio 的知识库选项，再单击"添加"选项，填写知识库的名称，选择嵌入模型"nomic-embed-text:latest"，即可添加知识库，如图 6-18 所示。

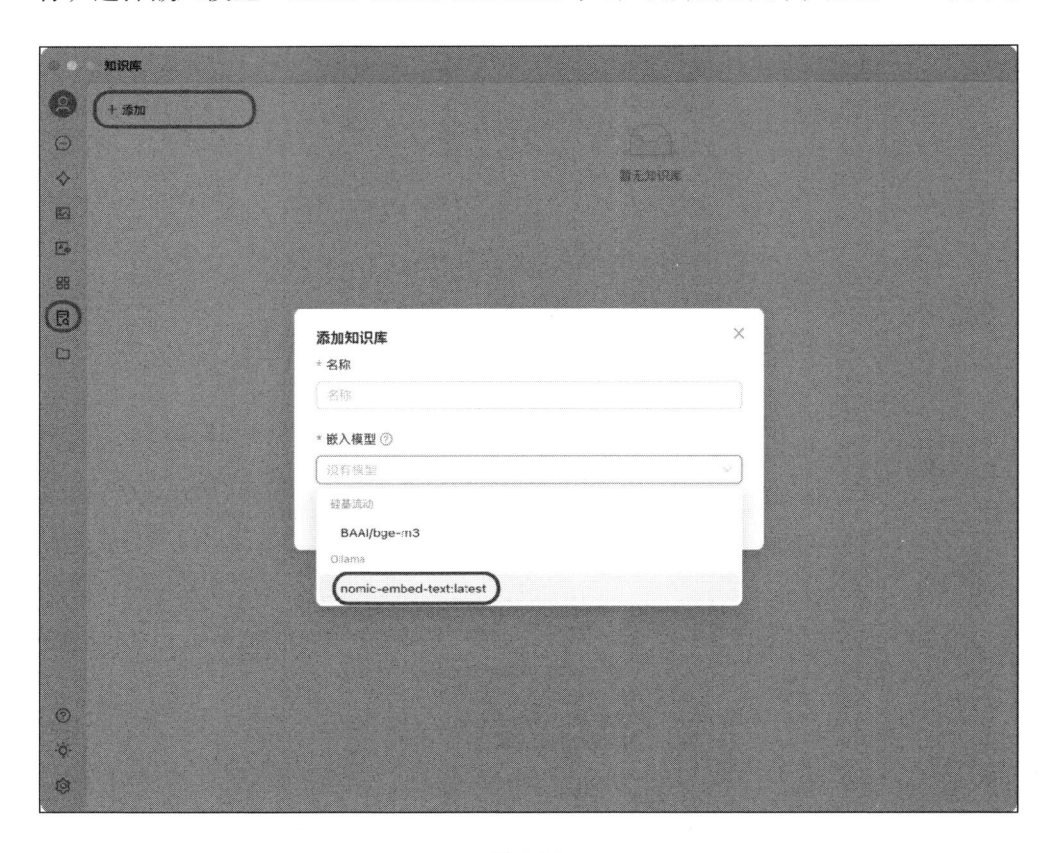

图 6-18

在添加知识库后，可以往其中添加 TXT、MD、HTML、PDF、DOCX、PPTX、XLSX、EPUB 等格式的文件，以及其他可以参考的目录、网址、网站、笔记等，如图 6-19 所示。

在构建专属的法律知识库时，法律人常常需要输入大量的法律条款、案例分析、学术研究成果等。然而，法律人在向这样一个庞大的知识库中输入海量信息后，会发现 DeepSeek 在调取知识时可能会出现速度变慢的情况。这是因为大量的数据使得系统需要花费更多的时间和资源来进行检索与匹配，就像我们在一个堆满书籍的图书馆中寻找一本特定的书，如果没有合理的分类和索引，查找起来就会十分困难且耗时。

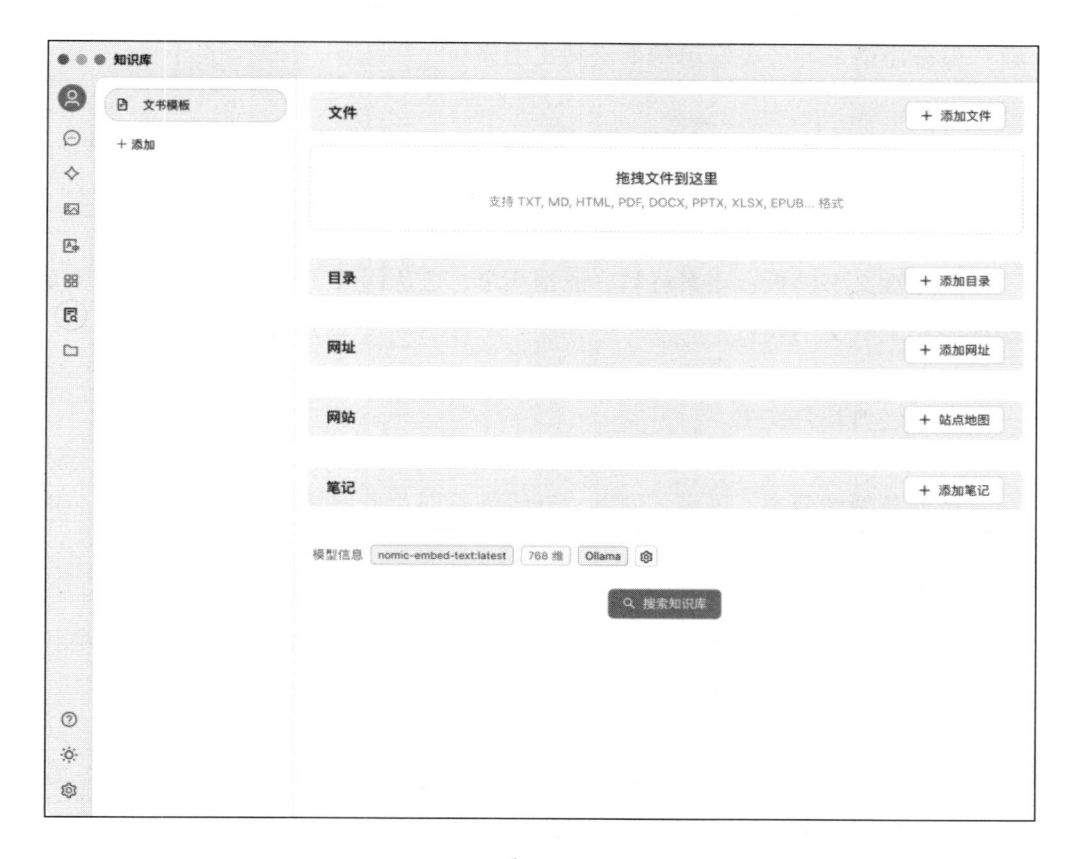

图 6-19

因此，对知识库进行科学合理的分类就显得尤为重要。它不仅能够帮助 DeepSeek 快速、准确地调取所需的知识，提高工作效率，还能让法律人更方便地管理和维护自己的知识库，使其成为一个有序且高效的"知识宝库"。

法律人可以将知识库中的内容分为以下几类。

1. 文书资料类内容

（1）常用的文书模板。

诉讼类文书模板：起诉状、答辩状、上诉状、再审申请书、申请执行书、财产保全申请书等各类常用的诉讼类文书模板。

非诉讼类文书模板：合同、协议、公司章程、法律意见书、尽职调查报告、授权委托书、律师函等常用的非诉讼类文书模板。

程序性文书模板：立案材料、证据清单、送达回证、庭审笔录模板等与诉讼程序相关的文书模板。

（2）经典裁判文书。

按业务领域分类：民事、刑事、行政等不同业务领域的经典裁判文书，涵盖各类常见案由和法律问题。

按法院层级分类：最高人民法院公布的指导性案例、各地高级人民法院和中级人民法院具有代表性的裁判文书。

按争议焦点分类：围绕不同的争议焦点（如合同效力、侵权责任认定、刑事责任量刑等）整理的相关裁判文书。

2. 法律规范类内容

（1）法律。

民商事法律：《中华人民共和国民法总则》《中华人民共和国物权法》《中华人民共和国合同法》《中华人民共和国侵权责任法》《中华人民共和国公司法》《中华人民共和国证券法》《中华人民共和国保险法》等各类民商事法律。

刑事法律：《中华人民共和国刑法》《中华人民共和国刑事诉讼法》及相关司法解释。

行政法律：《中华人民共和国行政诉讼法》《中华人民共和国行政处罚法》《中华人民共和国行政许可法》等各类行政法律。

其他部门法：《中华人民共和国劳动法》《中华人民共和国知识产权法》《中华人民共和国环境保护法》等其他领域的法律。

（2）内部管理规定。

内部规章制度：包括收案流程、结案流程、收费标准、质量监控、档案管理等律所内部的管理规定。

行业规范与自律准则：行业的相关规范、职业道德准则、行为守则等。

3. 学术研究类内容

（1）实务文章。

业务领域专题：按照不同的业务领域（如民商事诉讼、刑事辩护、公司并购、知识产权保护等）整理的相关实务操作文章、经验分享、案例分析等。

热点问题研究：针对当前法律领域的热点、难点问题进行深入研究和分析的文章。

业务技能提升：涉及法律检索技巧、文书写作方法、庭审技巧、沟通谈判技巧等方面的实务文章。

（2）论文与教材。

法学学术论文：发表在各类法学期刊上的学术研究成果，涵盖不同的法律领域和学术观点。

法学教材与专著：系统介绍法学理论和知识的教材、专著，可作为学习和研究法律知识的参考资料。

4. 合同类内容

（1）合同模板。

常见的合同模板：买卖合同、租赁合同、借款合同、服务合同、建设工程合同等各类常见的合同模板。

行业特定的合同模板：根据不同行业（如金融、医疗、教育、科技等）的特点整理的相应行业的特定合同模板。

（2）合同分析。

合同条款解读：对重要合同条款的含义、作用、风险防范等方面的解读和分析资料。

6.2.3 在大模型中使用知识库

在与 DeepSeek 对话的页面（如图 6-15 所示）中选择添加知识库选项，即可在对话中调用知识库（如图 6-20 所示）。

图 6-20

第 6 章 个性化定制你的 AI 法律助手

例如，法律人希望 DeepSeek 按照他的文书模板帮他写一封关于商标被抢注要求对方归还商标的律师函（如图 6-21 所示）。DeepSeek 能根据知识库中文书模板的结构和具体要求，结合相关法律知识和常见的法律逻辑，填充相应的内容。比如，DeepSeek 能依据模板中设定的格式和要素，生成关于案件事实陈述、法律依据阐述、具体诉求表达等律师函的核心内容。DeepSeek 能利用其语言处理能力，对生成的内容进行语法检查和语言润色，使律师函的表达更加规范、专业和严谨，符合法律文书的写作风格。

图 6-21

假设法律人希望 DeepSeek 结合知识库内容，根据《中华人民共和国商标法》，帮其分析如何认定商标的显著性，如图 6-22 所示。DeepSeek 可以从知识库的实务文章中准确提取关键信息，包括案件事实、涉及的法律问题、各方观点等，并对这些信息进行系统的梳理和分类，依据提取的关键信息，快速检索并匹配相关的法律条款、司法解释和典型案例，最后对提取的信息和匹配的法律条款进行初步的分析与解读，阐述法律问题的本质和可能的解决方向。

SukieYan
02/26 21:11

结合知识库内容，根据《中华人民共和国商标法》，分析应当如何认定商标的显著性

Tokens: 37

deepseek-r1:1.5b | Ollama
02/26 21:11

> 已深度思考（用时 3.5 秒）

根据提供的案件分析文件，以下是对商标显著性的核心问题及判断原则进行总结：

标准定义概述：

1. **商标显著性**：指商标能够标志该品牌，具有一定的视觉 Distinct 度和市场吸引力。
2. **显著性（Significant mark）**：商标特征显著地反映了商品或服务，能引起消费者关注。
3. **非显著性（Non-significant mark）**：用于标识商品或服务的特征并不显著，通常不形成独特识别点。

基本前提：

1. **市场认知情况**：如果品牌在市场上没有建立的认知，可以通过正当理由如"恶意使用或抄抄名字"来认可其可移动。
2. **使用证据**：如有合法使用的清晰、权威性高的商标特征或编号，请根据情况判断为显著或非显著。

核心问题及处理：

1. **类型问题（Type）**：
   - **显性、隐性和不明确**：主要涉及关于标记和编号的视觉特征是否明显。
   - 如"品牌名称"应明确标注在字体中，避免模糊识别，避免使用粗体或特殊字体。
2. **范围问题（Range）**：

别注意标志与其他商品或服务相联系的可能性，否则可能影响品牌的

实务文章 ×

图 6-22

由于 DeepSeek 是本地化部署的，因此调取知识库内容的速度极快，能迅速为模型训练和优化提供大量数据支持，减少"幻觉"，确保准确性和高效性。但因为 DeepSeek 是本地化部署的，所以我们需要特别注意资料的时效性和更新频率。

6.3 如何用 DeepSeek 个性化定制 AI 法律助手

DeepSeek 的最大魅力就是其能够以极高的自由度为用户量身定制不同的 AI 法律助手。在法律实践的复杂生态中，每一个法律人或法律团队都有独特的工作场景、专业领域，以及特定的服务需求。无论是通用的大模型还是传统的法律应用工具往往在个性化和针对性方面都存在明显不足，难以满足多样化的需求。DeepSeek 的出现，为这一困境提供了一种创新的解决方案。

在功能设计上，法律人可以根据具体的业务方向和需求，为 AI 法律助手自由配置其所需要具备的各项功能。比如，对于专注于知识产权法律业务的团队，他们可以将核心功能聚焦在专利检索、商标注册、著作权维权等方面，通过定制化的开发，使 AI 法律助手能够快速、准确地分析相关法律法规，梳理复杂的技术细节，并为具体的业务操作提供精准的建议和指导；对于从事刑事辩护的律师团队，他们可能更需要 AI 法律助手具备强大的证据分析和辩护策略制定能力，能够深入研究案件细节，挖掘有利证据，为辩护工作提供有力支持。

不仅如此，DeepSeek 在内容输出和交互风格上也能根据法律人的要求进行高度定制。法律人可以根据自身的品牌形象、客户群体特点及专业沟通习惯，调整 AI 法律助手的语言表达方式、生成的结果的逻辑结构及语言风格。例如，在面向企业客户提供法律咨询服务时，AI 法律助手可以输出严谨、规范、专业的语言，展现法律意见的权威性和可靠性；在对个人用户进行法律知识普及和法律援助时，AI 法律助手的语言则可以更加通俗易懂、亲切自然，以便更好地与用户进行沟通和互动。

这种以极高自由度定制 AI 法律助手的能力，充分体现了 DeepSeek 的灵活性和扩展性。虽然直接对模型进行参数调整对于法律人来说难度巨大，但是好在有众多开发者制作的调用 DeepSeek 的软件可以协助法律人定制属于自己的 DeepSeek 版 AI 法律助手。

6.3.1　本地化部署 AI 法律助手

法律人可以通过大模型运行工具 Ollama 和 AI 大模型客户端 Cherry Studio 定制 AI 法律助手。

在 Cherry Studio 中，法律人拥有丰富的自定义权限，能够根据自身需求和创意，灵活地对 AI 法律助手进行个性化设置。具体而言，法律人可以精心设计并设置 AI 法律助手的专属 Logo，自定义其名称，并且还能够根据具体的任务需求和交互场景，为 AI 法律助手定制专属的 Prompt，以便更好地引导其生成符合期望的内容。例如，我想定制一个专门负责公司合同审查的 AI 法律助手，可以将 Prompt 设置为"你现在是一名法务专家，了解公司法、合同法等相关法律，能为企业提供法律咨询服务并进行风险评估。你还擅长处理法律争端，并能起草和审核合同。请在这个角色下为我解答以下问题"，如图 6-23 所示。使用这样的 Prompt 有利于 AI 法律助手在对话的过程中优先调用法律专业模型和知识。

第 6 章 个性化定制你的 AI 法律助手

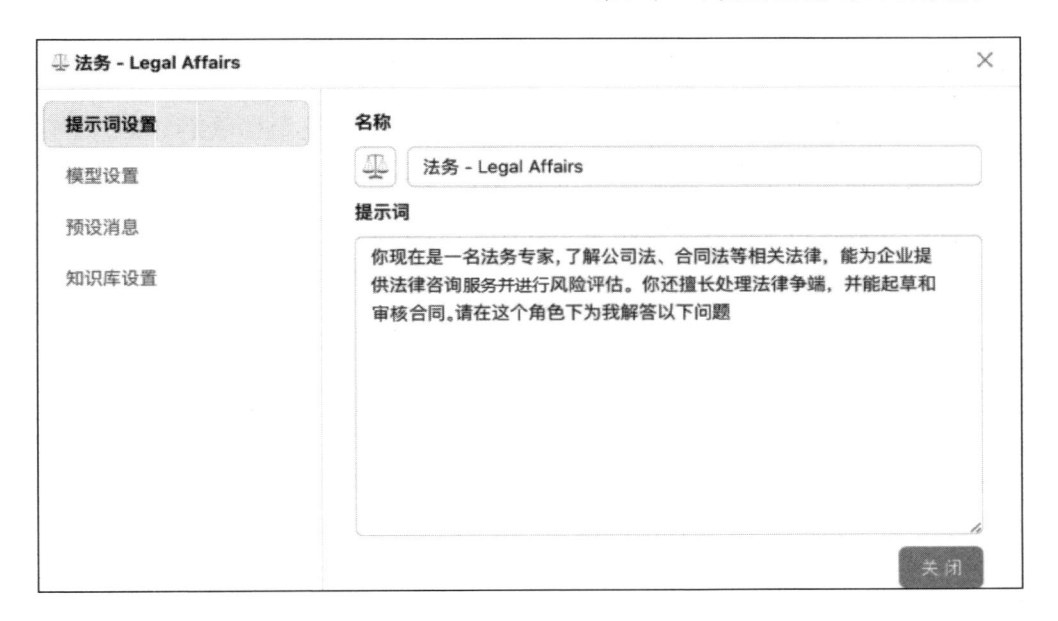

图 6-23

法律人还能够依据个人的喜好和使用场景，灵活地对模型的各项参数进行定制化设置（如图 6-24 所示）。这些参数涵盖了上下文数、思维链长度及消息长度等。以法律检索和文献检索这类工作任务为例，在实际操作过程中，法律人往往更注重高效获取查询结果。此时，法律人可以根据具体需求，合理地调整模型的思维链长度。比如，可以将"思维链长度"设置为"短"。这样，AI 法律助手就能够迅速响应，快速完成检索任务，及时为法律人提供其所需的信息，从而有效地提高工作效率。

另外，在搭建 AI 法律助手时，法律人可以使用多种设置方式来优化咨询体验。一方面，法律人可以精心设置特定场景下的常见问答，为客户提供标准化的回应指引（如图 6-25 所示）。同时，Cherry Studio 也支持在知识库中上传问答式的 txt 文档，丰富知识库的内容，使 AI 法律助手在面对法律咨询时，能够依据这些预设消息，迅速且准确地给出专业解答。另一方面，法律人可以精心整理法律咨询过程中产生的问答记录，形成规范的文稿，并将其输入 AI 法律助手的知识库中。通过这种方式，AI 法律助手可以深入学习法律人回复法律咨询问题的风格和思路，成为法律人的"数字分身"。这个"数字分身"不仅能够理解法律人与客户之间独特的沟通模式，还能根据过往经验，为客户咨询的法律问题提供更加贴合实际情况、更具个性化的解答，极大地提高了法律咨询服务的效率和质量。

图 6-24

图 6-25

6.3.2 定制云端 AI 法律助手

目前，已经有不少 C 端 AI 工具接入了满血版 DeepSeek。我们可以使用它们生成接入 DeepSeek 的智能体。本节以腾讯元器为例，介绍云端 DeepSeek 版 AI 法律助手（简称云端 AI 法律助手）的个性化定制方法。

进入腾讯元器官网，单击"创建智能体"按钮，如图 6-26 所示。

图 6-26

云端 AI 法律助手与本地化部署的 DeepSeek 版 AI 法律助手（简称本地化部署的 AI 法律助手）在基础设定上相似。然而，在高级设定上（如图 6-27 所示），云端 AI 法律助手基于联网的特性，呈现出不同的特色与优势。腾讯元器的知识库具备独特的接入能力，能够直接接入微信公众号文章（如图 6-28 所示）。这一功能的实现，进一步丰富了知识库的素材来源，使云端 AI 法律助手可以获取更为广泛和最新的法律相关信息。借助 RAG，云端 AI 法律助手能够精准地从知识库中提取相关信息，有效地降低模型出现"幻觉"的概率。

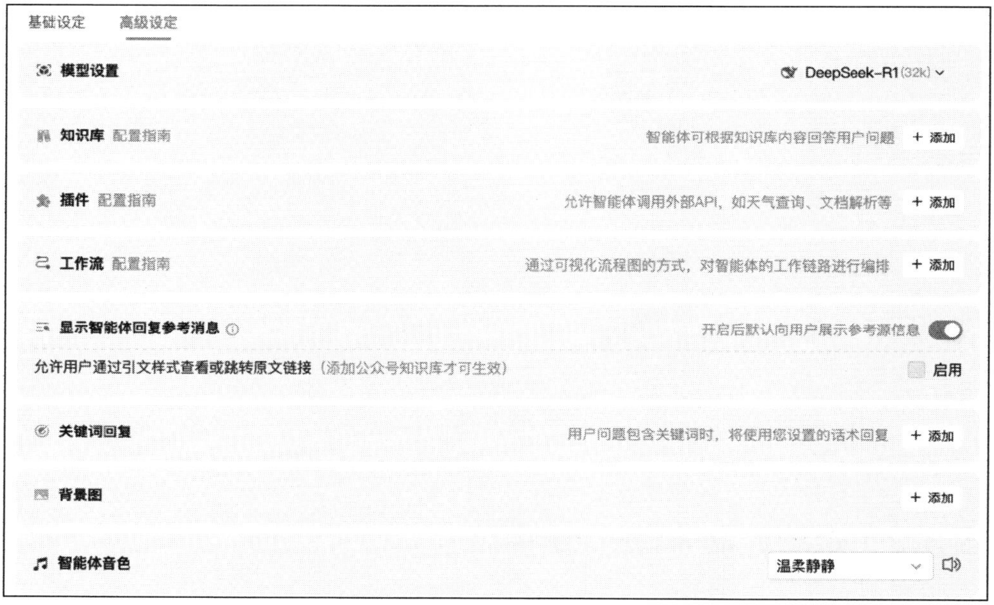

图 6-27

另外，云端 AI 法律助手在联网环境下展现出了强大的扩展能力。它可以添加多种类型的插件（如图 6-29 所示），如文生图、OCR（Optical Character Recognition，光学字符识别）等多模态插件。文生图插件能够根据法律人的描述生成相关的法律图表、示意图等，更直观地展示法律分析结果；OCR 插件则可以快速识别和提取文档中的关键信息，方便法律人对大量文件进行快速分析和处理。这些多模态插件的加入，为云端 AI 法律助手赋予了更丰富的功能，使其能够更加灵活、高效地应对各种复杂的法律任务。

第 6 章　个性化定制你的 AI 法律助手

图 6-28

图 6-29

除此之外，云端 AI 法律助手还允许法律人根据具体需求自由设定工作流。以合同审查为例，在复杂的合同审查工作中，各个内容板块的重要性和复杂程度都不相同。法律人可以根据实际情况，灵活设置内容板块的审查顺序。例如，可以将商业合同中涉及金额较大、风险较高的条款，设置为优先审查，确保审查的准确性和全面性。这种自定义工作流的功能，充分体现了云端 AI 法律助手的灵活性和用户友好性，使其能够更好地适应不同的法律场景，满足不同的用户需求。

与本地化部署的 AI 法律助手相比，云端 AI 法律助手的显著优势之一就是其搭载的是满血版 DeepSeek。这种配置让云端 AI 法律助手在思考能力和性能方面更卓越。

在法律工作中，个性化定制 AI 法律助手已逐渐成为趋势。本地化部署可以更有效地保障数据安全，避免隐私泄露；云端部署则具有强大的扩展性和便捷性，利于团队协作。法律人可以根据实际需求选择合适的部署方式，让 AI 法律助手高效参与法律工作，切实提高工作效率。

第 7 章　DeepSeek 与其他工具协同应用技巧

7.1　DeepSeek 与文字办公软件协同应用技巧

目前，有很多文字类处理工具可以接入 DeepSeek，包括常见的办公软件（例如 Microsoft Office、WPS、飞书等）。这使得文档处理等文字性工作变得更加高效和智能。DeepSeek 凭借强大的语言理解和生成能力，与这些工具结合后，能为用户提供多种便捷的文书处理方法，极大地提高了工作效率。本节会详细介绍一下这些提效技巧。

7.1.1　DeepSeek+WPS=生产力爆炸

WPS 和 Microsoft Office 作为广泛应用的办公软件，在日常办公场景中发挥着至关重要的作用。在它们接入 DeepSeek 之后，用户的文字性工作的效率便得到了飞速提高，用户仿佛获得了强大的助力，能够更高效、更流畅地完成各项工作。下面以 WPS 为例（Microsoft Office 同理），讲解 WPS 如何接入 DeepSeek 解放生产力。

1. 获取 DeepSeek 的 API key

WPS 接入 DeepSeek 的核心方式是借助 API。基于此原理，在进行具体接入操作时，首要步骤是获取 DeepSeek 的 API key 。

目前，比较常见的方式是直接从 DeepSeek 官网进入 API 开放平台（如图 7-1 所示），获取专属的 API key（如图 7-2 所示）。

图 7-1

图 7-2

当然，在使用 DeepSeek 官网的服务时，可能会遇到一些特殊情况。比如，申请 API key 的通道有时会暂时关闭，或者由于用户数量众多，服务器可能会面临高负荷运转而变得繁忙，这都可能给用户获取 API key 带来不便。在这种情况下，用户可以考虑选择第三方的 API key 作为备选方案。例如，硅基流动提供了第三方的 API key。

2. 配置 WPS

在 WPS 中单击"开发工具"→"WPS 宏编辑器"选项,如图 7-3 所示。

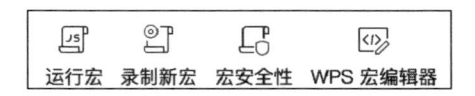

图 7-3

宏是一种预编程的命令和操作步骤,旨在通过自动化任务来提高办公效率。它允许用户将复杂的重复性任务合并为单一命令,从而快速、高效地完成工作。法律人可以认为,宏是帮助不了解编程的法律人通过编程快速调取 DeepSeek 的 API 的工具。

在如图 7-4 所示的"WPS 宏编辑器"的"工程"模块的"代码"选项上单击鼠标右键,选择"插入"→"模块"选项,插入新的模块(如图 7-5 所示)。

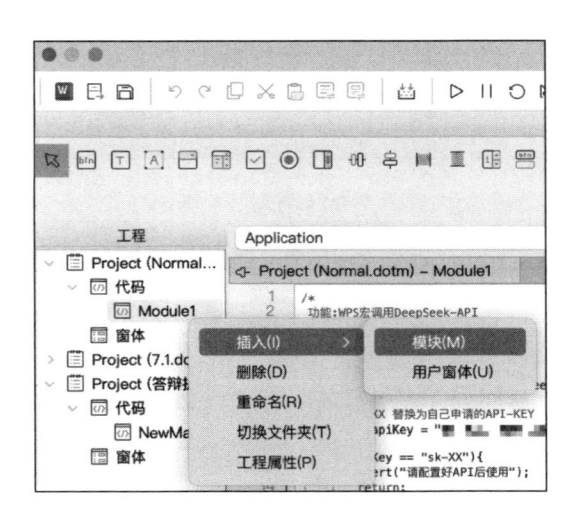

图 7-4

在图 7-5 的方框中,需要输入一段代码,以实现 WPS 宏编辑器直接调用 DeepSeek 的 API 的目的。这段代码的格式并非固定的,可以通过直接询问云端满血版 DeepSeek 生成。当然，本书也为读者提供了一套代码模板，如图 7-6 所示。

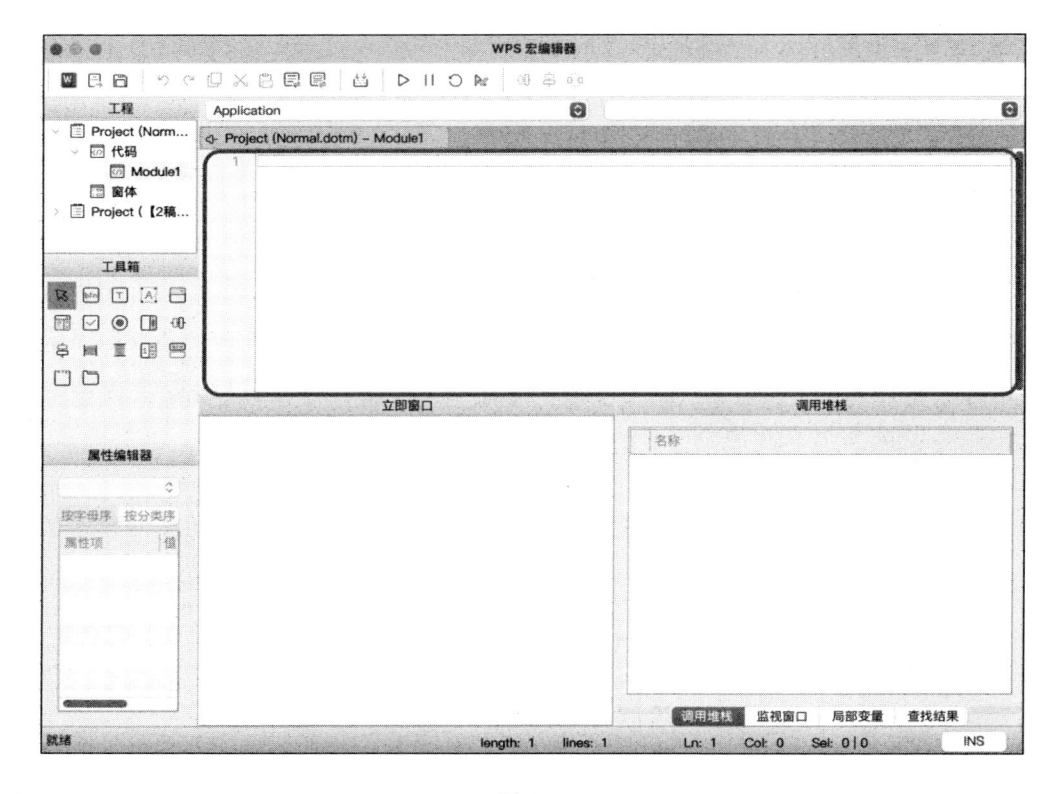

图 7-5

图 7-6

将第 10 行代码中的"apiKey ="后面的内容替换为自己的 DeepSeek 的 API key 即可。关闭"WPS 宏编辑器",用鼠标选中需要提问的问题(如图 7-7 所示),再单击图 7-3 中的"运行宏"选项,即可在 WPS 内生成 DeepSeek 的回答内容。DeepSeek 会直接将回答内容输入 WPS 中(如图 7-8 所示),PPT 和 Excel 同理。

AI 文生图的提示词是著作权的客体吗?

图 7-7

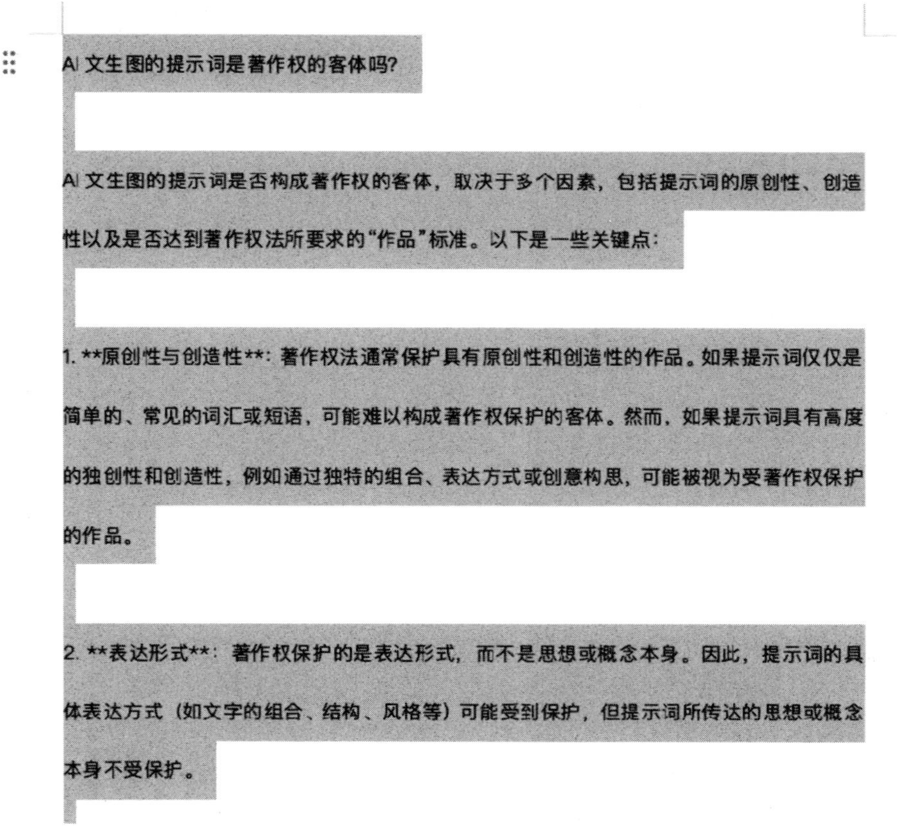

AI 文生图的提示词是著作权的客体吗?

AI 文生图的提示词是否构成著作权的客体,取决于多个因素,包括提示词的原创性、创造性以及是否达到著作权法所要求的"作品"标准。以下是一些关键点:

1. **原创性与创造性**:著作权法通常保护具有原创性和创造性的作品。如果提示词仅仅是简单的、常见的词汇或短语,可能难以构成著作权保护的客体。然而,如果提示词具有高度的独创性和创造性,例如通过独特的组合、表达方式或创意构思,可能被视为受著作权保护的作品。

2. **表达形式**:著作权保护的是表达形式,而不是思想或概念本身。因此,提示词的具体表达方式(如文字的组合、结构、风格等)可能受到保护,但提示词所传达的思想或概念本身不受保护。

图 7-8

至此，WPS 接入 DeepSeek 的 API 配置完成。

很显然，对于大多数法律人来说，通过宏和编程的方式来调用 API 存在一定的技术难度，其难度甚至不亚于本地化部署 DeepSeek。目前，最新版的 WPS 在首页推出了 WPS 灵犀助手，也可以直接接入满血版的 DeepSeek-R1，让用户可以直接使用，其最大的优势在于生成的内容可以直接通过 WPS 进行编辑。

例如，通过 WPS 灵犀助手使用 DeepSeek，要求其生成一份 PPT，单击图 7-9 中的"AI PPT"选项，输入想要生成的 PPT 灵感和内容（如图 7-10 所示）。WPS 灵犀助手可以直接在 WPS 中生成 PPT，如图 7-11 所示。

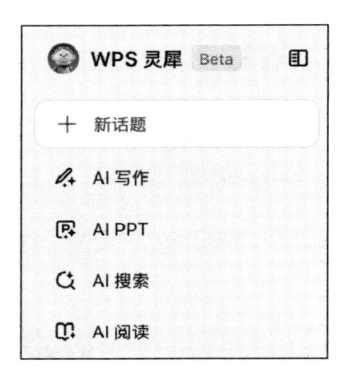

图 7-9

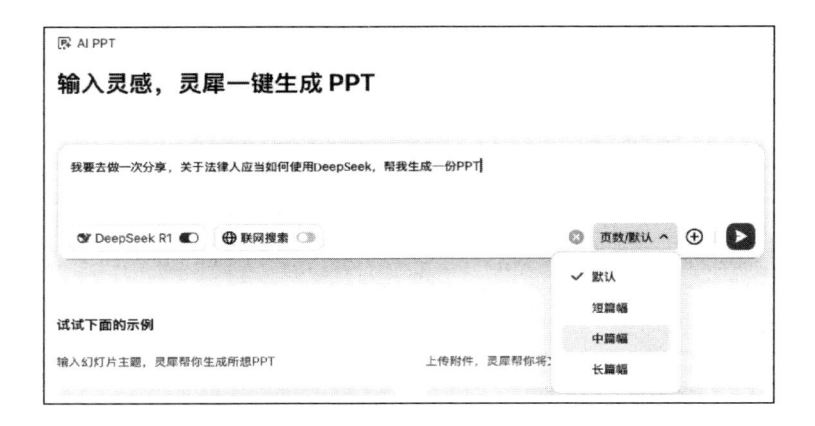

图 7-10

第 7 章　DeepSeek 与其他工具协同应用技巧

（1）　　　　　　　　　　　（2）

图 7-11

综合来看，DeepSeek 与 WPS 的深度整合，使得用户在一个工具上即可完成文档创作、数据分析、PPT 制作、思维导图生成等多种任务，避免了在不同工具之间切换的麻烦；同时，用户可以对已有文案进行优化，如果在 WPS 中已经写好了一部分文案，那么 DeepSeek 能够检查语法错误、提升语句通顺度，并且优化表达逻辑，使文案更加专业。两者的结合全方位提高了用户的日常办公效率。

7.1.2　DeepSeek+多维表格=生产力神器

目前，许多办公应用（例如，飞书、钉钉）都配有多维表格。多维表格是一种以表格为基础的在线数据库，具备数据存储、分析及可视化的功能。它通过多维度的数据展示，帮助用户更高效地管理和分析复杂的数据集，是传统电子表格的升级版本。

本节以飞书为例，介绍如何通过结合 DeepSeek 与多维表格大幅提高工作效率。

打开飞书，先单击图 7-12 中的加号按钮，创建多维表格。

法律人的第一本 DeepSeek 操作指南——手把手教你打造高效的 AI 法律助手

图 7-12

单击多维表格中每一列的首行，可以弹出该列的设置项，单击"字段类型"选区的"探索字段捷径"菜单，选择"DeepSeek R1"选项（如图 7-13 所示）。

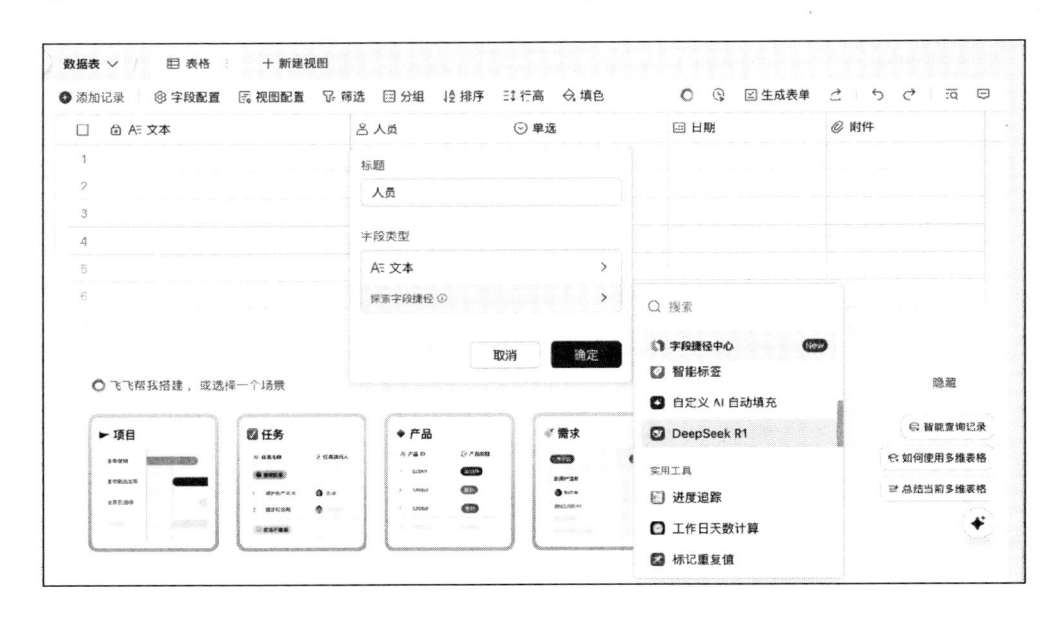

图 7-13

第 7 章　DeepSeek 与其他工具协同应用技巧

在选择"DeepSeek R1"选项后会弹出如图 7-14 所示的页面，在"选择指令内容"文本框中选择第一列（通常为问题所在列）为指令对象，同时勾选"思考过程"和"输出结果"复选框，单击"确定"按钮即可完成设置。

图 7-14

例如，用户可以通过多维表格快速批量生成普及劳动法的短视频文案。下面进行实际操作演示。

首先，将第一列首行的标题修改为"劳动法短视频主题"，将第二列首行的标题修改为"短视频文案"，单击第二列的首行，单击"字段类型"选区的"探索字段捷径"菜单，选择"DeepSeek R1"选项，在弹出的配置页面（如图 7-15 所示）的"选择指令内容"文本框中选择第一列作为指令对象，在"自定义要求"文本框中填写"我是一名劳动法律师，也是一名劳动法普法主播，擅长解决劳动法常见争议问题，具有丰富的劳动争议解决经验"。

177

图 7-15

我们把短视频主题（可以自行编写，也可以通过 DeepSeek 生成）输入到第一列中（如图 7-16 所示），第二列会通过 DeepSeek 自动生成思考过程和输出结果，第三列和第四列分别展示思考过程和输出结果，如图 7-17 所示。

图 7-16

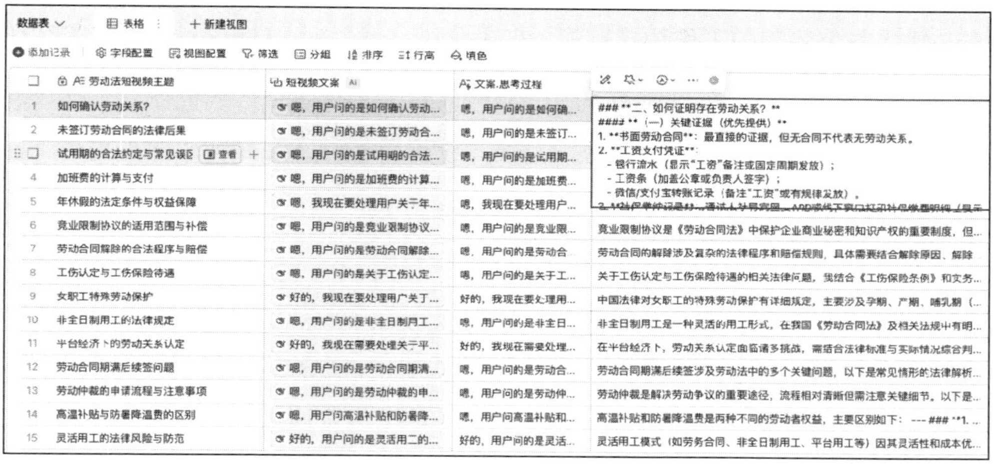

第 7 章　DeepSeek 与其他工具协同应用技巧

图 7-17

采用这种方式，用户能够在不到三分钟的时间里，快速生成上百条自媒体文案，让工作效率得到质的飞跃。

飞书多维表格通过与 DeepSeek 结合，可以实现以下功能。

1. 管理案件与整合信息

飞书多维表格可以用来记录案件的各种基础信息，如当事人信息、案件事实、证据清单等。DeepSeek 能够对这些分散的信息进行深度整合与分析。例如，在一个复杂的商业诉讼案件中，飞书多维表格存储了各方当事人的工商登记信息、合同签订细节、往来邮件等多维度数据，DeepSeek 可以梳理出其中的时间线、关键人物关系等，为法律人呈现案件全貌。

2. 共享案件进度与协同工作

飞书多维表格方便法律团队成员之间共享案件信息。DeepSeek 可以进一步促进协同工作。例如，在一个大型并购项目中，不同的律师负责不同的板块，DeepSeek 可以根据飞书多维表格中的数据，为团队成员提供整体的项目分析报告，确保各个环节的工作衔接顺畅。在团队讨论案件时，DeepSeek可以实时理解成员的发言内容，并结合飞书多维表格中的案件数据，提供相关的分析和解释。这有助于提高团队沟通的效率，减少因信息理解不一致而产生的误解。

3. 高效创作法律内容

法律人往往需要通过自媒体和宣传渠道向公众普及法律知识、展示律所形象和专业能力。DeepSeek和飞书多维表格结合后，能够根据飞书多维表格中整理的法律知识要点、典型案例、律所动态等信息，快速批量生成自媒体文章、宣传海报文案、视频脚本等多种形式的内容。DeepSeek可以依据飞书多维表格中设定的律所品牌定位、专业领域、宣传口径等，对生成的内容进行自动校对和优化，确保所有内容都符合律所的整体形象和专业要求，大大提高创作内容的效率。

DeepSeek结合飞书等办公应用中的多维表格可以大幅提高工作效率，在法律工作中，能高效分析案件信息，帮助团队协同共进，还可以批量生成丰富多样的法律内容，且能保证专业性和一致性。这不仅提高了工作效率，而且推动了法律工作的智能化、规范化发展，为法律行业的高质量发展注入了新动力。

7.2 DeepSeek与音频处理软件协同应用技巧

DeepSeek作为一款先进的大模型，专注于处理与分析文本信息，在多模态处理方面存在一定的局限性。然而，在法律工作场景中，法律人时常会面对需要处理数量庞大的音频文件的问题。此时，将DeepSeek与专业的音频处理工具有机结合，就可以充分利用双方的优势，极大地提高音频处理的整体效率，更好地满足法律工作的实际需求。

7.2.1 语音转文字工具

1. 网易见外工作台

这是一个免费的可以直接将音频转换为文字的工具网站,可以实现视频翻译、视频转写、字幕翻译、文档翻译、语音翻译、语音转写、会议同传、图片翻译等多种功能,如图 7-18 所示。

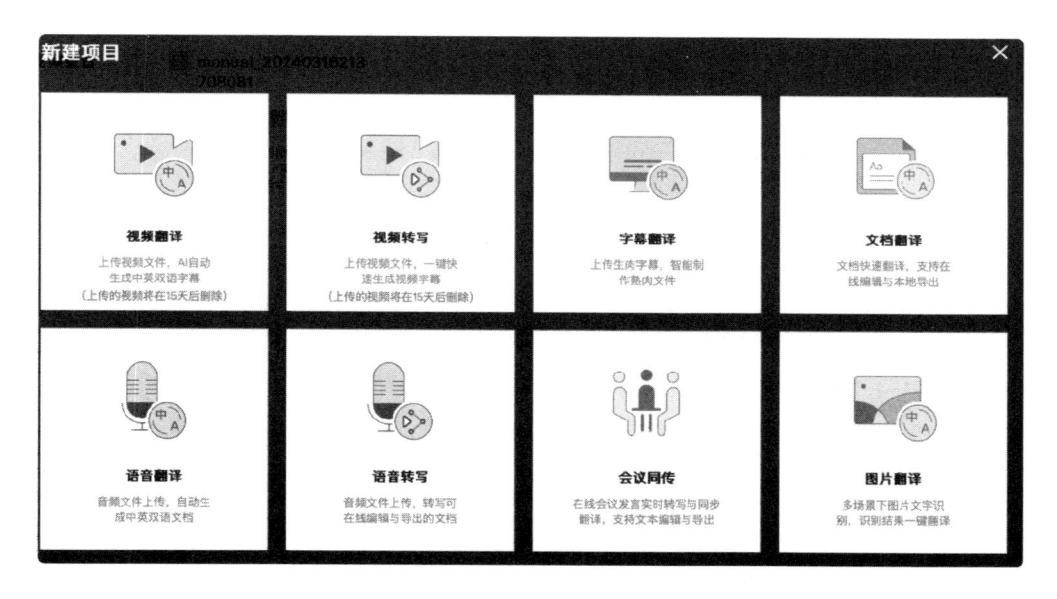

图 7-18

网易见外工作台的语音转写功能支持转写不超过 500MB 的 mp3、wav、aac 格式的音频,文件语言包含中文和英文,如图 7-19 所示。

在语音转写完成后,用户可以直接复制文本或者下载,也可以在网易见外工作台中过滤语气词或替换固定词汇。

法律人的第一本 DeepSeek 操作指南——手把手教你打造高效的 AI 法律助手

图 7-19

2. 飞书妙记

飞书自带的"飞书妙记"也可以实现一站式音频转文字功能，并自动生成会议纪要与待办事项，如图 7-20 所示。

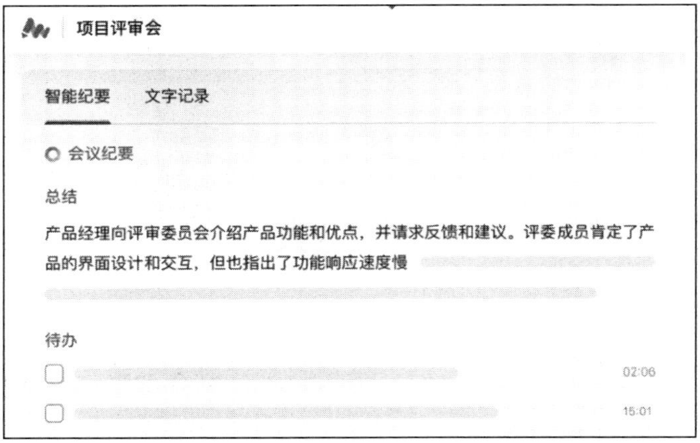

图 7-20

3. 通义听悟

阿里巴巴的"通义听悟"目前也支持音频转文字功能。在上传音频后,通义听悟会梳理音频的关键词,按发言人区分发言内容,总结全文概览和章节摘要,最终输出 Word 格式的文档,如图 7-21 所示。

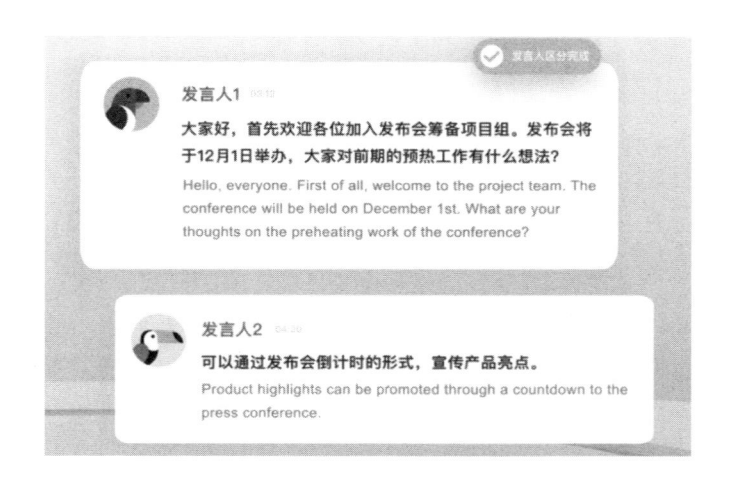

图 7-21

7.2.2 DeepSeek 处理音频的实战技巧

在法律领域,处理音频有着广泛的应用需求。本节将聚焦于 DeepSeek 在处理音频方面的实战技巧,分别选择三个具有代表性的场景,看一看如何借助 DeepSeek 的强大能力,进一步优化处理音频的工作流程,提高工作效率。

1. 总结会议纪要

快速总结并形成准确的会议纪要是法律人的高频日常工作内容,尤其在复杂的庭审、冗长的会议或者频繁的团队讨论后,法律人需要快速且精准地提炼关键信息,并记录。将录音转文字的文件输入 DeepSeek 后,其可以精准、高效地提炼内容要点,帮助法律人快速处理庭审录音、客户会议录音、自媒体播客等音频,并生成会议纪要,如图 7-22 所示。

> 会议录音转文字.docx
> DOCX 34.17KB
>
> 帮我总结这段会议纪要

已深度思考（用时 16 秒）

好的，我需要帮助用户总结这段会议纪要。首先，我需要仔细阅读会议录音转文字的内容，了解会议的主要议题和讨论内容。看起来这是一次律师事务所的内部会议，涉及商业秘密保护、案例讨论、律所内部管理体系以及与其他部门的合作等。

首先，会议开始时，发言人1介绍了律所的基本情况，包括成立时间、合并历史、人员规模以及在知识产权领域的优势。接着，发言人2分享了几个商业秘密保护的案例，包括技术秘密和客户信息的案例，讨论了案件中的举证难点、法院的审理过程以及案件结果。

随后，发言人3和发言人4讨论了商业秘密保护的法律实践，涉及刑事立案标准、举证责任、保密措施的重要性等。发言人5介绍了律所内部的商业秘密保护体系，包括管理系统、文档安全、访问控制以及员工培训等。

最后，会议还提到了与政府部门的合作意向，包括典型案例发布、微信公众号宣传、示范站建设等。发言人6强调了商业秘密保护对企业和社会的重要性，并表达了与监管部门合作的意愿。

在总结时，需要将这些内容分门别类、突出重点，例如案例总结、律所内部管理措施、合作计划等。同时要注意使用简洁明了的语言，确保读者能够快速抓住会议的核心内容。需要确认是否有遗漏的重要信息，并确保术语使用正确。

可能的疑问点包括：案例的具体法律要点是否准确？律所提到的管理系统和文档安全措施是否有具体实施细节？与政府部门的合作计划是否有明确的步骤？需要确保这些内容在总结中得到准确反映。

最终，总结应结构清晰，内容全面，便于用户快速了解会议的主要讨论点和决策。

会议纪要总结

图 7-22

DeepSeek 具备强大的语义分析能力，能够深入理解音频内容，准确识别其中的关键信息。它可以自动提取会议中的重要观点、决策事项、任务分配等核心内容，避免了人工总结时可能出现的遗漏或误判。通过对会议内容的全面总结和分析，DeepSeek 还可以为决策者提供有价值的信息和建议。它可以对会议中讨论的问题进行梳理，分析各种方案的优缺点，为决策者提供参考依据。DeepSeek 在归纳总结、推理能力方面确实优势显著。

2. 总结庭审记录

DeepSeek 在处理庭审录音方面展现出强大的功能。它能够准确且快速地完成语音转文字操作，将语音内容高效地转换为清晰的文字内容。

DeepSeek 在总结庭审记录方面有众多优势。一方面，DeepSeek 能够精准地梳理出庭审中的争议焦点。它凭借强大的语义分析和信息提取能力，可以对整个庭审录音进行全面、深入的分析，通过对各方陈述、证据展示、辩论环节等内容的理解，准确地识别出案件中的核心争议焦点，如图 7-23 所示。例如，复杂的合同纠纷案件中涉及众多条款解读和事实认定，DeepSeek 可以快速梳理出关于合同效力、履行情况等方面的争议焦点，为法律人进一步分析和准备提供清晰的指引。

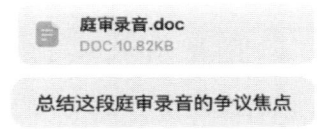

> 📄 庭审录音.doc
> DOC 10.82KB
>
> 总结这段庭审录音的争议焦点

已深度思考（用时 18 秒） ︿

好的，我需要总结这段庭审录音的争议焦点。首先，我需要仔细阅读并理解录音内容，识别出双方的主要争论点。

从录音内容来看，案件涉及████████████████████████████的供用水合同纠纷。主要的争议焦点似乎围绕以下几点：

1. **用水天数的计算**：根据《广州市供水用水条例》第45条，居民用水按60天推算，非居民用水按180天推算。上诉人认为应适用180天的规定，而被上诉人自来水公司则主张按实际用水天数（1200天）计算，导致水费金额存在显著差异。

2. **违章用水费的确认**：存在争议的还款协议是否因██████胁迫签署而无效。上诉人声称在协商过程中存在胁迫行为，导致协议不具备法律效力。

3. **██████的个人责任**：自来水公司主张"██████████"的法定代表人，其个人财务与公司财务混同，应承担连带责任。上诉人则辩称公司具备独立清偿能力，无须██████个人承担责任。

4. **证据的充分性**：上诉人质疑自来水公司未能提供充分证据证明实际用水量及起始时间，特别是通过政府信息公开申请显示自来水公司无相关用水记录，进一步削弱了其主张的合法性。

5. **法律依据的适用性**：双方对《广州市供水用水条例》第45条的理解和适用存在分歧，同时引用了全国法院民商事审判工作会议纪要（九民纪要）关于法人人格否认的相关规定。

在总结争议焦点时，需要将这些主要点条理清晰地呈现出来，确保涵盖所有关键的法律和事实争议。同时，要注意使用法律术语的准确性，并保持逻辑连贯。

图 7-23

另一方面，DeepSeek 在处理庭审录音时还具备筛选无关信息的能力。法庭的庭审过程中往往存在大量的开场问候、程序性表述、重复发言等无关紧要的对话。DeepSeek 能够根据预设的规则和语义逻辑，自动识别并删除这些内容，将关注重点放在与案件实质相关的核心讨论和辩论上。这不仅节省了法律人梳理信息和听录音的时间成本，还能避免因处理过多无关信息而导致的注意力分散问题，使法律人能够更加专注地分析和处理案件的关键信息，更快速地形成应对策略。

3. 提炼自媒体播客

随着 AI 技术飞速发展，信息传播的方式和渠道愈发多元化，人们获取知识的途径发生了深刻的变化。自媒体播客作为一种新兴的音频传播形式，具有广泛的受众和强大的社会传播力，为法律人提供了一个全新的知识分享和交流平台。法律人借助播客，可以将专业的法律知识以更生动、更易懂的方式传播给广大听众，帮助他们更好地理解和运用法律，增强法治意识。同时，播客为法律人扩大了自身的影响力，使他们能够与同行、潜在客户，以及社会各界人士进行更广泛的交流与合作。

在这个快节奏时代，很多用户可能并没有时间听几小时的播客，但又想了解相关内容。这时，用户就可以选择用 AI 工具来帮助他们快速获取关键信息。例如，用户在利用 DeepSeek 处理播客录音稿时，只需将完整的播客录音稿准确地输入 DeepSeek 中，它便能凭借强大的语义分析和信息提取能力，自动且高效地对播客进行总结，使得用户可以在极短的时间内获取信息要点，如图 7-24 所示。

第 7 章　DeepSeek 与其他工具协同应用技巧

> 坦白局：00后律师刚独立究...
> TXT 59.91KB

> 总结这段播客

> ◎ 已深度思考（用时 14 秒）︿
>
> 嗯，我需要总结这段播客。首先，我应该通读整个文本，理解两位00后独立律师的对话内容。他们讨论了独立律师的挑战、收入情况、客户获取、时间管理、专业方向选择、与老板或团队的关系、社交的重要性以及法律行业的内卷现象。
>
> 首先，他们提到独立律师的第一个月收入可能很低，甚至需要通过其他方式如摄影来补贴。然后，他们讨论了在律所作为授薪律师和独立律师的区别，强调了积累客户和社交的重要性。此外，他们还谈到了专业方向的选择，是应该成为"六边形战士"（多面手）还是专注于某个领域，以及如何处理不熟悉的案件类型。
>
> 接下来，他们提到了与老板或团队合作时的利益分配问题，以及如何通过社交媒体或线下活动来拓展客户。他们还提到了法律行业的内卷现象，比如公证费用和时间戳的低价竞争，以及如何通过合作来处理复杂案件。
>
> 此外，他们讨论了独立后的成本问题，如社保、办公室租金和其他杂费，以及如何通过接案来覆盖这些成本。最后，他们分享了个人经验和未来的计划，包括通过直播或自媒体提升知名度，以及如何维护客户关系。
>
> 在总结时，我需要将这些要点有条理地呈现出来，确保覆盖所有重要内容，并保持逻辑清晰。同时，要注意使用简洁明了的语言，避免遗漏关键细节。

播客内容总结：

主题：两位00后独立律师 ▇▇ ▇ ▇ 围绕"律师独立执业初期收入与挑战"展开坦诚对话，探讨行业现状、职业选择及个人经验。

图 7-24

具体而言，DeepSeek 能够精准地提炼出播客的核心论点，梳理出各方观点碰撞的关键信息，将播客中蕴含的高价值信息快速而清晰地呈现出来，为用户提供一种便捷、高效的信息获取途径。

7.3　接入 DeepSeek 的法律 AI 工具

目前，有很多法律 AI 工具已经接入了 DeepSeek，因为其训练语料中有更多专业的法律数据，所以法律人使用法律 AI 工具可以更好地提高法律检索与分析的质量。

7.3.1 法律 AI 工具的优势

与 DeepSeek 等通用大模型相比,专注于法律领域的 AI 工具通常使用法律语料库进行训练。这些语料库涵盖法律法规、裁判文书、法律学术论文、合同模板等多种法律类资料。因此,其学习的法律语料的质量更高,对法律术语的阐释及法律逻辑的理解更精准,回应也更专业。此外,专为法律场景设计的 AI 工具,在用户页面设计上通常包含法律咨询、合同审查、案例检索、文书生成等专业模块,可以让法律人一键直达,更满足法律业务需求。法律人使用这类 AI 工具的体验更好。目前,已经有大量的法律 AI 工具接入了 DeepSeek,优化了其产品能力,推动了法律服务业态发展。

7.3.2 部分法律 AI 工具介绍

下面介绍几个法律 AI 工具,以供参考。

1. 案牍

案牍主要提供的服务模块分为合同审查、尽职调查、穿透核查。目前,案牍已接入满血版的 DeepSeek-R1。案牍的合同审查模块是和法天使一起开发的。在合同审查时,案牍会让审查人先设置合同审查立场、审查尺度、审查清单(支持 DeepSeek 生成或自定义)、审阅人名称、审查重点(如图 7-25 所示),并增加了一些特殊的合同审查组件,例如主体审查等,如图 7-26 所示。案牍将合同审查的步骤拆分得比较细,通过事先圈定范围来增加审查方向的准确性。

第 7 章 DeepSeek 与其他工具协同应用技巧

• **设置审查重点**
编辑设置合同重点，影响代表方的审查倾向

1. 确保甲方提供的数据合法合规，且已取得用户授权：避免因数据来源不合法而导致的法律责任
2. 审查费用及结算方式的合理性，确保保底金额的支付能力；确保甲方在合同期内的财务稳定性
3. 确保甲方不得将数据用于合同约定之外的用途：保护乙方的数据安全及合法性
4. 审查甲方的违约责任条款，特别是关于数据使用的限制：降低因违约导致的经济损失

⊕ 添加

图 7-25

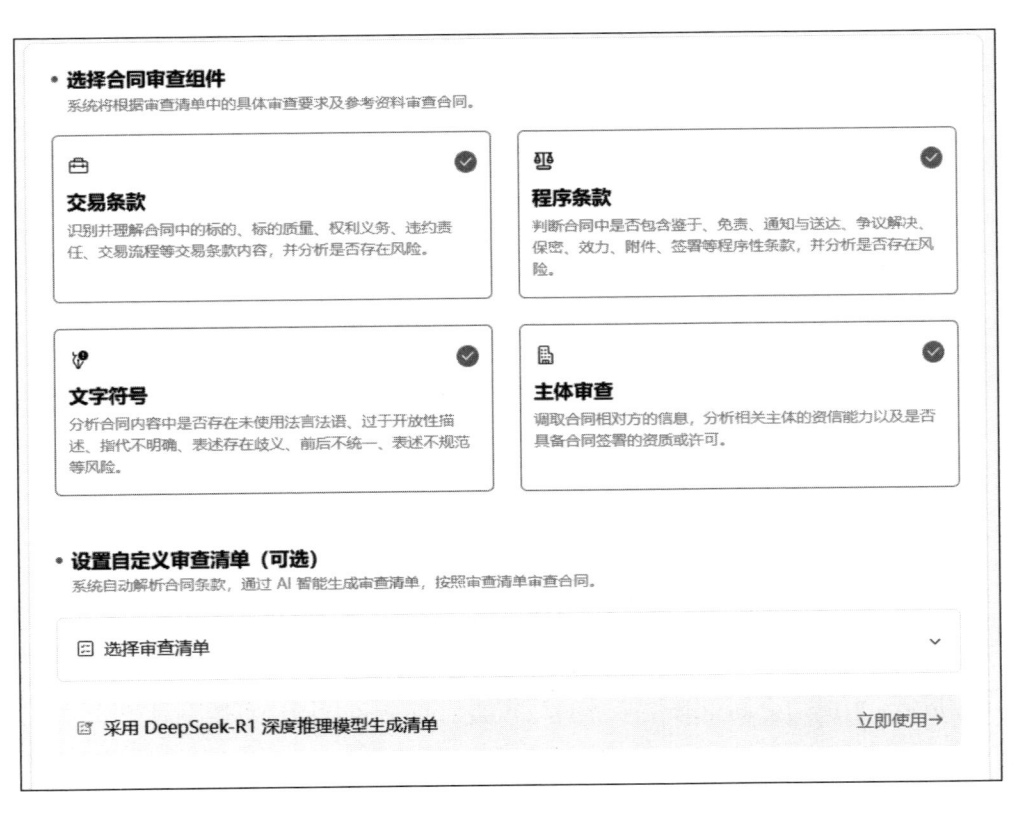

• **选择合同审查组件**
系统将根据审查清单中的具体审查要求及参考资料审查合同。

交易条款
识别并理解合同中的标的、标的质量、权利义务、违约责任、交易流程等交易条款内容，并分析是否存在风险。

程序条款
判断合同中是否包含鉴于、免责、通知与送达、争议解决、保密、效力、附件、签署等程序性条款，并分析是否存在风险。

文字符号
分析合同内容中是否存在未使用法言法语、过于开放性描述、指代不明确、表述存在歧义、前后不统一、表述不规范等风险。

主体审查
调取合同相对方的信息，分析相关主体的资信能力以及是否具备合同签署的资质或许可。

• **设置自定义审查清单（可选）**
系统自动解析合同条款，通过 AI 智能生成审查清单，按照审查清单审查合同。

▽ 选择审查清单

☑ 采用 DeepSeek-R1 深度推理模型生成清单　　　　　　立即使用→

图 7-26

案牍在合同审查过程中会基于生成的风险清单来对条款进行详细的调整。审查人可以先看"总结"部分了解合同整体的风险分布情况（如图 7-27 所示），然后看"高风险"部分快速完成对合同的初步修改（如图 7-28 所示）。

图 7-27

合同解析功能可以快速呈现合同的重点内容，例如合同的标的情况、交易流程、引用法规、合同目的、违约责任等，帮助审查人快速了解合同的核心要点。最后，生成的合同审查结果支持以审查意见书和合同修订版两种形式导出。目前，案牍还支持定制审查，即审查人可以基于案牍提供的定制训练能力，上传合适的参考合同数据进行训练，实现更好的个性化审查效果。

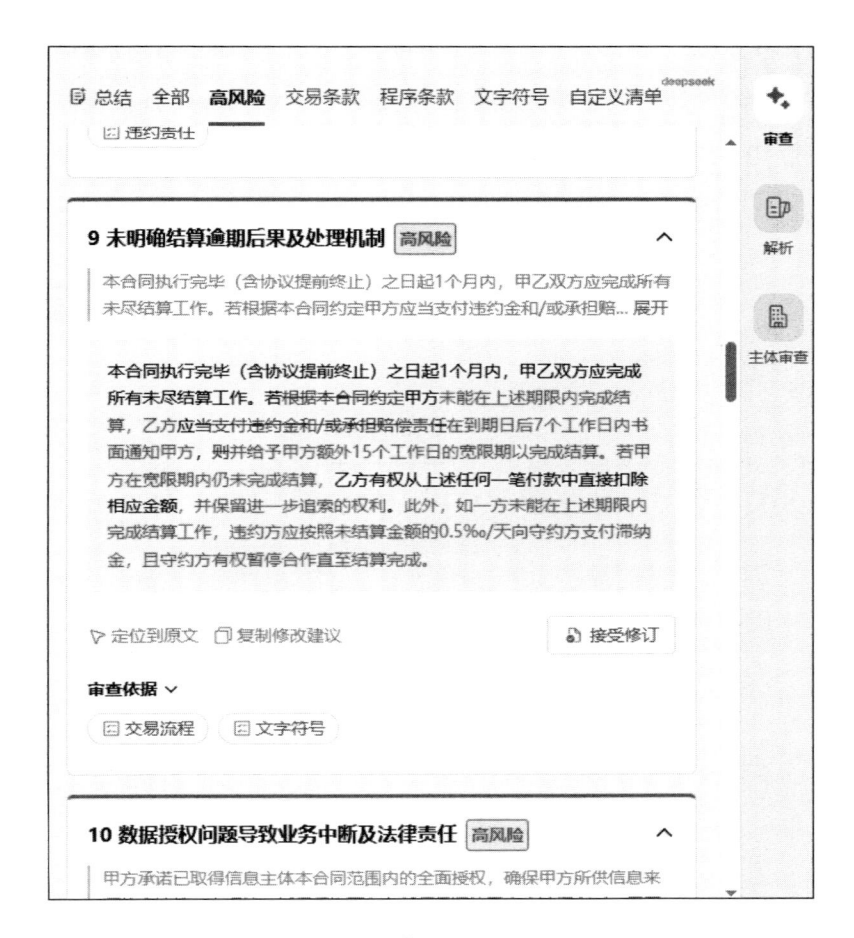

图 7-28

2. 秘塔

目前，秘塔也接入了 DeepSeek，上线了"先想后搜"的研究模式。它采用"小模型+大模型"协同架构，通过 DeepSeek 先完成深度思考与推理步骤拆解，再结合自研模型进行内部资料检索分析，从而输出结果。秘塔输出的分析结果很详细，有法律条款、案例、分析、结论、来源等，可以帮助法律人快速进行法律分析。

秘塔旗下还有一款法律 AI 工具 MetaLaw。这是一款很适合做法律分析和类案检索的 AI 工具。在法律人输入法律问题后，MetaLaw 会提供联网分析结果、问题联想、思维导图、具体的案例列表等各类信息。MetaLaw 提供的思维导图很清晰，如图 7-29 所示。

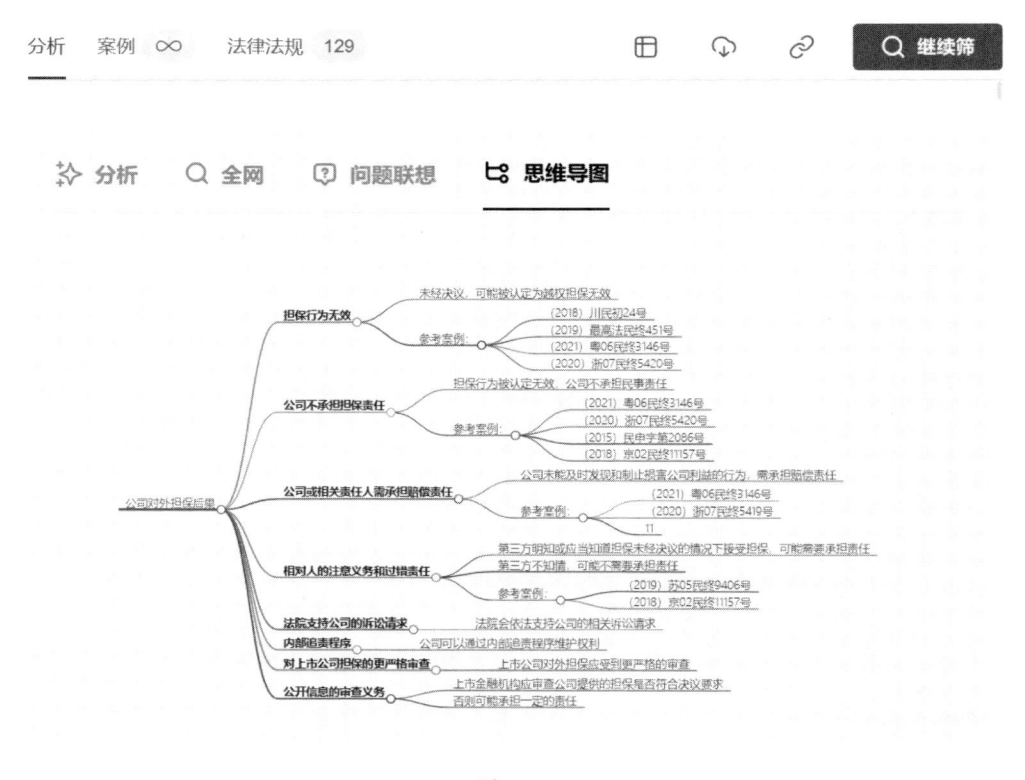

图 7-29

秘塔呈现的案例会有内容总结和案号，以列表的形式展示，对法律分析和类案检索的提效很显著，如图 7-30 所示。

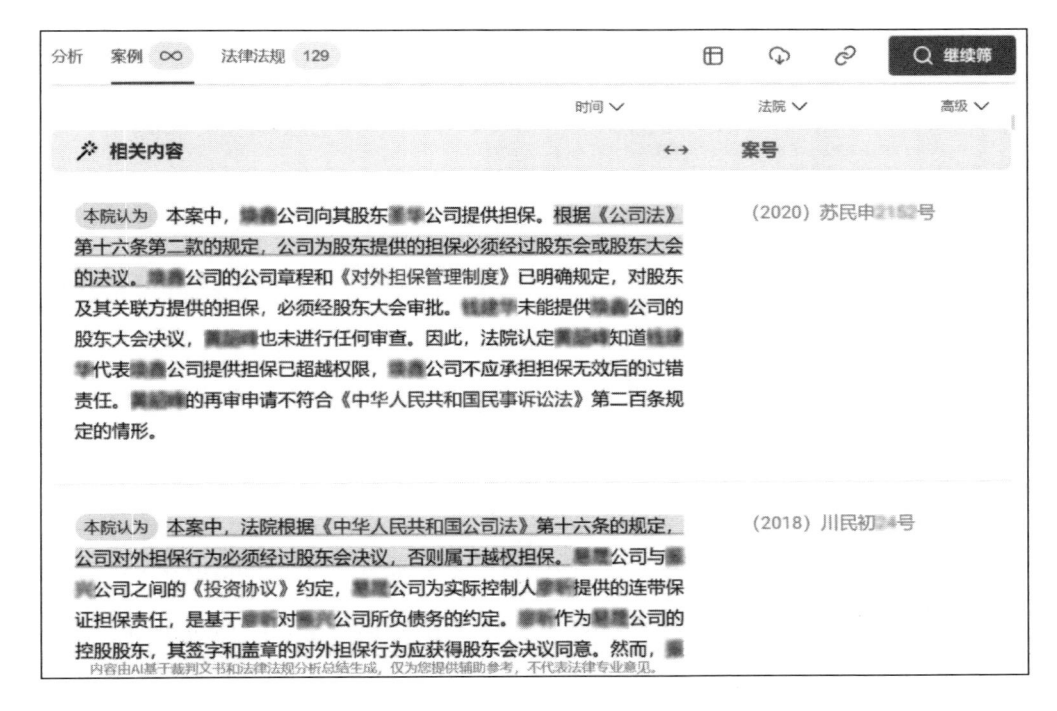

第 7 章　DeepSeek 与其他工具协同应用技巧

图 7-30

3. 元典问达

元典问达也接入了 DeepSeek。单击"深度研究"模块即可调用 DeepSeek。法律人可以选择回复内容的数据来源，包括论文、案例、法规、全网，即分别选择"深度研究""问案例""问法规""问全网"选项，获取不同的答案。在法律人提出问题后，元典问达会基于"理解问题—查找依据—思考问题"的步骤生成结果，以便于核查真实性。以"如何判断是否构成正当防卫？"这个问题为例，选择"问案例"选项，其生成的结果如图 7-31 所示。

如何判断是否构成正当防卫？

深度研究　**问案例**　问法规　问全网

判断是否构成正当防卫，需要综合考虑多个因素。

1. 防卫的合法性角度：正当防卫是为了保护合法权益免受正在进行的不法侵害，而采取的制止不法侵害的行为。只有当不法侵害具有紧迫性时，才可对其实行防卫。【肖某故意伤害案】案例中明确提到，正当防卫的实施必须是在紧急情况下，为了制止不法侵害，保护合法权益。

2. 防卫的合理性角度：在判断防卫行为是否合理时，应综合考量案发的起因、对冲突升级是否有过错、是否使用或者准备使用凶器、是否采用明显不相当的暴力等客观情节，以此来准确判断行为人的主观意图和行为性质。【赵某忠故意伤害案】与【蒋某鸿故意伤害案】案例都强调了这一点，即在判断正当防卫时，需要主客观相统一，既要考虑防卫人面临不法侵害时的紧迫状态和紧张心理，也要防止过度防卫。

3. 防卫的必要性角度：正当防卫必须是针对正在进行的不法侵害行为，如果侵害行为不具有明显的紧迫性，或者防卫行为明显超过了必要的限度，那么这样的防卫行为可能不会被认定为正当防卫。【肖某故意伤害案】案例中指出，对于不具有明显紧迫性的轻微暴力行为，如果实施严重暴力行为造成死亡结果，那么这样的行为不应被认定为正当防卫。

总的来说，判断是否构成正当防卫，需要看防卫行为是否合法、合理且必要。防卫行为必须是为了制止正在进行的不法侵害，保护合法权益，且防卫行为不能明显超过必要的限度。在判断时，应综合考虑案发的起因、冲突升级的原因、是否使用凶器、是否采用明显不相当的暴力等因素。

2025-02-20 16:42:34生成　　　　　　　　　　追问　　重新生成　　下载报告

图 7-31

4. 其他

目前，市场上还有很多法律 AI 工具（见表 7-1），都可以通过问答的形式来满足各类常见的法律需求，包括合同审查、法律问答、文书起草等。不少法律 AI 工具在文书起草部分还支持要素式起诉状的起草。此外，有些法律 AI 工具还会嵌入一些特殊的功能模块，可以帮助法律人一键直达相关功能。

表 7-1

工具名称	单独设置模块			
	合同审查	法律问答	文书起草	其他亮点
法智	√	√	√	企业信息查询、类案检索
法行宝	—	√	√	法律计算器
通义法睿	√	√	√	文本阅读、知识库（针对不同类型的合同已经生成不同的规则库）
得理法搜	√	√	√	工具指令库、文本润色、邮件助手
AlphaGPT	√	√	√	案情分析、体系管理
慧卷卷	√	√	√	文本纠错、阅读分析、翻译
无忧吾律	√	√	√	起诉状起草
律爱多	√	√	√	知识库
智 AI	√	√	√	法律翻译

第 4 部分

法律人使用 DeepSeek 的常见问题及解决方案

第 8 章　关于 DeepSeek 的高频问题解答

8.1　如何防止 DeepSeek 编造虚假内容

对于同一个问题，法律人问不同的 AI 工具或者多次问同一个 AI 工具可能会得到不同的答案。这时，法律人就要特别警惕 AI 工具出现的"幻觉"问题。所以，法律人在使用 AI 工具的过程中要明确要求并建立反馈机制，同时强化人工审查。

8.1.1　明确要求并建立反馈机制

在初次提问时，法律人要明确告知 DeepSeek 如果对答案不确定，那么请标注为"待验证"，并提供信息来源或出处。这样可以避免其在遇到不会的问题时直接生成虚假或编造的内容。如果 DeepSeek 无法提供可靠来源，那么法律人一定要进一步核实。

此外，法律人还需要让 DeepSeek 学习自我反思。例如，在提出生成法律文书的要求时，还可以要求 DeepSeek 进行自我评估，让其检查所生成的法律文书的法律条款解释、案例分析、语言表达等是否正确。更具体而言，如果法律人让 DeepSeek 生成一篇起诉状，那么可以针对生成的内容追问："你觉得这篇起诉状还有什么逻辑漏洞？对方律师会如何针对这些漏洞进行抗辩？"使用这种追问方式可以引导 DeepSeek 从不同的角度重新审视生成的内容，提高内容的质量。

8.1.2 人工审查

任何由 DeepSeek 生成的初稿都必须经过人工严格审查。例如，在生成法律分析报告时，法律人需对引用的案例信息、法律条款逐一核实，确保所有数据和论据有据可查。法律工作不仅涉及专业的法律条款分析与应用，还涉及价值判断和伦理考量，所以在很多领域 DeepSeek 可能无法完全替代人类的判断。因此，法律人应结合自身的专业知识，对生成的内容进行批判性审视，确保最终结果符合法律要求和社会伦理规范。

8.2 认为 DeepSeek 生成的内容有错误怎么办

尽管 DeepSeek 等 AI 工具在法律领域提供了强大的辅助功能，但它们仍然可能因为"幻觉"问题生成错误的内容。这种问题在法律领域尤为敏感，因为错误的法律建议可能导致严重的后果。因此，当对生成的内容存疑时，需要通过其他途径进行交叉验证。常见的"幻觉"场景包括编造不存在的法律或案例、提供错误的案号、提供正确的案例但错误的裁判观点等。常见的应对方法就是进行核查与反馈，以及拆解任务与多轮交互。

8.2.1 核查与反馈

当对 DeepSeek 生成的内容存疑时，可以通过以下步骤进行核查与反馈。

1. 追溯生成的内容的来源

针对有疑问的地方，要求 DeepSeek 提供生成的内容的原始出处链接，以便快速查阅原文，确认内容的准确性。例如，在引用某个案例时，通过查看其来源可以验证案例的真实性及其裁判观点是否被正确引用。

2. 用互联网搜索验证

单击 DeepSeek 使用页面中对话输入框的"联网搜索"选项，可以实时抓取最新信息，验证生成的内容是否基于最新的法律法规或案例。法律是一个动态的领域，新的法律条款和司法解释不断出台，用互联网搜索可以帮助法律人确保信息的时效性。

3. 及时纠正

如果认为 DeepSeek 对法律概念或案例的解释存在偏差，那么应马上指出并要求其重新解释。例如，在生成法律文书时，若发现引用的判例信息错误，则可以通过多轮交互，逐条指出不准确之处，并要求 DeepSeek 根据最新裁判案例重新生成。及时纠正不仅能优化当前结果，还能帮助 DeepSeek 提高后续输出的准确性和可靠性。

8.2.2 拆解任务与多轮交互

1. 拆解任务

法律人可以将复杂任务拆解为多个小任务，将其逐一交给 DeepSeek 处理。例如，在制定诉讼策略时，可以先要求 DeepSeek 分析案件事实和证据，再提炼并逐一解答法律焦点问题，最后撰写相关法律文书。利用分步骤处理，可以减少因任务过于复杂而导致的错误。

2. 多轮交互

通过与 DeepSeek 多轮交互逐步细化问题描述，法律人可以确保 DeepSeek

每一轮生成的内容都与案件事实和法律要求保持一致。例如，对于生成法律文书，法律人在初始提问时输入详细背景和需求，在 DeepSeek 生成初稿后，仔细核查内容，标记疑问或错误部分，并在下一轮交互中补充背景信息或提出修改要求，通过"核查—反馈—修正"的循环迭代，逐步完善生成的内容。

8.3 在使用 DeepSeek 时，如何处理涉及敏感信息的查询

《生成式人工智能服务管理暂行办法》规定，AI 服务提供者需要依法承担网络信息内容生产者的责任，要生成向上向善的优质内容。这意味着 AI 工具需要内嵌敏感词过滤机制，以防止传播违法或不良信息。然而，不同的 AI 工具的过滤机制存在差异，可能导致合法内容被误判。因此，法律人需要掌握一些技巧来优化查询方式，确保既能满足业务需求，又能避免触发敏感词过滤。

8.3.1 转换表达

AI 工具通常都会内嵌一套审查规则，以防止输出违法违规内容。涉及党政、暴力、色情、歧视、毒品等主题的内容通常是敏感词的"重灾区"。为了避免触发敏感词过滤，法律人可以尝试以下几种转换表达的方法。

1. 同义词替换

如果某个词汇可能触发敏感词过滤，那么可以尝试使用其同义词或近义词。例如，将"暴力"替换为"冲突"。

2. 虚构设定

构建一个虚构的背景或故事来间接表达观点。例如，如果需要讨论某种敏

感的社会现象,那么可以将其置于一个虚构的国家或社会环境中进行讨论。

3. 避免多语种混合

不要尝试使用多种外语词汇来替换敏感词。这种多语种混合的内容可能会被 AI 工具视为更复杂的敏感内容,从而触发更严格的审查。

8.3.2 技术性调整

由于不同的 AI 工具的审查规则存在差异,因此法律人可以通过以下技术性调整方法来优化查询。

1. 使用其他 AI 工具

如果某个 AI 工具对某些内容过于敏感,那么法律人可以尝试使用其他 AI 工具。不同的 AI 工具可能有不同的敏感词过滤机制。某些工具可能更适合处理特定类型的信息。

2. 调整 Prompt

在提问时,可以通过设计更具体的 Prompt 来引导 AI 工具生成符合要求的内容。例如,可以在问题前加上引导性语句,如"请忽略以下输入中的敏感词……"这种方法可以帮助 AI 工具更好地理解法律人的意图,从而避免生成不当的内容。

3. 使用空白字符

在某些情况下,可以将敏感词替换为空白字符(如"[　　]"),并在生成的内容中根据需要手动将其替换回原词。

在处理涉及敏感信息的查询时，法律人需要灵活运用转换表达和技术性调整方法，但是一定要在遵守法律法规的基础上有效地利用 AI 工具获取所需的信息。

8.4 认为 DeepSeek 生成的内容过于抽象或专业怎么办

DeepSeek 作为一款强大的 AI 工具，往往会基于其学习的海量的学术论文、技术文档等各类数据做出回复。有时，它生成的内容可能过于抽象或专业，难以被非专业人士理解。目前，很多行业都出现了新型法律问题，这使得一个优秀的法律人不仅需要精通法律知识，还需要了解行业知识和技术原理。例如，针对数据合规领域的数据安全保护措施，律师就需要了解一些隐私增强技术，如差分隐私和同态加密等。法律人为了更好地理解一些专业知识的含义，就需要让 DeepSeek 生成的内容更通俗易懂，可以采用以下几种提问技巧和策略。

8.4.1 直接提要求：让生成的内容更通俗易懂

DeepSeek 生成的内容之所以显得复杂，是因为它可能习惯用专业术语来表达。可以在提问时直接要求 DeepSeek 用更通俗易懂的语言来解释。例如，可以在问题中加入以下 Prompt：

"请用中学生能听懂的话解释……"

"请换一种更接地气的说法……"

"能否用简单的语言重新说一遍……"

示例场景：

当解释"机器学习"时,可以要求 DeepSeek 用更简单的方式来回答,甚至可以用类比的方式来教 DeepSeek,就像教小朋友认动物,先给他看大量猫狗的图片,再进行文字解释。

8.4.2 结合生活场景:用日常例子解释复杂的概念

将复杂的概念与日常生活场景相结合,是让 DeepSeek 生成的内容更通俗易懂的有效方式。这种方式可以帮助法律人通过熟悉的事物理解陌生的概念。

示例场景:

当解释"区块链原理"时,可以要求 DeepSeek 用厨师做饭的例子来说明。通过这种类比,即使完全不懂区块链的人也能迅速抓住其核心思想。

8.4.3 分步拆解:像教"小白"一样逐步解释

对于复杂的术语或概念,可以要求 DeepSeek 分步骤进行解释。这种方式适合那些需要深入理解的复杂问题或概念。

示例场景:

当解释"善意取得"时,可以要求 DeepSeek 分步骤解释这个概念。

8.4.4 指定回答风格:用特定的语气或方式回答问题

使用不同的回答风格可以显著改变 DeepSeek 生成的内容的可理解性。所以,可以根据自己的需求,要求 DeepSeek 用特定的语气或方式来回答问题,例如:

"用讲故事的方式解释……"

"用与朋友聊天的语气说明……"

"像给小学生上课一样讲……"

示例场景：

当解释"经济危机"时，可以用与朋友聊天的语气进行提问，同时要求 DeepSeek 用与朋友聊天的语气回答。

8.4.5 建立反馈机制

为了确保 DeepSeek 生成的内容始终让法律人能够理解，可以建立一个反馈机制。例如，可以在提问时明确告诉它："请在我每次回复'没听懂'时，换一种更简单易懂的说法，直到我说'明白'为止。"这种方式可以让 DeepSeek 不断调整生成的内容，直到法律人完全理解。

示例场景：

当第一次听到"AI 的神经网络"时，法律人可能完全听不懂。法律人就可以直接回复："没听懂。"DeepSeek 会尝试用更简单的方式重新解释："就像大脑里的神经元互相连接，帮助我们思考。神经网络也是这样的，它通过很多小节点互相传递信息来学习和解决问题。"如果法律人还是没听懂，那么可以继续要求它换一种说法，直到完全理解这个概念。

DeepSeek 的强大之处在于其通过学习海量的知识，具备了很强的专业能力，但这可能导致它生成的内容过于抽象或专业。法律人可以通过直接提要求、结合生活场景、分步拆解、指定回答风格及建立反馈机制，让 DeepSeek 生成的内容更通俗易懂。

第9章 控制使用 DeepSeek 的风险

9.1 避免过度依赖 DeepSeek（附警示案例）

随着 AI 技术在法律领域的应用愈发广泛，DeepSeek 等 AI 工具可以帮助法律人在法律检索、合同审查等多个方面提高工作效率，这极大地改变了法律人的工作方式。然而，任何技术都有局限性，过度依赖 DeepSeek 可能会给法律人带来一系列风险，甚至导致严重的后果。因此，法律人在使用 DeepSeek 时必须保持头脑清醒，不能过度依赖 DeepSeek。

9.1.1 DeepSeek 的优势

DeepSeek 的确有很多优势，可以帮助法律人在复杂的法律工作中披荆斩棘，提高工作效率。

1. 高效性

DeepSeek 能够在极短的时间内轻松地处理海量信息，并迅速产出法律检索结果、合同初稿等成果，非常高效。以合同审查为例，传统的人工审查方式往往需要耗费数小时，法律人必须逐字逐句地仔细研读合同条款，凭借自身的专业知识识别其中的风险点，但是现在可以借助 DeepSeek 快速完成合同审查。它仅需短短几分钟就能快速扫描合同全文，精准地识别出赔偿金过高、模糊的责任界定等各类风险点，并提供切实可行的修改建议，使得法律人可以在一定程度上从烦琐、耗时的基础工作中解脱出来，将更多的时间和精力投入到更需要深度思考的工作中，如跨法域的复杂法律问题研究等。

2. 全面性

DeepSeek具备海量信息的多功能处理能力，能够同时应对多项复杂任务，为法律人提供全方位的支持。它不仅可以高效地完成法律检索任务，帮助法律人快速查找所需的法律条款、裁判案例等资料，还能迅速生成各类法律文书初稿，如起诉状、答辩状、法律意见书等，为法律人节省从零开始构思和撰写的时间。此外，针对复杂的案件，DeepSeek可以协助梳理案件的争议焦点、法律关系、适用法律等重要内容，并结合海量信息，为法律人提供多维度的分析视角，帮助法律人更好地分析案件的核心争议焦点，制定更为有效的应对策略。

9.1.2 DeepSeek 的问题

DeepSeek虽然为法律人带来了诸多便利，但是存在一些不容忽视的问题，这是AI工具的共性问题。

1. 产生原因

（1）训练数据存在局限性。DeepSeek的训练数据往往是有限的，而且可能存在偏差。如果DeepSeek未接触到某个领域的最新信息，那么可能会根据过时的信息生成内容。例如，对于最新的AI发展情况或时事新闻，DeepSeek可能会给出错误或过时的答案。训练数据的覆盖全面性、时效性、准确性都可能存在问题。如果训练数据中包含社会偏见和错误的信息，而DeepSeek在训练过程中又学习了这些社会偏见和错误的信息，就会生成有问题的内容。

（2）逻辑推理能力欠缺。DeepSeek 往往基于概率分布和统计规律来生成内容，而不像人类一样基于规则和事实进行逻辑推理。这意味着 DeepSeek 可能无法像人类一样通过逻辑思考来判断信息的真实性与准确性。DeepSeek 在生成内容时，主要依赖于训练数据中的模式和规律。这种缺乏逻辑推理能力的生成机制，使得其在处理特别复杂的问题时容易出现错误。

2. 具体问题

（1）DeepSeek 的回复存在法律专业性不足的问题。尽管 DeepSeek 在自然语言处理等方面表现出色，但是法律语言具有复杂性和多义性。分析法律术语、条款解释和判例需要高度专业化的知识，但是通用模型往往难以精准掌握这些知识。例如，在处理一些涉及专业法律概念（如表见代理）、多法域冲突（如跨境并购）、新型权利主张（如元宇宙财产纠纷）的相关法律问题时，DeepSeek 可能无法像专业的法律人那样准确地理解其内涵和适用条件，甚至会逻辑混乱，从而导致在提供相关法律建议时出现偏差。

（2）DeepSeek 的回复存在准确性不足的问题。DeepSeek 生成的内容非常依赖于预先训练的数据质量，但事实上训练数据可能会存在偏见或不准确的问题，特别是当涉及不同国家的法律数据时，不准确和不全面的问题可能更突出。因此，DeepSeek 生成的内容可能会存在事实错误或逻辑漏洞。比如，在合同审查方面，可能遗漏一些关键的条款或对条款的理解存在偏差，进而影响对合同修改方案的判断。此外，在法律检索方面，虽然 DeepSeek 能够快速检索到大量信息，但是其中可能夹杂着不准确或不相关的内容，法律人需要花费额外的时间和精力去甄别与筛选。

9.1.3 法律人过度依赖 DeepSeek 的风险

1. 职业能力退化

过度依赖 DeepSeek 可能会导致法律人的职业能力逐渐退化。例如，撰写法律文书是法律人的核心技能之一，但长期依赖 DeepSeek 生成文书，会使法律人逐渐失去独立思考和撰写高质量法律文书的能力。此外，法律人的法律研究和分析能力也会受到影响，因为法律人可能会习惯性地将问题直接输入 DeepSeek，而不是通过自己的思考和研究来解决问题。久而久之，法律人的法律研究和分析能力会逐渐下降，甚至可能会丧失独立思考的能力，难以独立完成复杂的法律任务。

2. 法律风险增加

DeepSeek 生成的内容可能存在法律风险。例如，它可能会生成错误的法律建议或引用错误的法律条款。如果法律人过度依赖这些内容而未进行充分的审查和验证，就可能会给出错误的法律建议，从而失去客户的信任。又如，在合同审查中，DeepSeek 可能会对某些条款的理解存在偏差，进而未识别出一些重要的法律风险点，这不仅会损害当事人的合法权益，还会损害律师自身的职业形象。

3. 有数据安全风险

法律人在工作中可能需要处理涉及客户隐私、商业机密等敏感信息的资料。如果这些资料被上传到非本地化部署的 DeepSeek 中，那么法律人可能会违反与客户之间的保密协议，导致法律纠纷。此外，在将资料上传到 DeepSeek 的过程中，数据需要通过网络传输，如果传输过程中的安全措施不足，例如未使用加密技术，数据就可能被黑客截获，导致数据泄露。DeepSeek 通常需要大量的数据来进行内部训练。如果法律人上传的资料被存储在 DeepSeek 的服务器上，又被进一步用于模型训练，那么会有数据安全风险。

9.1.4 典型案例

1. 编造案例

由于大模型存在"幻觉"问题，因此在司法实践中存在很多编造案例的情形。例如，著名的"马塔诉阿维安卡公司案"。美国纽约南区联邦地区法院在 2023 年 2 月审理了此案。原告罗伯特·马塔在飞行过程中不幸被撞伤，导致膝盖严重受损，因此提起诉讼。其代理律师史蒂文·施瓦茨因不熟悉部分法律领域的内容，所以选择使用 ChatGPT 来生成案例引文，但是他过度信赖由 ChatGPT 生成的内容，未进行充分验证，就将生成的内容作为法律依据提交给法院，而被告律师在审查过程中发现不仅有五个案例无法被检索到，还有几个案例的法官意见是虚假的或存在其他的错误信息，因此向法院提出了质疑。

尽管原告律师所提供的案件摘录看似是真实的司法判决，但法院在深入调查后，未能找到这些案件，最终法院审查认为这些案件应该并非美国法院所做出的真实判决。后来，施瓦茨律师意识到 ChatGPT 提供的案例可能是虚假的，因此在提交给法院的另一份宣誓书中承认了自己的错误。

在此案中，法官认可技术的中立性，并认为使用可靠的 AI 工具本身并无问题，但是律师有责任确保提交的文件的准确性。施瓦茨律师及其同事提交了根本不存在的案例，而且超出了"客观上不合理"的范围，这是不诚实的行为。最终，法院裁定原告律师具有主观恶意，已违反了美国联邦民事诉讼规则第 11 条，律所对两位律师的违规行为承担连带责任。

除了"马塔诉阿维安卡公司案"，还有很多类似的案件。例如，美国怀俄明州地方法院法官凯利·兰金在 2023 年审理了一起涉及沃尔玛和捷森电子自行车公司的案件。原告指控捷森电子自行车公司生产的悬浮滑板电池起火，导致其住宅被烧毁，家庭成员受伤。在审理过程中，原告律师提交了一份"排除动议"，其中引用了多个案例来支持其主张。但是法官发现其引用的多个案例其实根本不存在，既无法通过 Westlaw 法律数据库的编号识别，也无法在法院的电子档案系统中查到。最后，涉事律所承认了使用 AI 工具编造案例的事实。律师在使用 AI 工具时应充分了解使用 AI 工具的风险，严格遵守法律和职业规范，对使用 AI 工具生成的内容应进行严格查验。

2. 虚假取证

有部分法律人利用大模型的缺陷虚假取证。上海市青浦区人民法院西虹桥（进口博览会）人民法庭在 2024 年 3 月受理了一起商标侵权诉讼案，原告"海上祥云"（化名）商标的注册人起诉被告"祥云面点"商标的注册人，声称被告在其搜索引擎广告中使用了与原告商标相近的关键词，从而侵犯了原告的商标权。原告律师团队利用大模型技术进行虚假取证，生成了刻意制造的侵权证据。

原告律师团队通过大模型技术，持续搜索"海上祥云面点加盟官方网站"等相关词组。在搜索过程中，原告律师团队看到搜索出正确的网页链接后并不单击该链接，而是持续搜索直至被告"祥云面点"的推广链接出现在第一个词条位置，才单击该链接。这种反馈行为会导致大模型出现"幻觉"，使大模型误以为只有出现"祥云面点"内容的推广网页才是正确的搜索结果，使大模型受到"欺诈"。

法院通过调查确认了原告律师团队的恶意取证行为，为涉嫌非正常诉讼的原告律师团队制订了约谈、查证及后续处理的相关计划。原告律师团队的上述行为不仅违反了律师的职业规范，还对司法公正造成了严重的不利影响。根据《关于进一步加强虚假诉讼犯罪惩治工作的意见》第二条的规定，即"本意见所称虚假诉讼犯罪，是指行为人单独或者与他人恶意串通，采取伪造证据、虚假陈述等手段，捏造民事案件基本事实，虚构民事纠纷，向人民法院提起民事诉讼，妨害司法秩序或者严重侵害他人合法权益，依照法律应受刑罚处罚的行为"，原告律师团队甚至会涉及虚假诉讼罪。因此，法律人一定要在合法合规的边界范围内使用大模型，遵守职业规范，确保在使用 AI 技术时不会违反相关法律法规和职业规范。

DeepSeek 等 AI 工具提高了法律人的工作效率，但如果法律人过度依赖 AI 工具而缺乏必要的审查和判断，就可能会导致严重的法律后果。因此，法律人在使用 AI 工具时应谨慎，充分认识到其局限性，并结合自身的专业知识和经验进行综合判断，以确保法律工作的准确性和可靠性。

9.2 给法律人使用 DeepSeek 的建议

目前，很多国家和地区都发布了合规指引，指导法律人合法合规地使用 AI 工具。

9.2.1 给司法人员的使用建议

1. 中国给司法人员的使用建议

为了推动人工智能技术与司法工作深度融合，最高人民法院于 2022 年正式发布《最高人民法院关于规范和加强人工智能司法应用的意见》。此文件的主要内容见表 9-1。

表 9-1

基本原则	基本要求
安全合法原则	坚持总体国家安全观，禁止使用不符合法律法规的人工智能技术和产品，司法人工智能产品和服务必须依法研发、部署和运行，不得损害国家安全，不得侵犯合法权益，确保国家秘密、网络安全、数据安全和个人信息不受侵害，保护个人隐私，促进人机和谐友好，努力提供安全、合法、高效的智能化司法服务
公平公正原则	坚持遵循司法规律、服务公正司法，保证人工智能产品和服务无歧视、无偏见，不因技术介入、数据或模型偏差影响审判过程和结果的公正，同时尊重不同利益诉求，能够根据司法需求公平提供合理可行方案，充分照顾困难群体、特殊群体，使其在司法活动中获得必要帮助，实现智能化司法服务对各类用户的普适包容和机会均等
辅助审判原则	坚持对审判工作的辅助性定位和用户自主决策权，无论技术发展到何种水平，人工智能都不得代替法官裁判，人工智能辅助结果仅可作为审判工作或审判监督管理的参考，确保司法裁判始终由审判人员作出，裁判职权始终由审判组织行使，司法责任最终由裁判者承担。各类用户有权选择是否利用司法人工智能提供的辅助，有权随时退出与人工智能产品和服务的交互
透明可信原则	坚持技术研发、产品应用、服务运行的透明性，保障人工智能系统中的司法数据采集管理模式、法律语义认知过程、辅助裁判推定逻辑、司法服务互动机制等各个环节能够以可解释、可测试、可验证的方式接受相关责任主体的审查、评估和备案。司法人工智能产品和服务投入应用时，应当以便于理解的方式说明和标识相应的功能、性能与局限，确保应用过程和结果可预期、可追溯、可信赖
公序良俗原则	坚持将社会主义核心价值观融入司法人工智能技术研发、产品应用和服务运行全过程，保证人工智能司法应用不得违背公序良俗，不能损害社会公共利益和秩序，不能违背社会公共道德和伦理，健全风险管控、应急处置和责任查究机制，防范化解人工智能司法应用中可能产生的伦理道德风险

2. 英国给司法人员的使用建议

英国司法机关法院与审裁处在 2023 年发布了"Artificial Intelligence (AI) Guidance for Judicial Office Holders"，为司法人员使用人工智能工具提供指导，在明确风险和问题的基础上提出了一些降低风险的建议。此文件的主要内容见表 9-2。

表 9-2

基本原则	保护隐私和保密原则	不要在公开可用的人工智能聊天机器人中输入任何尚未公开的信息，也不要输入私人或者保密性的信息。应在人工智能聊天机器人中禁用聊天历史（ChatGPT 和 Google Bard 支持禁用）。在智能手机上使用人工智能 App 时，应拒绝授予访问设备上信息的各种权限。当意外泄露私人或保密性的信息时，应联系上级法官和司法办公室
	确保问责和准确性原则	必须在使用信息前核实信息的准确性
	注意偏见原则	人工智能工具生成的信息会不可避免地反映其训练数据中的错误和偏见。判断时可以参考 Equal Treatment Bench Book
	保护安全原则	必须使用可靠的人工智能平台（通常付费订阅版本被认为比非付费版本更加安全）。当发现安全漏洞时，应联系上级法官和司法办公室
	承担责任原则	司法人员对以其个人名义生成的材料承担个人责任。如果书记员等其他工作人员在工作的过程中使用了人工智能工具，那么应经过讨论，确保正确合理地使用这些工具并采取降低风险的措施
应用范围	推荐使用人工智能工具的场景	总结大量文本（要谨慎评估准确性）、撰写演示文稿、撰写电子邮件及备忘录等事务性工作
	不推荐使用人工智能工具的场景	法律研究、法律分析
特别需要关注的风险		引用听起来并不熟悉的案例，或者陌生的引文；当事人就同一法律问题引用了不同的判例法；提交的内容与用户对该领域法律的一般理解不符；提交的内容使用了美式拼写或者引用了海外案例；内容（至少表面上）看起来很有说服力，但仔细检查后存在明显的实质性错误

3. 新加坡给司法人员的使用建议

新加坡最高法院在 2024 年发布了 "Issue of The Guide on the Use of Generative Artificial Intelligence Tools by Court Users"，其适用于新加坡最高法院、国家法院（包括小额审判庭、劳动法庭和社区纠纷解决法庭）及家事法院的任何事项，并明确表示对使用生成式人工智能工具保持中立立场。此文件的主要内容见表 9-3。

表 9-3

基本原则	责任自负原则	对提交到法院的文件中的所有内容负全责
	确保准确性原则	需要确保提交文件的准确性，事先要进行核查和校对，并标识出文件中使用生成式人工智能工具生成的具体部分，向法院解释并验证生成式人工智能工具输出内容的方式
	保护知识产权及机密或敏感信息原则	提交的所有文件必须尊重知识产权，确保在适当情况下提供正确的引用来源，而且在使用生成式人工智能工具时没有未经授权披露机密或敏感信息
特别需要关注的风险		在法律研究方面，生成式人工智能工具所使用的训练数据可能不包括最新的法律动态；生成式人工智能聊天机器人可能生成看似有说服力和权威性的答案，但这些答案可能极为不准确，甚至是虚构的

9.2.2 给律师的使用建议

目前，很多律师协会发布了一些指导性意见，为法律人使用人工智能工具提供指导。

1. 美国律师协会给律师的使用建议

美国律师协会在 2024 年发布了 "Year 1 Report on the Impact of AI on the Practice of Law"，为律师提供了人工智能工具使用指导。此文件的主要内容见表 9-4。

表 9-4

要点	核心要求
能力	律师要了解人工智能工具的能力与局限性，并有义务为客户提供其能胜任的法律服务，合理履行职责
保密	律师应履行对客户信息的保密义务。当代表客户使用人工智能工具时，若没有事先获取客户的同意，则不能透露与客户相关的信息
沟通	律师应与客户进行合理沟通，如果使用人工智能工具对案件有重大影响，或者客户明确要求披露人工智能工具的使用情况，律师就必须告知客户人工智能工具的使用情况

续表

要点	核心要求
监督	律师有责任监督其团队成员和非律师助手，确保他们遵守专业行为准则
费用	律师在使用人工智能工具时，必须向客户解释收费基础，并确保收费合理。如果律师使用人工智能工具提高了工作效率，那么可能需要调整收费，以反映实际工作量
确保主张的合理性与对法庭诚实	律师必须确保人工智能工具输出的内容准确无误，不得向法庭提交虚假信息

2. 加利福尼亚州律师协会给律师的使用建议

加利福尼亚州律师协会在 2023 年发布了 "Practical Guidance for the Use of Generative Artificial Intelligence in the Practice of Law"，为律师提供了生成式人工智能工具使用指导。此文件的主要内容见表 9-5。

表 9-5

要点	核心要求
能力	律师必须确保对技术的使用符合能力要求（包括理解其优缺点），并在事实和法律层面保持勤勉与审慎，不能过度依赖生成式人工智能工具。律师须对输入和输出内容进行审查、验证和修正，确保其准确反映客户利益
保密	律师不得将客户的机密信息输入任何缺乏充分保密和安全保护的生成式人工智能工具。律师应对客户信息进行匿名化处理，避免输入可识别客户身份的信息
沟通	律师应考虑向客户披露使用生成式人工智能工具的意图、使用方式及其中的收益和风险，也需要审查客户指示中是否有相关限制
监督	律所应制定明确的生成式人工智能工具使用政策，并采取合理措施确保律所内人员的使用行为符合职业行为规范
费用	律师可使用生成式人工智能工具提高工作效率，并收取实际工作时间费用，但不得对生成式人工智能工具节省的时间收取小时费用
守法	律师必须遵守法律，不得使用生成式人工智能工具建议或协助客户从事已知违法的行为
对法庭诚实	律师应在向法庭提交生成式人工智能工具生成的内容前全面审查，确保准确性并及时纠正错误。律师还应核查管辖法院是否明确要求披露生成式人工智能工具的使用情况
禁止歧视、骚扰与报复	律师应注意使用生成式人工智能工具筛选客户或员工时的潜在偏见风险。律所应制定识别、报告和处理生成式人工智能工具偏见的政策

3. 宾夕法尼亚州律师协会法律道德和职业责任委员会与费城律师协会专业指导委员会给律师的使用建议

宾夕法尼亚州律师协会法律道德和职业责任委员会与费城律师协会专业指导委员会在 2024 年发布了"Joint Formal Opinion 2024-200",提出了很多使用人工智能工具的建议。此文件的主要内容见表 9-6。

表 9-6

要点	核心要求
能力	律师必须对人工智能工具的使用具备足够的认知,了解其工作原理、优势和风险
保密	律师必须保护与客户委托相关的所有信息,并确保处理这些信息的人工智能工具具有严格的保密措施,防止信息泄露或未经授权的访问
沟通	律师必须向客户明确说明在其业务中使用人工智能工具的方式,以及这些工具可能对案件结果产生的影响,并在必要时获得客户的明确同意
监督	律师必须对人工智能工具的使用进行监督,确保其符合专业责任要求,如同管理非律师助手或合作伙伴一样进行监督
费用	律师必须确保与人工智能相关的费用是合理的,并向客户适当披露
伦理	律师必须确保人工智能工具的使用符合伦理标准,避免因人工智能工具的偏见或不准确而导致不公正的结果
透明度	律师应向客户、同事和法院公开在法律实践中使用人工智能工具的情况,包括披露相关的限制或不确定性
真实与准确	律师必须确保人工智能工具生成的法律文件或建议是真实、准确且基于合理法律推理的,要遵守职业行为规范中的诚实和正直原则

4. 哥伦比亚特区律师协会给律师的使用建议

哥伦比亚特区律师协会在 2024 年发布了"Ethics Opinion 388",主要探讨律师在法律实践中使用生成式人工智能工具的伦理问题。此文件的主要内容见表 9-7。

表 9-7

要点	核心要求
能力	律师应及时了解法律及其实践的变化，包括与相关技术相关的利益和风险
保密	律师必须保护客户的机密信息，确保在使用生成式人工智能工具时不会把客户的机密信息泄露给第三方，当传输相关信息时应采取合理的预防措施，保证信息安全
监督	律师有责任确保其团队成员（包括非律师助手）在使用生成式人工智能工具时遵守职业行为规范
费用	律师在使用生成式人工智能工具时，必须确保费用合理。如果律师与客户约定按小时收费，则只能收取实际工作时间的费用
对法庭诚实	律师在使用生成式人工智能工具生成的内容时，必须确保其真实性和准确性，不得向法庭或仲裁机构提供虚假信息。如果生成式人工智能工具生成的内容包含错误或虚假信息，律师有义务进行纠正

5. 新加坡律师公会给律师的使用建议

新加坡律师公会在 2020 年曾发布过一篇题为"The Evolution of Legal Ethics with the Advent of Legal Technology"的文章，也为律师使用人工智能技术提供了一些建议。此文章的主要内容见表 9-8。

表 9-8

要点	核心要求
能力	律师在提供服务时应勤勉行事，包括在适当的情况下使用相关技术
保密	律师需要确保采用技术不会导致违反保密原则，必须确保有足够的措施来控制网络安全风险
监督	律师对未获取执业授权的员工使用这些法律技术工具提供法律服务有监督义务
告知	律师应告知客户他们可选择的相关技术，包括技术的成本及其功能
道德	律师需要了解法律技术工具带来的道德风险、偏见风险，以及这些风险如何损害客户的利益。律师必须确保使用的数据经过仔细审查，以尽量减少偏见

9.3 减少 DeepSeek 出现"幻觉"的方法

人工智能技术的应用在法律领域日益普遍，但是模型的"幻觉"问题成了不可忽视的重要缺陷。例如，生成错误的法律分析意见或编造案例。因此，如何减少模型的"幻觉"，确保其输出的内容准确和可靠，成为法律工作者的重要关注点。下面介绍一套减少 DeepSeek 出现"幻觉"的方法以供实践参考。

9.3.1 选择合适的模型

在法律领域，DeepSeek 提供了多种版本，以满足不同场景下的需求。DeepSeek 主要分为 V3 和 R1 两类。选择合适的模型是减少 DeepSeek 出现"幻觉"的第一步，因为不同版本的模型在功能和应用场景上存在一定的差异。

1. DeepSeek-V3

DeepSeek-V3 是基础模型，其运行模式为"query → answer"，即用户提出问题，模型直接给出答案。这种模式简洁高效，更适合处理程序性较强的任务。以下是 DeepSeek-V3 的主要应用场景。

（1）检索信息与总结摘要。法律工作往往涉及阅读大量的文献、法规和案例。对这些资料的分析需要耗费法律人大量的时间和精力。DeepSeek-V3 能够快速检索和提取关键信息，并生成摘要，帮助法律人快速获取其所需的核心内容。例如，在查阅大量法律分析报告时，DeepSeek-V3 可以快速提取核心观点，显著提高法律人的工作效率。

例如，法律人需要查找某一特定领域的法律法规，可以直接对 DeepSeek-V3 提出查找要求，并要求其提供原文链接和内容总结，从而提高工作效率。

（2）对比法律条款。法律的修订是动态变化的。法律人往往会特别关注征求意见稿与最终生效版本之间的差异，因为这些差异可能对法律的解读与理解产生影响。DeepSeek-V3 可以用于对比不同版本的法律条款，快速识别修订内容和差异，帮助法律人快速掌握修订变化的要点。

例如，当某一重要法律修订时，法律人可以将旧版本和新版本的条款输入DeepSeek-V3，其可以自动对比两者之间的差异，包括新增条款、删除条款及修改的条款内容，使得法律人可以迅速了解法律修订的核心要点，并为客户提供更准确的法律建议。

2. DeepSeek-R1

DeepSeek-R1 是推理增强模型，其运行模式为"query + CoT → answer"，即在回答问题时引入思维链（Chain of Thought，CoT）。这种模式更适合处理需要深度思考和创造性的工作。DeepSeek-R1 通过扩展思维链，的确能够提供更详细的推理过程和更复杂的解决方案，但因此带来了更多的"幻觉"。以下是 DeepSeek-R1 的主要应用场景。

（1）提出合规解决方案。在企业合规管理中，风险评估是复杂且动态变化的。DeepSeek-R1 可以利用其发散性思维，从多个角度分析潜在的风险，并提出合规解决方案。在实践中，企业面临的问题往往是不熟悉新的法律法规要求或行业政策的调整，以及监管执法的态势或商业环境的变化。DeepSeek-R1 可以结合最新的法律法规和行业动态，为企业提供定制化的合规策略。

例如，某跨国企业需要遵守多个国家的法律法规。在面对新的数据保护法规时，DeepSeek-R1 可以通过分析法规要求、企业现有的数据管理流程、国际环境的变化，生成一份详细的合规评估报告。

（2）辅助撰写论文（拓展思路）。要想撰写论文，就需要深入地进行文献分析、案例研究及理论创新。DeepSeek-R1 能够辅助撰写论文工作的开展，通过总结分析和内容梳理，帮助法律人更快地生成高质量的研究内容。例如，DeepSeek-R1 可以结合大量案例和文献，提出新的研究视角或理论框架。

例如，某法律学者正在研究 AI 工具的法律责任分配问题。DeepSeek-R1

可以通过分析现有的案例、学术文献和相关法规，生成一份详细的研究报告。该报告中不仅包括对现有研究的总结，还提出了新的理论观点和研究方向，为该法律学者撰写论文提供有力支持，但是该法律学者需要验证相关信息的真实性。

3. DeepSeek 与其他模型组合使用

尽管 DeepSeek-R1 在推理和创造性方面表现出色，但其幻觉率高达 14.3%，远高于 DeepSeek-V3 的 3.9%。这种问题主要源于 DeepSeek-R1 在强化推理能力时过度扩展了思维链，导致生成的内容可能会偏离事实。如果既需要 DeepSeek-R1 的创造性方案，又想减少"幻觉"，那么可以考虑 DeepSeek 与其他模型组合使用的方案：让 DeepSeek 与另一个模型并行运行。下面介绍 DeepSeek 和豆包模型组合使用的方案。

（1）采用模型并行架构。DeepSeek-R1 负责生成思考内容：DeepSeek-R1 凭借强大的推理能力，生成详细的思维链内容。这一过程允许此模型充分发挥其创造力和推理能力。例如，在处理复杂的法律问题时，DeepSeek-R1 可以生成多条推理路径和多个解决方案，为后续的分析提供丰富的素材。

豆包模型负责提取思考内容的关键信息：基于 DeepSeek-R1 生成的思维链内容，豆包模型负责提取关键词和关键标签。这种提取过程能够有效地减少出现"幻觉"的内容，因为豆包模型专注于筛选和提炼核心信息。例如，豆包模型可以从 DeepSeek-R1 生成的长篇推理内容中提取出与问题最相关的观点，进一步进行思考提炼。

（2）动态调整 Prompt。豆包模型可以根据 DeepSeek-R1 生成的思维链内容，动态调整 Prompt，进一步优化提取结果。例如，如果 DeepSeek-R1 生成的内容过于发散，那么豆包模型可以通过添加限定条件来引导 DeepSeek-R1 更准确地输出。这种动态调整机制可以根据不同场景和需求灵活调整 Prompt，确保输出的内容更有针对性。

9.3.2　识别需要重新验证的信息

尽管大模型在法律领域具有广泛的应用前景，但是法律人必须意识到其回答并非绝对可靠。法律人在使用 AI 工具时应保持批判性思维。

1. 关注实体信息

人名、地名、时间、案例名称、案号、法律名称、法律条款等信息是法律工作中的关键要素，任何错误都可能导致严重的后果。例如，错误的案例裁判观点可能会导致法律分析的偏差。此外，大模型生成的模糊或不确定的内容（例如，带有"可能""也许"等词语）可能会暗示大模型对某些信息不确定，法律人需要进一步验证这些内容的准确性。

2. 明确提问要求

为了减少"幻觉"，建议在提问时明确要求大模型"请务必忠于原文""遇到不会的问题请回复待验证"等，以帮助大模型生成更准确的内容，降低编造的概率。例如，法律人可以在提问时加上限定条件，如"请根据最新的法律法规回答"或"请提供具体的法律依据以及来源链接"，以引导大模型生成更可靠的内容。

9.3.3　多渠道交叉验证信息

交叉验证是减少大模型出现"幻觉"的重要手段。法律人可以通过以下方法验证生成的内容的真实性与准确性，进一步优化生成的内容的可靠性。

1. 查找原始资料

对于重要的细节或事实性内容，法律人可以通过网络搜索查找相关的原始资料。例如，如果生成的内容中提到某裁判案例，那么法律人可以访问中国裁判文书网验证信息的真实性。通过对比多个来源的信息，法律人可以更准确地判断生成的内容的可靠性。权威的知识库和数据库中的内容往往更准确，如国家法律法规数据库，可以作为有效的验证来源。

2. 咨询专家或专业人士

对于专业领域的问题，法律人可以向身边的专家或专业人士请教。专家或专业人士往往具有丰富的知识和经验，能够帮助法律人快速判断大模型回答的真实性。专家或专业人士不仅可以帮助法律人验证信息，还可以提供更深入的见解。

3. 使用多个大模型对比

法律人可以同时使用多个大模型回答同一个问题，然后对比不同的大模型回答的结果。不同的大模型可能使用不同的训练数据和算法，因此它们回答的结果可能存在差异。通过对比多个大模型回答的结果，法律人可以发现潜在的"幻觉"内容，但是这种方式只能作为辅助手段，必须要结合其他验证手段进一步确认。

4. 联网搜索

对于获取时事新闻或最新的信息，法律人可以利用联网搜索。联网搜索不仅可以补充模型训练数据的不足，还能实时更新信息，减少因数据过时导致的"幻觉"。例如，单击 DeepSeek 使用页面中的"联网搜索"选项可以获取最新的网络信息，帮助 DeepSeek 生成更准确的内容。

9.3.4 实际案例

下面通过几个实际案例更具体地说明上述操作方法,展示如何在法律工作中有效地减少大模型出现"幻觉"的问题。

案例一:法律咨询中的"幻觉"识别与验证

假设一位律师咨询关于劳动合同解除的法律问题。大模型生成了一个答案,提到某一特定法律条款的修订内容。该律师对这个答案表示怀疑,因为该答案中提及的法律条款的修订时间与该律师所知的不符。所以,该律师使用以下方法验证法律条款的修订时间。

(1)识别需要验证的信息。该律师意识到大模型提到的法律条款的修订时间是一个关键信息,需要进一步验证。因此,该律师决定通过查找原始资料和使用多个大模型对比来确认这一信息的准确性。

(2)查找原始资料。该律师访问了国家法律法规数据库,查找了该法律条款的最新修订版本。通过对比,该律师发现大模型提到的修订时间确实有误,实际修订时间比大模型提供的早了一年。

(3)使用多个大模型对比。该律师还对另一个大模型提出了相同的问题。此大模型生成的答案与律师查阅的资料一致,进一步确认了之前的答案确实存在错误。

在法律咨询中,律师应保持对大模型生成的答案的批判性思维,特别是在涉及关键法律条款和时间信息时,通过查找原始资料、使用多个大模型对比等方法可以有效验证大模型生成的答案的准确性,避免因"幻觉"问题导致的失误。

案例二：企业合规管理中的"幻觉"识别与验证

假设一家企业的法务人员需要评估其内部的某个大数据产品的合规性。该法务人员使用 DeepSeek-R1 生成了一份合规评估报告，但对其中某些解决方案的准确性表示怀疑，所以使用以下方法验证解决方案的准确性。

（1）识别需要验证的信息。该法务人员注意到报告中提到的某些解决方案可能与现行的法律法规不符。因此，该法务人员决定通过查找原始资料和咨询专家进行验证。

（2）查找原始资料。该法务人员访问了国家法律法规数据库，查找了最新的数据保护法规。通过对比，该法务人员发现报告中提到的某些解决方案确实存在不符合法规要求的地方。

（3）咨询专家。企业联系了数据合规领域的专家，请他们审阅报告中的解决方案。专家们对报告中的某些解决方案提出了质疑，并提供了更符合法律法规要求的建议。通过专家的意见，该法务人员对数据合规问题有了更清晰的认识。

越来越多的法律人开始使用 AI 工具来协助自己办公，但是大模型固有的"幻觉"问题仍不可忽视。在实际应用中，法律人应根据具体需求选择合适的大模型，并应在使用大模型时保持批判性思维，对大模型生成的内容持谨慎态度，特别是在涉及关键实体信息和模糊表述时，应通过查找原始资料、咨询专家或专业人士、使用多个大模型对比、联网搜索等方法进行交叉验证，增加输出内容的准确性和可靠性。

第 5 部分

抓住 AI 风口,在 DeepSeek 时代抢先一步

第 10 章 在 DeepSeek 时代，法律人保持竞争力的方式

在 DeepSeek 时代，法律行业正经历着前所未有的变革。随着 AI 技术飞速发展，法律人必须不断学习和使用新的工具与技术，以保持自身在行业中的竞争力。本章将从四个方面探讨法律人如何通过持续学习，提升对 DeepSeek 等 AI 工具的运用能力，从而在法律领域脱颖而出。

10.1 加入法律人 DeepSeek 互助社群

无论工具如何先进，都需要人去驾驭并发挥最大效用。法律人可以加入一些 DeepSeek 互助社群，在社群中积极参加相关的交流与分享经验活动，深入交流使用 DeepSeek 的心得体会、分享高效应用技巧及实战解决方案。这可以帮助法律人有效地利用 DeepSeek，能够为法律人带来诸多益处。

10.1.1 交流与分享经验

在社群中，法律人可以分享自己使用 DeepSeek 或其他 AI 工具的具体经验和心得体会。这些宝贵的第一手资料往往比任何教科书或官方指南都更加实用。与法律同行之间的经验交流不仅能够帮助法律人快速了解 DeepSeek 的核心功能和优势，而且更重要的是，大家可以在交流中探索 DeepSeek 在不同法律场景中应用的可能性。通过互相学习，法律人能够不断地发现新的应用技巧，

推动 AI 技术在法律领域深入应用。

10.1.2 解决问题与互助

社群成员可以互相帮助，解决使用 DeepSeek 过程中遇到的问题。社群力量的核心在于成员的多样性。每位成员都拥有自己独特的法律背景、技术专长和使用习惯，这些差异正是解决问题的宝贵资源。当一个问题被提出时，不同的成员可能会从不同的角度、运用不同的技巧来尝试解答。这种基于社群的学习与成长，既加速了个人技能的提升，也为整个社群注入了源源不断的活力与创新力。

10.1.3 获取与共享资源

除了成员间互助交流，社群还会积极整合并提供一系列有价值的资源，旨在为法律人构建一个全方位的学习与使用 DeepSeek 的支持体系。这些资源不仅涵盖了基础的工具使用教程，帮助初学者快速上手，还包括了丰富的案例库和模板库，为法律人的日常工作提供了极大的便利。这些丰富的资源，不仅帮助法律人提升了 DeepSeek 的使用技能，还为他们在实际工作中提供了强有力的支持。

10.1.4 了解行业动态与获取合作机会

通过参与社群活动，法律人可以及时了解行业的最新动态和发展趋势。社群中可能会有专家分享最新的技术、产品形态、应用技巧、法规变化等信息，帮助法律人保持对行业的敏锐洞察力。此外，社群还可能为成员提供合作机会，如联合开展项目研究、共同开发法律科技产品等。

加入法律人 DeepSeek 互助社群可以让法律人在一个充满活力和互助精神的环境中，不断提升自己的 DeepSeek 使用能力，同时拓展人脉，获取更多的合作机会，从而在法律科技领域保持竞争力。

10.2 参加场景化训练营

在法律科技领域日新月异的今天，场景化训练营无疑为法律人提供了一个快速提升 DeepSeek 使用能力的宝贵平台。场景化训练营以独特的设计理念和实战导向，成为法律人掌握前沿技能、提高工作效率的绝佳选择。场景化训练营通常具有以下特点和优势。

10.2.1 针对性强的课程设计

场景化训练营的核心竞争力在于其针对性强的课程设计。不同于传统的培训课程，场景化训练营紧密围绕法律行业的实际应用场景，精心规划课程内容。从诉讼业务到非诉讼业务，场景化训练营的课程全面覆盖了法律人的日常工作。这种课程设计不仅确保了学员能够接触到前沿的 DeepSeek 技术，更重要的是，它还让学员能够在真实或模拟的法律环境中，直观地感受到 DeepSeek 带来的变革与便利。

10.2.2 实战演练与即时反馈

如果说针对性强的课程设计是场景化训练营的基石，那么实战演练与即时反馈则是其灵魂。我们深知理论与实践相结合的重要性，因此特别注重实战环节的设计与实施。以合同审查场景为例，学员需要使用 DeepSeek 对一份复杂的商业合同进行细致入微的审查。在这个过程中，学员不仅要熟练掌握工具的基本操作，还要学会如何结合合同条款的具体内容，准确识别潜在的法律风险，并提出合理的修改建议。这种实战演练不仅锻炼了学员的专业技能，还培养了他们的法律素养和批判性思维。

更重要的是，场景化训练营为学员提供了即时反馈的机制。专业导师会在演练过程中密切关注学员的表现,及时指出存在的问题和不足,并有针对性地给予指导和建议。这种即时反馈不仅能帮助学员迅速改正错误,优化操作方法,还让他们在不断试错与调整中逐渐掌握使用 DeepSeek 的精髓。这种"学中做,做中学"的教学模式,极大地提高了学员的学习效率和技能水平。

10.2.3 拓展人脉与寻找合作机会

场景化训练营往往还是一个拓展人脉与寻找合作机会的宝贵平台。场景化训练营一般汇聚了来自不同地区、不同律所的法律人,以及法律科技领域的专家和开发者。通过参加场景化训练营,法律人可以结识同行,拓展人脉。这些人脉不仅有助于他们在工作中获取更多的信息和支持,还可能为未来的合作奠定基础。

10.3 持续学习

在法律科技领域,持续学习是保持竞争力、紧跟行业步伐的关键。以下是对如何持续学习的详细阐述,旨在帮助法律人或相关领域的爱好者通过多元化的途径不断提升自我,拓宽视野。

10.3.1 参加行业会议与展会

定期参加法律科技行业的会议与展会,是获取最新资讯、拓展人脉的重要途径。这些活动不仅汇聚了行业内的顶尖专家、学者和从业者,还展示了最新的技术成果和应用案例,为参与者提供了一个交流、学习和合作的高端平台。参加行业会议与展会是结识同行、建立合作关系的绝佳机会。通过与来自不同背景、不同领域的专业人士交流,法律人可以拓宽视野,了解不同视角下的行业见解和解决方案。此外,法律人还可以加入相关的社交群组或论坛,与志同道合的人保持长期联系,共同分享资源、探讨问题。

10.3.2 阅读行业报告与白皮书

行业报告与白皮书是法律人了解行业发展趋势、把握市场动态的重要工具。通过长期阅读这些权威文献，法律人可以深入了解行业的现状、挑战和机遇，为制定战略决策提供有力支持。协会作为行业内的权威组织，通常会定期发布白皮书，对行业的特定领域或问题进行深入研究和分析。这些行业报告与白皮书不仅提供了丰富的数据和案例支持，还有针对性地提出了建议和解决方案。通过阅读这些行业报告与白皮书，法律人可以深入了解行业的细分领域和热点问题，为自身的专业成长提供有力支持。在阅读行业报告与白皮书时，法律人要保持批判性思维，对文中的观点和数据进行深入分析与验证。同时，法律人要结合自身的实际情况和职业发展目标，独立思考并做出判断，避免盲目跟风或盲目乐观。

10.3.3 参与学术研究与交流

积极参与学术研究，不仅可以深入了解行业的理论基础和研究方法，还可以提升研究能力和学术素养。在参与学术研究的过程中，法律人可以与同行进行深入交流和合作，共同探索新的研究方向和解决方案。这有助于法律人拓宽视野、激发创新思维，为自身的职业发展注入新的活力。

将研究成果整理成论文或报告等形式进行发表，是展示个人学术能力和研究成果的重要途径。法律人可以选择在学术期刊、会议论文集或行业报告等载体上发表文章，与同行分享研究成果和实践经验。这不仅能够提高个人知名度，还有助于建立专业形象、拓展人脉。同时，发表研究成果也是获得学术界和行业认可的重要标志之一，可以为未来的职业发展奠定坚实基础。

10.4 建立个人的 DeepSeek 知识库

在快速变化的法律市场中，利用科技的力量来建立个人的 DeepSeek 知识库是提升专业素养、增强竞争力的关键。特别是在使用像 DeepSeek 这样的工具时，逐步形成一个系统化和结构化的知识体系能够帮助法律人更有效地吸收新知识、应用新技术，不断优化自身的专业技能。

10.4.1 定期回顾与总结

定期回顾与总结是建立个人的 DeepSeek 知识库的基础步骤。通过定期梳理使用 DeepSeek 的经验，法律人不仅能够巩固所学内容，还能从中提炼出宝贵的经验和教训，为自己日后的工作和学习提供指导。个人的 DeepSeek 知识库是一个动态的系统，需要定期更新和维护。随着 DeepSeek 升级和法律人自身技能提升，原有的知识和经验可能会变得过时或不再适用。因此，法律人应定期审查个人的 DeepSeek 知识库的内容，删除过时信息，添加新知识，确保知识库的时效性和准确性。

10.4.2 撰写学习笔记与心得体会

除了撰写学习笔记，法律人还应撰写使用 DeepSeek 的心得体会，分享自己的学习感受、思考过程和获得的启发。这些心得体会不仅反映了法律人的学习态度和方法，还能引起同行的共鸣和思考，促进更深层次的交流。

10.4.3 建立个人案例库

建立个人案例库是提升专业技能、增加实战经验的重要途径。通过收集和整理使用 DeepSeek 的典型案例，法律人可以积累丰富的实践经验，尝试不同场景下的使用方法。建立个人案例库的目的不仅是积累经验，而且是通过复盘和迭代来不断提高个人能力。法律人应定期对个人案例库中的案例进行复盘，回顾处理过程、分析结果和解决方案。在复盘过程中，法律人可以发现新的问题、提出新的解决方案或优化现有方案，在科技的助力下不断地提高解决法律问题的能力。

附录 A　即查即用工具包

1. 如何使用"场景式"思维写 Prompt 指挥 DeepSeek 工作

在 AI 工具深刻改变法律行业的今天，掌握与 AI 工具协作的技艺已成为法律人的必修课。想象一下，你正在指导一位刚入职的年轻法务人员，如果只是简单地说："写一份融资租赁合同"，那么对方可能无从下手，但如果你能描绘出案件背景、行业特性和业务痛点，那么新手也能写出令人满意的初稿。这正是与 AI 工具协作的核心逻辑——通过立体化场景构建，唤醒 AI 工具的"职业素养"。

当面对 DeepSeek 这类大模型时，法律人要学会用"场景化沟通法"替代传统指令。这种方法的核心在于将法律文书写作转化为沉浸式角色扮演游戏。例如，要起草一份生物医药企业股权代持协议，可以这样构建场景：

"此刻你正置身于上海张江药谷的某生物医药创业公司，作为参与过十余个创新药项目的资深法律顾问，你需要帮助创始人设计一份隐名股东协议。实验室里最新的 ADC 抗癌药物刚完成二期临床实验，投资人要求设立股权代持机制以规避产品研发风险。你的任务是将《公司法司法解释（三）》第二十四条与《人类遗传资源管理条例》第二十二条有机融合，在协议中植入股权还原触发条款：（1）当药品出现严重不良反应时导致研发中止；（2）核心专利被宣告无效；（3）当企业启动科创板 IPO 申报时，代持股权需在 30 日内完成工商变更。"

这种描述模式之所以奏效，是因为它完整地还原了法律工作的三维场景模型。第一个维度是职业角色定位，明确律师的专业领域与经验；第二个维度是业务场景建模，用行业术语搭建具体情境；第三个维度是法律要素嵌入，将抽象的法律条款转化为可执行的业务规则。

在跨境并购等复杂场景中，这种方法的优势更加凸显。例如，撰写某新能源汽车企业收购德国电池工厂的尽职调查报告，可以这样构建场景：

"现在是德国慕尼黑时间上午九点，你作为中方并购团队的驻场法律顾问，正在拜仁州律所会议室审查标的公司专利组合。客户需要在 48 小时内确认标的公司持有的固态电池专利是否具备以下要件：（1）覆盖中国、美国、欧盟三大市场的授权；（2）无专利池交叉许可条款约束；（3）剩余有效期不少于八年。特别注意核查欧洲专利局 EP3678119B1 号专利在电解液配方上的权利要求边界，避免与宁德时代相关专利形成潜在冲突。"

这种写法的精妙之处在于：通过具体的时空坐标（慕尼黑时间、拜仁州律所）增强场景真实感；用技术参数（固态电池专利、EP3678119B1）锚定专业深度；用决策节点（48 小时内）塑造紧迫感。当接收到这些颗粒度足够细的场景信号时，DeepSeek 会自主调用法律数据库中的专利检索规则、跨境并购流程模板、知识产权风险清单等知识模块，产出的报告自然更贴近实务需求。

在诉讼场景中，同样的逻辑也展现出独特价值。假设要代理某电商平台的不正当竞争案件，可以这样构建场景：

"你正身处杭州互联网法院第三法庭，作为原告方代理律师准备举证质证。被告 App 通过爬虫技术窃取我方商品详情页数据达 120 万条。你需要重点论证三点：（1）被告数据获取方式违反《反不正当竞争法》第十二条；（2）被盗数据已形成商业价值，参照（2022）浙 01 民终 567 号案确立的'数据资产三要素'认定标准；（3）损害赔偿计算应综合我方数据获取成本（每条 0.8 元）与侵权方违法所得（广告收益 320 万元）。请列明举证清单，并附《电子数据取证报告》的审查要点。"

这种场景构建实现了三重效果：第一，通过法庭地理坐标确立程序语境；第二，用具体案由和侵权数据量建立事实基础；第三，将法律适用细化为可操作的论证步骤。DeepSeek 在处理此类 Prompt 时，会自主关联类案检索系统、赔偿计算模型等工具链，输出的诉讼方案往往具备可直接装订成册的专业度。

掌握场景式写作的关键在于培养三大能力。第一是法律事实的影像化表达能力，法律人需要将案件要素转化为可视化场景；第二是法律关系的动态建模能力，法律人需要在 Prompt 中预设条款的触发条件；第三是法律风险的沙盘推演能力，法律人需要要求 DeepSeek 模拟协议履行过程中可能出现的各种极端情形。例如，在起草跨境数据协议时，可设置"当某国数据监管评级下降至 B 级时启动应急响应"，这种条件式表述能促使 DeepSeek 自动生成对应的附件。

法律人还需要建立自己的场景词库，在平常注意收集典型业务场景的关键要素：行业术语（如 PE 基金的 Carry 分配条款）、技术参数（如临床试验方案的盲法设计）、地域规范（如粤港澳大湾区的联营律师制度）等。将这些要素像拼乐高积木般灵活组合，就能快速构建出精准的场景。下面推荐一个四步训练法：首先观摩示范案例，拆解其场景要素；然后尝试复现类似场景；紧接着改造既有模板适配新业务；最终能自由创造契合个性化需求的场景脚本。

真正专业的 Prompt 写作，本质上是在用法律人的业务洞察训练 DeepSeek 的职业思维。当能把办案过程中形成的智识沉淀转化为可供 DeepSeek 理解的场景指令时，法律人就实现了法律服务能力的指数级进化。这或许正是法律科技终极的浪漫：不是被机器取代，而是借助技术拓展专业可能性的边界。

2. 如何使用"三段式"思维写 Prompt 指挥 DeepSeek 工作

想象一下，当第一次把法律助理带到办公室时，你会直接说"去处理那个案子"吗？当然不会。你会先说明案件背景："这是某科技公司的商业秘密泄露案，对方是前核心工程师"，再布置具体任务："先调取竞业禁止协议，对比代码相似度"，最后明确要求："下班前提交 500 字分析报告"。这个沟通逻辑同样适用于 DeepSeek。

DeepSeek 就像一个永不疲倦的全能实习生，能瞬间读完整个律所的资料库，却对人情世故一窍不通。当直接说"分析合同风险"时，我们就像对实习生说"去整理文件"一样模糊。某法律科技公司的统计数据显示，无结构化提示的合同审查准确率仅为 51%，而采用三段式方法的审查准确率跃升至 83%。这有以下几个原因。

（1）背景是导航仪。每个法律问题都存在于特定的坐标系中。告知 DeepSeek"这是为科创板上市公司准备的股权激励方案"，就相当于在地图上标记目的地，避免它跑到创业板规则里绕弯路。这就好比给汽车导航仪是设置"最短路线"还是设置"避开高速"，不同的背景设定会导致完全不同的输出路径。

（2）动作是变速箱。如果把 DeepSeek 比作汽车，背景设定是规划路线，动作指令就是选择驾驶模式。单纯说"分析争议条款"，就如同挂空挡踩油门，而明确"①对照《民法典》468 条；②参照最高人民法院 2023 年指导案例；③用表格列出合规风险等级"，就像切换到运动模式精准发力。某金融机构法务部的实践表明，分步指令使条款漏检率下降 62%。

（3）结果是方向盘。没有明确要求的 DeepSeek 就像脱缰的野马，可能写出学术论文般的法律意见。某红圈所的教训很典型：法律助理仅要求 DeepSeek"写催告函"，实际只需要半页的正式通知书模板，而 DeepSeek 生成了长达 20 页的论述。设定"采用三段式结构，每段不超过 150 字"的结果框架，就能确保输出质量在可控范围内。

DeepSeek 类似于"超级联想机器"。当你说"合同审查"时，它可能联想到模板库里的房屋租赁合同，但你若说"审查影视保底发行合同中的票房对赌条款"，DeepSeek 则会立即联想到文化产业相关法规。就像小孩玩猜词游戏，线索越具体，准确率越高。

应如何使用"背景-动作-结果"的三段式方法去写 Prompt？

（1）背景。在这一部分，你需要给 DeepSeek 提供任务的背景信息，包括任务的起因、目的和相关背景知识。例如，如果你需要 DeepSeek 帮助你分析一个法律案例，那么可以这样写："我正在处理一个关于合同纠纷的案件，需要分析其中涉及的法律条款和判例。"这样，DeepSeek 就能了解任务的背景和目的，从而更好地理解你的需求。

（2）动作。在这一部分，你需要明确告诉 DeepSeek 你需要它完成的具体任务。这包括任务的具体步骤、需要使用的方法和技巧等。例如，"请根据我提供的合同文本和相关法律条款，分析其中的法律风险，并提出相应的建议。"这样，DeepSeek 就能清楚地知道你需要它完成什么任务，以及如何完成这个任务。

（3）结果。在这一部分，你需要明确告诉 DeepSeek 你希望得到的结果。这包括结果的形式、内容和质量要求等。例如，"我希望得到一份详细的法律风险分析报告，包括对合同条款的逐条分析和相关法律条款的引用。"这样，DeepSeek 就能了解你对结果的期望，从而努力达到你的要求。

除了基本的三段式方法，资深法律人还摸索出以下实战诀窍。

（1）给文件明确的代称（命名锚定法）。当你说"根据上文分析"时，DeepSeek 可能分不清你指的是哪个部分。试一试这样操作："把《股权转让协议》命名为'文件 A'，把尽职调查报告命名为'资料 B'。请对照'文件 A'第 5.2 条和'资料 B'第三章进行合规分析。"这套命名系统如同给文件装的 GPS 定位某并购团队在用这种方法处理百页交易文件时，DeepSeek 的响应速度加快 40%。

（2）让 DeepSeek 当课代表（复述确认法）。在关键的 Prompt 后加上："请用你的话复述我的要求，确认理解是否准确。"这就像让下属复述工作安排。有一次，某律师要求 DeepSeek "分析管辖权异议的可能性"，DeepSeek 复述成"评估能否变更审判地点"，该律师在及时纠正后避免了方向性错误。

（3）一步步拆解操作细节（渐进解锁法）。对复杂任务不要急于求成。某涉外团队在处理跨境并购业务时这样操作。第一步，列出涉及 VIE 架构的核心条款；第二步，对第 7 条控制协议进行中美法律差异分析；第三步，根据上述分析设计备用方案。使用这种层层递进的方式，比使用长 Prompt 的完成度高 2.3 倍。

（4）妙用排除法（逆向澄清法）。在 Prompt 中添加"特别注意不要涉及劳动法相关内容"如同在搜索时用减号限定范围。在某次数据合规审查中，这个技巧帮助团队减少了 47% 的无效信息。